# 社会软件与图书馆：构建网络合作、交流与社区

［美］梅雷迪思·G. 法卡斯　著

黄国彬　译

海洋出版社

2018年·北京

图书在版编目（CIP）数据

社会软件与图书馆：构建网络合作、交流与社区/黄国彬译．—北京：海洋出版社，2018.1

（新型图书情报人员能力培训丛书／初景利主编）

ISBN 978-7-5027-8828-5

Ⅰ.①社… Ⅱ.①黄… Ⅲ.①数字图书馆 Ⅳ.①G250.76

中国版本图书馆 CIP 数据核字（2014）第 043371 号

丛书策划：高显刚

责任编辑：杨海萍　张　欣

责任印制：赵麟苏

海洋出版社　出版发行

http：//www.oceanpress.com.cn

北京市海淀区大慧寺路 8 号　邮编：100081

北京朝阳印刷厂有限责任公司印刷　新华书店发行所经销

2018 年 5 月第 1 版　2018 年 5 月北京第 1 次印刷

开本：787mm×1092mm　1/16　印张：17

字数：277 千字　定价：58.00 元

发行部：62132549　邮购部：68038093　总编室：62114335

海洋版图书印、装错误可随时退换

# 致　谢

我很感谢这些年来所有鼓励、质疑我的图书馆博主！特别要感谢我的父母！感谢 Steve Lawson、Dorothea Salo、Paul Pival、Jessamyn West、Sarah Houghton、Greg Schwartz、Jay Bhatt、Laurie Allen、Stephen Francoeur、Chrystie Hill、Aaron Schmidt、Roy Tennant、Megan Fox、Kelly Czarnecki、Chris Harris、Michelle Kraft、Mary Carmen Chimato、Elise Cole、Dave Hook、Brian Mathews 与 Ellen Hall。我还要感谢 John Bryans、Amy Reeve，以及 Information Today 公司才华横溢的伙伴们，是他们使这本书有了成书的可能。我亦是如此地幸运，能够遇见 Rachel Singer Gordon 这样一位卓越的编辑，他在我身上看到了一些我自己从来没有看到的品质。我还要特别感谢我的丈夫 Adam，他的支持、耐心、慷慨、校对技巧与爱使得这本书成为可能（任何与能成为作家一起生活的人，都应具有这种天然的特质）。

本书探究了图书馆社交技术的现状，为有关技术的实施提供更加良好的决策参考。与所有技术相同，新的工具与社交工具的新用法不断涌现。为即时了解图书馆社会软件的发展，我为本书创建了一个网站——"图书馆网络的社会软件（Social Software in Libraries Web：www.sociallibraries.com）"该网站使用本书介绍的部分社会软件，可为读者提供更加丰富的体验。其不仅提供本书涉及的全部链接，还包括其他的一些有用资源、新兴社会软件工具，以及其他图书馆员的博客链接。如果我发现新的文章、博客或者工具，我也会及时将之添加到该网站上。我希望该网站能够成为这本书的所有读者，以及所有对图书馆技术感兴趣的人士的一种有用工具。

# 前　言

互联网的创建者认为，将数据从一个地方移动到另一个地方是计算机网络的必要组成部分。文件传输是其最早的应用之一。尽管如此，通过将文件传输与本地电子邮件系统结合，建立原始的互联网电子邮件系统并未花费富有想象力的、善于适应变化的科研人员太多时间。作为最重要的互联网应用，电子邮件很快就使文件传输黯然失色，互联网首个"杀手应用"因而诞生。

因此，从其诞生之初，互联网的真正力量即在于，其网络可增进人们之间的沟通。最初的电子邮件诞生后，可使大量拥有共同兴趣的社区茁壮成长的软件快速出现。包括像 Usenet News 这样的公告板以及像 LISTSERV 这种的邮件列表应用，群体围绕共同兴趣点创建社区的能力随即成为互联网最为重要的一个特点。直至今天亦是如此。

此外，尽管以单向沟通为主的网络媒介将互联网引入主流，双向或者多向沟通的需求则再次以社会软件的形式得以重申。社会软件提供了前所未有的方便的沟通、合作与参与方式。人们离不开社交活动，而互联网可为人们提供社交方法。无论人们想在何时何地、想以何种方式与何人社交，均可以通过互联网来实现。因而，社会软件成为一些最为成功的互联网公司的核心业务，就显得理所当然了。

组织机构根植于我们的社区，图书馆是社会性组织机构。因此，图书馆隶属于社交网络。我们也与用户融入到相同的网络，因为我们的用户越来越多地出现于网络，并以全新的方式与我们进行交互。图书馆员通过 MySpace.com 与当地的一名青少年联系，帮助她找到进入她选择的大学所需的信息。从这一层面上看，该图书馆员即是社区的无价资源。

实体图书馆不会消失，但其目前已不再是服务用户的唯一途径。社交网络作为一种工具，允许我们以更新的、更为有效的方式，来完成与其出现之前我们就已从事的相同工作。我们需要像本书作者对我们说的——我们需要以我们的用户所描绘的方式等候我们的用户。

本书的内容表明，在探索新生事物上，作者是一位相当出色的向导。她不是喜爱任何出现在她面前的、美好事物的、天真的技术人员，而是实事求是地将任何技术付诸严格的实践验证，意在探求技术将如何帮助其履行其组织的使命。如果她告诉你，某项技术对于图书馆有用，那么，听从她的建议，将是你的正确选择。她仔细考虑了成本、影响与失去的机会。她认真地进行判断，而且不追随大众潮流，仅因她热爱如此。如果她对什么感到兴奋，你也很可能对此感到兴奋。

但不仅如此，本书作者是一位非常有天赋的作家。她能以简单易懂，甚至优雅的方式来阐述信息技术的各个主题。阅读本书，将给你带来愉悦的感受。当然，这对你而言大有裨益，因为无需引入令人费解的函数方程，就可以帮助你了解相关的技术主题。

因此，请投身其中，享受这一阅读旅程，听取本书作者告诉你的一切，并充分考虑其建议。对于图书馆用户而言，无论线上的，还是线下的，都应分享到这一切。

坦南特·罗伊
用户服务架构师
加利福尼亚大学数字图书馆，加利福尼亚大学

# 引　言

网络已经是人们日常生活不可或缺的一部分。20世纪90年代初，互联网的使用主要限于学术机构以及那些愿意支付高额网络访问费用的人群。随着网络接入成本的下降和宽带的日益普及，人们都能方便地使用互联网。互联网已经成为主流，它改变了人们查找信息的方式以及人们与他人交流的方式。互联网每天都能给人们带来新的东西，并且拉近了人们之间的距离，让我们都能方便地联系彼此而不必局限于时间和空间的限制。网络也使我们可以做很多以前不曾做过的事情。

有些人把互联网看作是能为日常生活带来便利的工具。找到一家度假的酒店、查找关于非洲一个偏远部落的文章、找到一项合适的家庭装修方案、或购买珍藏的小雕塑等等曾经都是很耗费精力的事情。现在所有这些事情，都可以轻松地在网上完成。有些人把大部分空闲时间花费在网络上来做各种事情，这会导致人们沉浸在网络上而脱离了现实社会。然而，PEW互联网和美国生命计划的研究显示，65%的美国人认为，互联网已经改善他们与朋友间的关系，56%的人认为互联网改善他们与家人的关系[1]。互联网不再只是会带来隔离，它可以让人们在全球范围内方便地联系。拥有特殊的兴趣爱好、身体不是很健康或是有某种信仰的人们不但可以和他们的家人及朋友分享，而且也可以与他们有相似的看法或问题的人士交流。互联网可以让人们获得彼此帮助和支持。

许多人还利用互联网来改善和维持他们与朋友的关系。据研究，84%的网民属于在线一族，他们之间除了定期的会面之外，互联网让他们的交流更加频繁、联系更加紧密。人们利用互联网与他们的朋友、家人、大学同学、前同事以及很久以前失去联系的朋友保持联系。

互联网改变了人们交往的方式，同时，也使人们能有更多的机会遇到志同道合的朋友，并且帮助人们与家人及朋友保持联系。

互联网对很多人的社会生活非常重要。很多年轻人经常沉浸在虚拟的网络世界,在那里可以远离工作和家庭。这使得他们总是把网络当作一个第三世界,因此网络已经是他们完整生活的一部分。X一代生活中的大部分时间都在上网。千禧一代(即Y一代)基本上是伴随着网络长大的,网络也与他们一起成长。

这两代人使用互联网的方式很新奇也很令人兴奋。他们把社会软件完美地融入到他们的日常生活中。他们利用网络社会软件建立自己的博客、维基和网络空间。他们通过文字和声音与朋友同步或者不同步地进行线上交流。他们创造性地通过音频和视频内容表达自己并使这些内容可以在网络上传播。他们自由地分享自己创建的内容,以及从书签、照片和产品评论方面收集到的内容。他们在网络世界里玩游戏,在那里他们与成千上万的玩家交流,并通过使用游戏角色(每个玩家的网络身份)建立联系。虽然其他几代人也参与这些网络活动,但X一代和Y一代都强烈地把网络作为第三世界,并积极推动网络发展,扩大其应用范围。

10年前,你在网络上能做什么?现在你能用网络做的事情已经与以前完全不同了。当Tim Berners-Lee发明网络的时候,只是把它设想为一个用户可以方便地添加内容的平台。原来的网络浏览器还有一个编辑器,使用户可以创建自己的网络空间[2]。但是,当时网络基本上大部分是只读的。除非用户懂HTML技术并能访问服务器,否则在网络上留下印记是非常困难的。因此,最初大多数人使用网络只是检索信息。虽然有些人仍然只是把网络当作检索信息的工具,然而,在过去的8年中,网络本身已经转变为一个读/写的环境。现在,不管是业余爱好者还是专业人士都可以自己编辑内容。倡导人们自己编辑内容或者在线交流,如果没有很好的打字能力是很难做到的。这种转变主要归功于社会软件的发展。

本书探讨的是日益发展的社会软件以及这些社会软件如何广泛地应用于图书馆中。图书馆管理员为了使图书馆能够很好地服务于普通读者或者科研机构,已经投入了巨大的精力。然而,许多馆员忽视了与读者沟通以及建立网上社区的相关技术的价值。本书介绍了各种社会软件技术、探讨了图书馆如何有效地使用这些技术,并解释了如何成功地把这些技术应用在图书馆中。本书很容易被认为是介绍新的网络技术的著作,事实上本书也介绍了成熟的社会软件很多需要考虑的新应用。

本书前13章主要介绍了各种社会软件,探讨了各种工具。本书最先介绍的是博客，最后介绍的是游戏。本书用两章的篇幅专门介绍了博客。除此之外，每章介绍一种技术（或一组相关技术），讨论了每种技术的演变，展示其实际应用，并提供了一些把它们应用到图书馆工作中的技巧。如果你对某种技术感兴趣，可以直接跳到你需要了解的章节来学习。

第14章提供了一些建议来评估读者的需求并决定哪种社会软件最适合自身所在的图书馆。第15章着眼于如何跟上图书馆技术的更新而无需太多花费。最后，第16章介绍了社会软件的未来发展。

社会软件对图书馆而言将会发挥越来越重要的作用，它可以使图书馆更好地为读者服务。阅读完本书，你会明白什么技术是真正适合你所在的图书馆的，并且能够把这些技术成功地应用到实际工作中。

## 参考文献

[1] Lee Rainie and John Horrigan, Internet: The Mainstreaming of Online Life, Pew Internet and American Life Project, (January 25, 2005): 62, www.pewinternet.org/pdfs/Internet_Status_2005.pdf (accessed May 28, 2006).

[2] Mark Lawson, "Berners-Lee on the Read/Write Web," BBC NEWS August 9, 2005, news.bbc.co.uk/1/hi/technology/4132752.stm (accessed May 26, 2006).

# 序

"国外图书馆学情报学经典译丛"由海洋出版社正式出版发行了！这是我国图情理论界、教育界、实践界的一件大好事。在此谨表示热烈的祝贺！

从学科整体上，图书馆学情报学作为一门学科是全世界图情界共同创立、发展和不断创新而形成的，其理论、方法、技术、模式、应用是这一学科共同的成果和财富，也理应为世界各国图情工作者所共享。从学科发展史上看，中国的图书馆学情报学学科的建立深受国外图情理论和研究成果的影响，但也具有本土化的特色。中国的图书馆学情报学在汲取本土文化和实践营养的基础上不断发展和成熟。中国的图书馆学情报学是世界图情学科体系的重要组成部分，同样，世界其他国家的图情研究成果，也在滋养着中国的图情研究不断走向新的高度。但长期以来，由于语言的障碍和版权的限制，我国读者对国外的图情研究成果缺乏系统的了解和认知，一定意义上也影响了中国图情的理论研究、学科建设与实践发展。

2010年6月，中国图书馆学会编译出版委员会成立，我受命担任其中的"国外文献翻译专业委员会"主任。虽然是社会工作，我总觉得应该领导这个专业委员会的各位委员做点儿与这个专业委员会相称的事情。6月22~23日第一次在北京怀柔召开编译出版委员会成立暨工作研讨会，我和专业委员会的各位委员就提出要翻译国外的重要著作，并提出了一些选题。但由于出版社没有落实，这一计划迟迟没有实施。2013年初，因为工作原因，结识了与《图书情报工作》杂志社有多年合作历史的海洋出版社高教分社的高显刚社长。我跟他谈了我的想法，得到了他的支持。很快，出版社就成立了以国外文献翻译专业委员会委员为主体的图情出版专家委员会，共同策划组织了这套"国外图书馆学情报学经典译丛"。海洋出版社负责版权谈判和出版，在译者和编者的辛勤努力下，这套丛书终于得以与中国的广大读者见面。

就我个人而言，从大学时起，我就比较关注国外的图书馆学情报学文献，还曾试着翻译国外期刊的专业文章，请专业英语老师审校指点。读研究生期间，撰写的第一篇关于公共关系的文章（1987年发表在《黑龙江图书馆》），就是在北大图书馆翻阅国外的文献而受到启发而完成的。研究生毕业后当老师，随后到中科院文献情报中心读博士，到留在这里工作，当导师、做编辑，我始终坚持跟踪国外的研究成果。读博士期间，还为《大学图书馆学报》组织了多期"海外同期声"栏目的多篇介绍国外研究成果的文章。我还先后担任国际图联（IFLA）"图书馆理论与研究"专业委员会的常设委员（2003—2013）和"信息素质"专业委员会的常设委员（2013—），非常关注国际图情领域的发展变化。我始终认为，作为一名学者或研究人员，一定要有宽阔的学术视野，要具有与国际学术界沟通交流的能力。经常性地阅读国外的专业文献，应是研究人员的基本素质。如果能借助于业界的力量，有计划地将国外的研究成果翻译过来，也会帮助很多人克服语言的障碍，推动国际学术交流和知识共享。

首批策划的7本书已经基本翻译完成，开始进入编辑录排阶段，将于2014年开始陆续与国内的广大读者见面。第二次专家委员会会议策划的其他多本图书，也将进入联系版权等操作程序。我们深知，靠海洋出版社出版的这套译丛（数量将不断地增加）难以满足国内广大读者的需要，主体上还需要更多的读者研读原著，但我们相信，这套丛书将会给广大读者提供一个很好的了解国外图情研究成果的窗口，为广大读者进行系统而深度的科学研究提供丰富的资料，提供有益的借鉴和启示。

尽管是十几名专家共同策划的结果，但无论在选题还是翻译的组织上，都可能存在不尽如人意的地方，诚恳期望广大的专家和读者指出，并提出更合适的选题方案，以便纳入下一年度的选题计划中，更好地做好我们的工作。

在此，感谢海洋出版社为译丛的版权引进和编辑出版所做的大量的工作，感谢所有译者为国外重要的研究成果引入国内所付出的辛苦和所做出的贡献。

期待中国的图书馆学情报学研究更上一层楼，在吸收和借鉴国外的研究成果基础上，有所创新，有所突破，推动中国的图书馆学情报学理论建设、学科发展和实践创新不断走向新水平。

初景利
中国科学院大学经济与管理学院图书情报与档案管理系主任
《图书情报工作》杂志社社长、主编，教授，博士生导师
2014年1月26日 北京中关村

# 目 录

## 第1章 什么是社会软件 (1)
1.1 社会软件的特点 (1)
1.2 内容创作和内容共享 (1)
1.3 在线协作 (2)
1.4 交流：分布式的、实时的 (2)
1.5 自下而上而构建的社区 (3)
1.6 利用大众的智慧 (4)
1.7 透明度 (4)
1.8 个性化 (5)
1.9 可携带性 (5)
1.10 克服距离和时间的障碍 (6)
1.11 为什么图书馆需要关注社会软件？ (6)

## 第2章 博客 (8)
2.1 什么是博客？ (8)
2.2 博客的发展历史 (10)
2.3 博客的类型 (12)
2.4 博文的类型 (13)
2.5 博客和博客圈 (13)
2.6 创建博客的现实思考 (14)
2.7 关键问题 (15)
2.8 软件 (15)
2.9 发文与评论 (17)
2.10 市场营销 (20)

## 第3章 博客在图书馆的实际应用 (23)
3.1 图书馆如何使用博客 (23)

1

3.2　新闻博客 ………………………………………… (23)
　　3.3　主题博客 ………………………………………… (25)
　　3.4　辅助图书馆培训课的博客 ……………………… (26)
　　3.5　参考咨询博客 …………………………………… (28)
　　3.6　读书俱乐部博客 ………………………………… (29)
　　3.7　读者咨询博客 …………………………………… (29)
　　3.8　营销博客 ………………………………………… (30)
　　3.9　构建网上社区的博客 …………………………… (32)
　　3.10　图书馆员如何使用博客 ………………………… (34)
　　3.11　内部员工的博客 ………………………………… (34)
　　3.12　阅读博客以了解最新动态 ……………………… (35)
　　3.13　利用博客建立网上社区和促进职业发展 ……… (37)
第4章　RSS ……………………………………………… (41)
　　4.1　什么是 RSS? …………………………………… (41)
　　4.2　图书馆员充当 RSS 的发布者 ………………… (46)
　　4.3　图书馆员作为 RSS 的中间人 ………………… (52)
　　4.4　图书馆员作为 RSS 的消费者 ………………… (54)
第5章　维基 ……………………………………………… (57)
　　5.1　维基是什么? …………………………………… (57)
　　5.2　为什么选择维基? 为什么不选择维基? ……… (59)
　　5.3　图书馆与用户如何使用维基 …………………… (62)
　　5.4　图书馆员如何使用维基? ……………………… (66)
　　5.5　应用维基需要考虑的问题 ……………………… (67)
第6章　在线社区 ………………………………………… (73)
　　6.1　什么是在线社区? ……………………………… (73)
　　6.2　在线社区的类型 ………………………………… (76)
　　6.3　图书馆在在线社区中的角色 …………………… (86)
　　6.4　开展网络交流 …………………………………… (93)
第7章　社交网络 ………………………………………… (97)
　　7.1　社交网络是什么? ……………………………… (97)
　　7.2　社交网站的类型 ………………………………… (99)

7.3　图书馆对社交网络的利用 …………………………………（105）

## 第8章　社会书签和协同过滤
8.1　信誉系统和推荐系统 …………………………………………（111）
8.2　社会书签 ………………………………………………………（116）
8.3　标签 ……………………………………………………………（118）
8.4　社会标签和协同过滤在图书馆的应用 ………………………（123）
8.5　社会书签帮助图书馆馆员紧跟发展步伐 ……………………（128）

## 第9章　实时参考咨询工具
9.1　商业虚拟参考咨询软件 ………………………………………（133）
9.2　即时通讯(IM) …………………………………………………（138）
9.3　网络电话(VoIP) ………………………………………………（145）

## 第10章　移动革命
10.1　使网络可以被手持设备的用户访问 …………………………（151）
10.2　图书馆网站的内容 ……………………………………………（151）
10.3　馆藏 ……………………………………………………………（153）
10.4　面向手持设备用户的教育与支持 ……………………………（154）
10.5　图书馆员对手持设备的利用 …………………………………（155）
10.6　通过短信服务与用户沟通 ……………………………………（156）

## 第11章　播客
11.1　什么是播客 ……………………………………………………（163）
11.2　图书馆如何使用播客 …………………………………………（166）
11.3　用户创造内容 …………………………………………………（170）
11.4　教育播客 ………………………………………………………（170）
11.5　播客:现实思考 …………………………………………………（172）
11.6　查找播客:现实思考 ……………………………………………（173）

## 第12章　演客和拍客
12.1　演客 ……………………………………………………………（177）
12.2　图书馆和演客 …………………………………………………（179）
12.3　演客的优点 ……………………………………………………（181）
12.4　演客的缺点 ……………………………………………………（181）
12.5　准备制作演客:现实思考 ………………………………………（183）

3

| | | |
|---|---|---|
| 12.6 | 拍客 | (184) |
| 12.7 | 图书馆拍客 | (186) |
| 12.8 | 开始准备拍客:现实思考 | (187) |

**第 13 章　游戏** (189)

| | | |
|---|---|---|
| 13.1 | 游戏:包含了哪些内容? | (190) |
| 13.2 | 游戏的类型 | (192) |
| 13.3 | 游戏的益处 | (194) |
| 13.4 | 图书馆应该怎样利用游戏 | (198) |
| 13.5 | 项目:局域网派对和游戏之夜 | (199) |
| 13.6 | 空间:开辟一个专属的游戏区 | (204) |
| 13.7 | 馆藏发展和读者咨询:使游戏玩家成为读者 | (204) |

**第 14 章　社会软件在图书馆是如何运作的** (209)

| | | |
|---|---|---|
| 14.1 | 了解用户群 | (209) |
| 14.2 | 不同的图书馆读者需求也有所不同 | (211) |
| 14.3 | 公共图书馆 | (212) |
| 14.4 | 高校图书馆 | (214) |
| 14.5 | 中小学图书馆 | (216) |
| 14.6 | 企业图书馆和法律图书馆 | (217) |
| 14.7 | 医学图书馆 | (219) |
| 14.8 | 其他专业图书馆 | (222) |
| 14.9 | 向员工推广社会软件 | (224) |
| 14.10 | 向读者推广社会软件 | (225) |

**第 15 章　跟踪最新信息是非常必要且基本的** (228)

| | | |
|---|---|---|
| 15.1 | 第一课:专业文献信息的跟踪 | (229) |
| 15.2 | 第二课:博客的跟踪 | (230) |
| 15.3 | 第三课:在线社区中跟踪其他图书馆员的最新动态 | (231) |
| 15.4 | 第四课:网络广播和各种播客信息的跟踪 | (232) |
| 15.5 | 第五课:会议和继续教育信息的跟踪 | (233) |
| 15.6 | 第六课:相关技术信息的跟踪 | (234) |
| 15.7 | 第七课:保持头脑清醒 | (235) |

# 第16章 社会软件的未来发展趋势 (237)

- 16.1 除了炒作:我们如何将社会软件融入我们的日常生活 (237)
- 16.2 社会软件的本地化 (238)
- 16.3 高等院校里的社会软件 (239)
- 16.4 面向服务的架构和 Web 服务 (240)
- 16.5 网民的力量:P2P 与分布式计算 (243)
- 16.6 网络提速:宽带的普及和第二代互联网 (244)
- 16.7 在线协作成为主流 (245)
- 16.8 在线内容的问题 (245)
- 16.9 教训 (247)

译后记 (249)

# 第1章 什么是社会软件

社交网络在改变人们网上交流方式方面已经发挥了重要作用。它促使了读/写网络的产生，在这里用户不但可以检索而且可以编辑网上信息。"社会软件"很难被定义，因为它可以包括很多不同的工具。有人认为，社会软件包括使人们更容易地在网上联系的所有工具，例如，无线互联网接入和移动设备。其狭隘的定义可能只包括可以让人们进行双向对话的软件，但不包括类似于播客和屏幕录制这样的技术。

汤姆·科茨（Tom Coates）是一位博主同时也是雅虎员工。他为社会软件下了一个最简明的定义："社会软件可以宽泛地被定义为一种支持、扩展或保存人类社会行为的附加值——留言板、音乐共享、照片共享、即时信息、邮件列表、社交网络的软件[1]。"因此，本书将社会软件定义为一种工具，这种工具必须至少满足以下三个条件中的两个：

（1）它促进人们的交流、协作，并建立网上社区。

（2）它可以进行联合，共享，重复使用，或重组，或有利于形成联合组织。

（3）它可以使人们轻松地模仿别人的行为或学习别人的知识。

虽然有些工具（包括电子邮件列表和论坛软件）20年前已经出现了，但大多数社会软件真正得到发展还不足10年。这些新的工具帮助人们创建并从读/写网络的现代理念中获益。这将从根本上促进协作、共享和社区的建立。

## 1.1 社会软件的特点

社会软件可以包括各种不同的工具，而这些工具的共性就构成了社会软件的特色。

## 1.2 内容创作和内容共享

多年前，把内容放到网站上是精通计算机技术的人士才能完成的工作，这些人熟悉 HTML 和 Web 编程语言。随着社会软件的发展，任何人都可以在网上编辑内容，包括照片、文字、音频和视频。博客软件让任何人都可以轻而易举地创建自己的网页——使用这种软件可以编辑任何内容并且稍后就可以发布到网页。博客也可以让一些组织建立网页而不需要网管。从本质上讲，只要你能打字，就能建立一个博客。对于想把内容添加到个人空间的用户而言，利用维基很容易做到，而且他们也无需知道任何 HTML 技术。从本质上讲，人们可以用维基来共同建立一个网站，在民主的基础上对其内容进行编辑。

照片共享软件可以让人们轻松地把他们的数码照片上传到网上与他们的家人、朋友或其他人分享。音频软件使用户创建一个数字音频文件变得很容易，但现在，我们可以提供某种服务对这些音频文件进行编辑并组合，使这些音频文件通过播客被大家获取。拍客软件可以让人们创建动画、电影而无需深入知道任何动画技术。视频编辑软件已经变得越来越方便使用。即使自己没有服务器的人们也可以创建博客或维基，编辑播客和视频，并把这些内容通过一些免费的存储服务放到网上。在线目录使得这些博客、照片、播客和视频更容易被大家发现。事实上，社会软件已经让每个人的自我展现、与家人和朋友分享变得很容易。

### 1.3 在线协作

虽然电子邮件让交流变得很容易，但是在网上进行分工协作并不容易，直到维基产生这一问题才得到解决。维基产生之前，网站开发只能是相关人员告诉网站开发人员他们需要在网站上呈现的内容，由网站开发人员进行网上编辑。随着维基的产生，大家可以共同创建一个网站，任何人都可以添加或编辑内容，不受时间和空间的限制。使用维基人们可以分工合作来建立各种指南和知识库、计划会议、编辑文本。维基还提供了一个供不同的人为不同的目的而收集知识的空间。

### 1.4 交流：分布式的、实时的

社会软件使得交流有很多种形式。博客可以是博主和读者之间以评论的形式进行交流。分布式交流（交流不止在一个地方），则是博主通过自己的博客评论别人的作品。永久链接，或永久链接到特定的博客文章，让人们很容易地了解到博主将自身对特定博文的评论推荐给读者。评论可以让我们知道谁对我们说过什么，我们怎么在博客上回应他们。人们甚至可以通过订阅"自我搜索"来接收另一位博主随时推送给他们的最新内容。

人们可以通过使用即时通讯工具（IM）或网络电话（VoIP）进行实时交流。使用即时通讯工具，两人或多人可以通过打字的形式在网上进行同步交流。网络电话是一种互联网协议，允许两人或多人通过电脑进行通话。使用网络电话和打电话的效果是一样的，只不过网络电话是通过网络而不是电话线来传递信号，因此通常不收费。

## 1.5　自下而上而构建的社区

人们通常把网上社区当作一个由上而下创建的组织而自觉加入。这种类型的在线社区有明确的界定——你是一个社区的成员或你不是该社区的成员。然而，许多社会软件是采用由下而上的模式来创建网上社区的，在这里人们通过相互之间的联系来构成网上社区。这种网上社区并没有明确的边界，而且是灵活可变的。博客就是这种以由下而上的模式而创建的网上社区的最佳例子。无数人开通博客并围绕特定主题进行写作。他们通过博客进行联系并在对方的博客上发表评论，逐渐形成网上社区。这些博主开始觉得，他们已经成为自己不自觉地加入的网上社区的一部分，但他们之间的联系仅仅基于他们的行为和观点。

这种自下而上而构建的网上社区类似于网络，人们通过第三方建立联系，这种联系可强可弱。博主们也许互不相识，但他们通过对他人博客的评论建立联系。你可以阅读一个博客，其他人同样也可以阅读这个博客，但人们或许不阅读对方的博客。然而，人们仍然是基于共同阅读兴趣而建立的网上社区的一员。网络社会软件的工作模式都是类似的。如果一个人创建自己的个人资料，并把朋友列表添加到个人资料中，这样他就可以看到他的朋友的朋友。可以想象，通过认识的朋友他们将认识多少人？这样人们就可以在一个相互关联的社区中与朋友的朋友约会、建立友谊或开展商务合作。

社会软件帮助人们建立不同类型的社区。在线社区不需要论坛、公告板或电子邮件列表。人们可以通过维基、博客评论、照片共享软件、通过链接行为或共同的标记进行交流。类似这样的社区无需维护也没有核心权利。它们的存在仅是因为人们都在使用同样的社交工具或参加类似的活动。

## 1.6 利用大众的智慧

通过社会软件人们不仅可以交流、合作、建立网上社区，还可以从他人那里学到很多知识。许多社会软件可以让人们学到越来越多的知识。以维基为例，无数人把自己的知识添加到网站上，这样就可以对一个给定主题形成一个巨大的知识库。如果图书馆里的同事都能在馆内的维基上记录他们所知道的一切参考资料和网站，那么图书馆里的每个人都可以在咨询处获取同事的知识。越多的人把知识添加到维基上，维基就会越有用。

大众的智慧也将通过推荐系统发挥作用。人们总是想知道他们是否购买到了最好的产品或得到了最有利的交易。在网络出现之前，人们通过阅读杂志，如消费者报告，或问朋友来获取信息。现在，人们可以从数以百万计的其他消费者中获取信息。人们把他们对酒店、餐馆和产品的评价记录下来并放到网上供每个人查询。人们可以很容易地对他们租借的影碟和所购买的书籍进行评价。网站还会根据个人购买行为提出消费建议。因为有了这种几乎人人参与的机制，不合格产品将会很快退出市场。

有了标签，人们使用网络更加快捷方便。一个标签基本上就是一个关键词，用户通过用标签标记他们的博客、照片、网站，从而可以很容易地找到它们。人们可以搜索单个的关键词，也可以找到其他一切已标记到这个关键词下的内容。随着社会书签的出现，人们用描述性的词语来标记网页变得很有意义。如果有人对维基感兴趣，他们可以调用一切用"维基"这个词标记的所有内容。很明显，人们用"维基"标记的文件与谷歌根据该表述而创建的索引相比更相关、质量更高。标签帮助人们使自己的资源更有意义，并通过扩展链接，让别人更容易发现同样的内容。

## 1.7 透明度

大众的智慧产生透明度。如果一个公司生产的产品质量差，那么这个公司必然面临争议。或者国会议员触犯法律，毫无疑问，肯定会被人发现。任何组织的声誉都可能被网上一连串的差评或一些博主发布的负面评论所摧毁。人们可以轻而易举地使得一些配件、图书或软件畅销，但也会很容易地使这些东西滞销。因此，一些公司让他们的公关部门维护与传统媒体的关系。同时，透明度也可能带来前所未有的机遇。社会软件可以让公司以一种更有人情味的方式与客户保持联系。除了缺乏人情味的官方网站，通用汽车还有一个博客（fastlane.gmblogs.com），公司高管们在博客上记录事情的真相。博客不像通用汽车的官方网站那样，高管们会在博客上留下自己的名字，并用真情实感与客户沟通。在现实中，让一个人直接与一个大公司对话是挺困难的，但社会软件却可为公司与客户提供一种更为贴心的交流渠道。

## 1.8 个性化

有人读报纸是从头到尾，但很多人只阅读自己比较感兴趣的话题。但是，他们仍然要浏览整份报纸才能找到什么是自己真正想了解的内容。那么是否可以预定报纸上你感兴趣的话题，并只把这些主题的文章每天发送给你？RSS基本上可以让你看到你所关注的每日新闻。RSS是一种社会软件。这种工具允许用户把从不同网站上搜集到的内容放到一个网页上或者放到RSS聚合器上。所以，如果你对科技新闻感兴趣，你可以订阅有关此主题的RSS，它会从很多不同的渠道收集信息，包括主流媒体，如《纽约时报》，博客和学术期刊。有些网站甚至可以让你订阅搜索词，并能收到所有与该搜索词相关的新闻或博客文章；例如你可以订阅"维基"这个搜索词，这样你每天就会收到关于维基的所有博客文章。这样你就可以通过在线报纸慢慢阅读、细细品味你感兴趣的内容了。

RSS也是一种支持播客和网上音频文件订阅的技术。许多播客被设计得与演播室的表演一样，配有音乐和解说，也比较幽默。你可以订阅你最喜欢的播客并把他们下载到MP3播放器里。这样就可以创建属于自己的演播室，在这个专属的演播室里只播放你想听到的内容。RSS可以让人们自己选择把什么样的信息推送给自己。这样人们就不需要到处搜集自己感兴趣的话题材料或阅读一些无关紧要的内容。

## 1.9 可携带性

以前，人们使用互联网常常被困在办公室或家里。随着网络变得日益普及，现在人们在任何地方都可以正常工作了。不幸的是，大多数传统的计算机应用程序不具有可携带性：台式机的应用程序安装到一台电脑上，并只能在该台电脑上使用。即使另一台计算机也安装了同样的应用程序，你也必须把个人文件存储到该计算机上才可以进行相应的操作。幸运的是，大多数社会软件应用程序都是 Web 应用程序。即使你在咖啡馆里上网，仍然可以打开你的博客并记录你的行程，上传照片到图片共享应用程序，阅读所有由 RSS 聚合器推送的博文和新闻。只要你能记住用户名和密码，只要可以连接网络，社会软件在任何地方都可以使用。

除了使用可移植的 Web 应用程序，现在越来越多的人通过移动设备，如 PDA 和手机来上网。这些工具可以搜索谷歌、查询电影放映时间、联络朋友、发送电子邮件、拍照片或微电影并将它们上传到网上以及发送短信。越来越多的网站和应用程序被设计成通过台式机和手持设备都可以访问。这样人们就可以用手持设备完成之前通过台式机处理的相同事务。短信或手机短信，已成为年轻人彼此沟通的流行方式，因此，商业公司抓住这个契机提供服务，推动用户通过 SMS 传递信息。Web 应用程序，移动设备和文本信息可以供人们随时随地使用。

## 1.10 克服距离和时间的障碍

社会软件很好地克服了时间和空间的障碍，人们无论身在何处都能有机会彼此沟通和合作。人们可以通过即时通讯软件（IM）和网络电话（VoIP）进行实时交流。提供基于即时通讯软件的参考咨询服务的图书馆，可以为任何地方的读者提供同等水平的服务。使用维基，人们还可以在网上相互合作而无需都在同一间办公室，也不需要同时一起工作。

这些社会软件使面对面的会议也显得不是那么必要了。

## 1.11 为什么图书馆需要关注社会软件？

社会软件显然是一个重要的趋势，但为什么图书馆需要关注社会软件？首先，也是最重要的一点，我们的读者使用这些工具。无论你在什么类型的图书馆工作，你的读者都在使用某种社会软件，不管他们使用的是即时通讯软件、博客或播客。如果绝大多数读者使用即时通讯软件，那么图书馆通过即时通讯软件提供虚拟参考咨询服务就显得比较明智；如果读者热衷于博客，那么图书馆可能要创建一个博客来传递有关程序、服务或资源方面的信息。

社会软件不但可以改善图书馆与读者的交流方式，而且可以促进内部沟通和知识共享。博客、维基和社会书签各自发挥着不同的作用。图书馆维基知识库可以减少人们对个人所拥有的专业知识的依赖。博客是传播新闻的重要方式。社会书签则可以帮助馆员分享有用的 Web 链接。图书馆不仅需要关注什么社会软件可以提高对读者的服务水平,而且需要考虑怎么通过这些社交工具来改善内部沟通和合作。

最后,图书馆经常谈论为读者提供延伸服务。这通常意味着走出图书馆并在读者集中的地方提供服务。但是读者是否都在网上呢?图书馆应该了解读者的网络世界,不管是大规模的多人参与的在线网络游戏(MMOGs),还是社交网站或其他在线社区。无论读者的第三世界是什么,都要考虑如何为他们提供服务。图书馆可以做市场调研,开展网络上的市场服务,提供参考服务,在网络世界中开发图书馆的资源。如果读者在网络花费的时间比在图书馆里多,提供一些延伸的网络服务对图书馆来说是理智的。

图书馆需要把社会软件看作是与读者交流并为读者提供服务的重要工具,同时社会软件的应用也可以吸引新的读者。社会软件可以成为图书馆为读者和其他社区成员提供交流、合作、学习和市场服务的方式。社会软件还可以帮助图书馆成为社区网络中心。社会软件可以使图书馆与那些认为能从网络上获取所有信息的人们关系更紧密,同时也可以吸引一些新的读者到图书馆中来。

## 参考文献

[1] Tom Coates, "An Addendum to a Definition of Social Software," plasticbag.org, January 5, 2005, www.plasticbag.org/archives/2005/01/an_addendum_to_a_definition_of_social_software.shtml (accessed May 26, 2006).

# 第 2 章 博客

每年，韦氏词典都会把本年度访客在他们网站上查找次数最多的前 10 个词列出来。2004 年是选举年，因此，诸如现任、选举、党派都榜上有名也就不足为奇了。其他进入前十名的词——叛乱、主权、飓风以及蝉联也都涉及 2004 年的主要世界事件。但是 2004 年出现在排行榜榜首的词并没有直接涉及政治或世界事件。韦氏词典 2004 年的年度最热门词汇是博客[1]。

2004 年是博客发展迅猛的一年。博主，即撰写博客的人，也因此被评为 ABC 新闻年度人物[2]。根据皮尤互联网和美国生活（Pew Internet and American Life）对博客的调查显示，2003 年和 2004 年两年的时间，博客的读者猛增了 58%，创建博客的人数也增长了一倍[3]。根据 Technorati 公司对博客的跟踪数据，2004 年底约有 500 万个博客，几乎是年初博客数量的五倍。据估计，2005 年，博客圈，也就是博客和博主的社区，其数量每 5 个月就会增长一倍[4]。对政治家而言，通过博客，其在选举年的各项活动、在民主党全国代表大会的立场，将可以更为全面地被主流媒体和普通网民所获悉。博客开始变得越来越重要。甚至主流媒体和企业也开始使用博客与客户沟通。人们可以感受到博客开始作为一个合法的媒介，用于与他人共享信息。

## 2.1 什么是博客？

20 世纪 90 年代后期以来，很多人都试图为博客下个定义。然而，目前为止，仍然没有权威的、简明的定义，因为博客及其读者的类型都太多了。如何才能下一个定义，使其内涵既能包含 Becker-Posner Blog（www.becker-blog.com），这是一个由联邦法官和经济学诺贝尔奖获得者创建的学术博客，又能涵盖一个十几岁的女孩记录个人生活的日常博客？Becker-Posner Blog，类似于一个学术讨论而不是个人日记，不适合韦氏词典对博客下的定义：博客是一个在线个人杂志，用来抒发个人情感，发表评论，提供链接[5]。人们曾经把博客当作日记或个人日志，但这些定义忽略了学术机构和专业的博客。

博客其实是一种简单的技术，是一个媒介，其自身并不会对内容加以限制。

本书更多的是从结构而不是内容来对博客进行定义，虽然博客的内容也是本书讨论的内容。吉尔·沃克（Jill Walker）为博客下了一个较为宽泛的定义，足以适应大多数博客类型，但不包括其他类型网站。《劳特利奇叙事理论百科全书》给出的定义为，博客是需要经常更新的，并按照从新到旧的时间顺序排列，所以最新的内容排在最前面[6]。

博客也可以被看作是一种低门槛的技术。博客软件很容易安装和更新，不需要用户掌握任何网页设计技术。大多数博客软件内部界面都包括一个添加内容的文本框、一个标题文本框、各种添加链接的格式按钮、公告栏以及其他样式（如图 2.1 就是内部博客界面的例子）。事实上，只要一个人能用电脑打字，就可以创建博客。

图 2.1　大多数博客界面都有一个简单的用来更改文本格式的按钮界面，本图是从 WordPress 截屏而得

大多数博客的功能（图 2.2），包括：

● 存档——发表过的博客目录通常按日期排列，尽管有些软件也可以让读者按类别浏览。

● 时间记录——博主发表博文和访客访问博客的时间都会被记录。

● 永久链接——每篇博文都可以让他人直接链接。

● 逆时间顺序——所有的博文都是按逆时间顺序排列。

● 两栏或三栏格式——大多数博客都有显示博文的专栏，也有一栏或两栏用来添加博客或作者的补充信息。

9

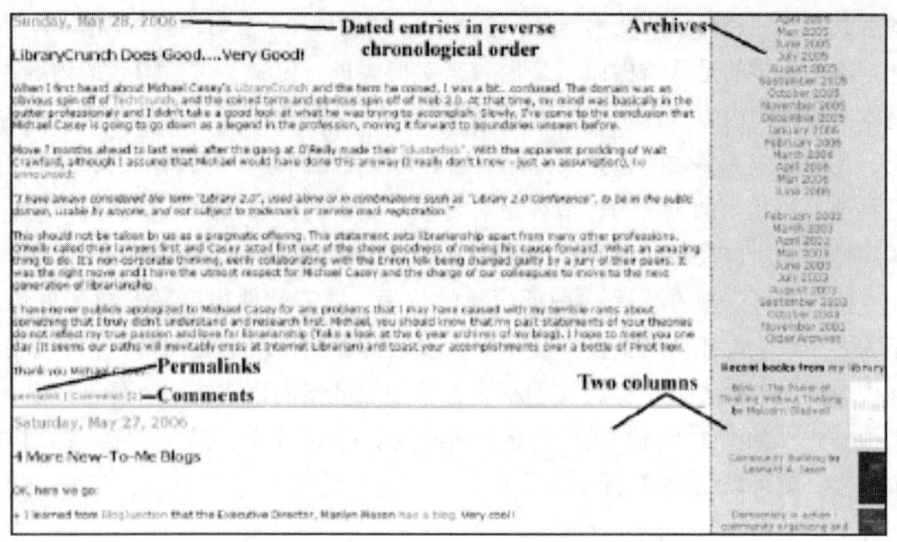

图 2.2　显示博客界面多种独特的组件（来自著名博客 Library Stuff 的截屏）

以下这些功能大多数博客都有，但不是所有博客都有：
- 分类——为博文进行分类归档，以便检索。
- 评论——用户可以对特定的博客文章发表评论。
- 搜索功能——现在许多博主可以让读者利用关键词对博文进行检索，大多数博客都具有这项功能。
- 引用通知——能让博主知道他人对博文的引用。

专业博客与个人博客有很大不同，因此他们不能被视为同类型博客。专业博客作为一种媒介是根据其功能来定义的，而个人博客则是根据内容和读者来定义。博客的创始人之一——梅格·休利汉（MegHourihan）说："博客模板只是为我们普通使用者提供一个基本的框架，使我们能通过博客彼此沟通"[7]。所以为"博客"下个实用的定义很重要，博客主要是根据内容和读者来定义。

## 2.2　博客的发展历史

1997 年，自约恩·巴格尔（Jorn Barger）运行的"Robot Wisdom Weblog"第一次使用 weblog 这个正式的名字至今，博客已经有十几年了，他把博客描述为"博主（有时也被称为网上冲浪者）在网页上记录所发现的所有有趣的网页"[8]。第一个具有博客特征的网站是超级计算机应用国际中心（NCSA）的"What's New Page"网页（NCSA 开发了 Mosaic，是第一个图形 Web 浏览器）。从 1993 年到 1996 年，NCSA 网站提供可以链接到新网页的链接服务，并以时间的降序排列。1996 年，很多新的网站开始出现，从同一个网站追踪这些新出现的网站已经是不可能的了。20 世纪 90 年代末，许多著名的博客开始蓬勃发展。这些博客的创建者一般会向朋友推荐感兴趣的新网站。1999 年初，大约只有 23 个博客存在。那一年，博客因为博客软件的出现被永远地改变了[9]。

1999 年之前，人们想要创建博客都必须自己开发网页。开发一个简单的 HTML 网页博客其实不是特别复杂，但对于一个对网页设计一无所知的人来说却是很大的障碍。当时的博主往往试图参与网页设计或软件开发。1999 年，博客 Pitas（www.pitas.com）和博客 blogger（www.blogger.com）发布了免费的博客软件。这就消除了人们创建博客的障碍，使得更多的人加入到博客圈（博客世界）。不断加入的人们改变了博客的定义。博主们不仅链接一些有趣的故事，而且还把博客作为个人日记或公共平台发表感兴趣的主题。许多博主不是对技术更感兴趣，而是把技术作为一种工具来给朋友和家人传播信息。当然，一个学术期刊式的博客和一个只是汇总提供网页链接的博客，其风格的不同是很明显的。

2000 年（那时有成千上万的博客），另一项技术创新改变了人们使用博客的方式：pemalink（永久链接）。这是一个可以链接到特定博客文章的永久链接。这使得博客创建者链接到某一具体的博客文章变得很容易。在此之前，博客创建者只能链接到另一个博客的主页，这样博主就很难找到他们想要的特定的博客文章。链接到主流新闻也像链接到特定博客文章一样简单，pemalink 更为支持分布或交流，与之前一个主题只能在一个博客中讨论不同，通过 pemalink，可以链接到某一主题的最初博文，即便原博文作者已停止讨论该话题，后续的感兴趣者仍可以继续开展该主题的讨论。同年，许多博客允许读者对博文发表评论，这样读者就参与到博客中[10]。2002 年，博客平台 Movable Type（www.sixapart.com/movabletype）提供了 Trackback 功能，当别人引用博文的时候就可以提醒博主[11]。超链接可以带来很多互动式对话。pemalink、评论和 Trackback 主要促进了博客之间的交流。

到 2004 年，博客又发生了变革，但这次不是通过技术创新。美国总统大选，促使一些政治活跃分子开通博客。博客数量激增，这股力量通过政治更明显的显现出来。候选人霍华德·迪恩（Howard Dean）通过他的博客（www.blogforamerica.com）动员社会民众的支持。博客的创建者们获得了参加在波士顿召开的民主党全国代表大会的记者证。博客创建者通过影响舆论迫使参议员洛特于2002年辞职，这成为博客影响政治的第一大事件。类似的事件发生在2004年，一篇博文指出，丹·拉瑟在"反对布什60分钟报道"中所使用的文件是假的。博客开始被视为人们发现新闻的工具而不是将其视为十几岁孩子的日记。人们开始把博客创建者与20世纪初商界和政界腐败的丑闻揭发者相提并论。

现在，有数以百万计的博客，博客人群比刚开始那几年更趋多样化。许多在伊拉克的美国士兵有自己的博客，他们在博客上讨论他们所经历的战争。主持人布莱恩·威廉姆斯（BrianWilliams）和其他重要的团队成员通过博客The DailyNightly（dailynightly.msnbc.com）告诉观众在NBC新闻节目播报的新闻节目是如何制作出来的。通用汽车的高级领导在其博客FastLane Blog（fastlane.gmblogs.com）发布公司的最新发展动态。斯坦福大学法学院教授劳伦斯·莱斯格（Lawrence Lessig）在其博客（www.lessig.org/blog）上发表有关知识产权的问题。许多学者也都在他们的博客上发表其感兴趣领域的博文。小学班级、小学老师也都开通了博客。青少年仍然活跃在博客世界。人们也一直在博客的技术领域进行探索。博客圈已经发展为由多种类型的博客和不同类型的博主组成的网络社区，可供人们围绕感兴趣的主题开展讨论，发挥了完全不同于20世纪90年代的作用。博客的便捷性和实用性使其本质上成为开展公共论坛、封闭讨论或信息共享的有效工具。

## 2.3 博客的类型

1999年主要有两大类型的博客：个人博客和链接性博客。现在博客越来越多，也就越来越难为这数以百万计的博客进行分类。正如书籍的分类，博客可以通过流派、风格、格式和作者进行划分。2004年，赫林（Herring）等人把博客划分为三类[12]：

• 过滤器博客。这种类型的博客主要提供网站链接或对有趣的网站进行评论。

• 个人博客。这种类型的博客就像日记一样，博客里记录的都是作者的日常生活。
- 知识性博客。这种类型的博客常常被用于知识创作。

虽然赫林（Herring）等人在调查中把博客分为三类，但是许多博客都不是单一地属于某种类型，而是可以同时被划分到其中的两种或三种类型中。博客也可以按照主题或作者进行分类。虽然大多数博客的作者都是唯一的，但有些博客却是由几个人或一个机构合作进行的。博客可以是个人或专业的，官方或非官方的，实名或匿名的。

## 2.4 博文的类型

两个博客可以使用相同的软件和讨论大致相同的话题，但他们的博文格式却可能有很大的不同。博文类型是博主需要考虑的，其中考虑的因素主要有长度和链接。Amy Gahran，Contentious 博客的作者介绍了七种博文类型：[13]
- 链接——这些博文只包含一个链接和标题。
- 链接简介——附有评论链接。
- 简要备注——简单的博文，包含评论、链接和个人观点。
- 列表——一篇关于特定话题的博文由几个链接组成。
- 简短文章——简短的小论文型博文。
- 长篇文章——较长的论文型博文。
- 系列博文——关于特定话题或争论的一系列论文型博文。

许多博客融合了多种博文类型。当博主发现感兴趣的文章，他们可以只是简单地在自己的博客中提供该博文的链接并加注评论。然而，如果他们对某一话题特别感兴趣，他们也可以发表长篇或者系列博文。

## 2.5 博客和博客圈

很难想象一个博客圈可以由个人创建的博客发展起来。毕竟，每个人都是孤立地在撰写自己的博客，他们甚至不知道其他博客。博客的公共属性体现的是对交流的渴望。因为博客是社交工具，拥有共同兴趣的人们可以在他人博客上发表评论。他们也会在自己的博客上就这个话题继续发表博文，原博文的作者可以通过 TrackBack① 知道有哪些人看到自己的博文后撰写了与之有关的博文。当人们在博客或博客评论里继续讨论这个话题，这些分散的话题就会在多个博客中出现。在博客圈的研究中，埃菲莫娃（Efimova）等人把博客圈比作城市建筑物之间公共区域的生活[14]：

就像在城市里，博客圈的大小不是均匀分布的，如有些社区有很多社会活动和交流机会，而有些社区则看起来像一些房子的随机集合地，居民没有任何的共同爱好。博客圈或许有明显的界限（比如 NetRingforknitting 博客圈），但确定这种界限的尺度较为微妙，圈外人士往往难以辨别。

在分析特定博客圈的链接行为时，埃菲莫娃（Efimova）等人发现，博客圈中不乏有一些知名的博客，但博客圈的交流活动是面向所有博客的，并不需要考虑每次交流活动都有多少博客参与。在同一个博客圈内，还有通过相互链接而形成的子博客圈，圈内成员博客共同关注某一个特定主题。因此，博客圈的边界并不是固定不变的。在某一场网络讨论中，来自不同博客圈的博客会因参与讨论的需要而相互密切地互相链接。讨论结束后，一些博客会保留讨论时创建的链接，一些则不会，甚至会有博客只保留讨论前所在博客圈的链接。博客圈的存在，是因为成员时常会有不同程度的密切互链行为，而有一些博客圈，由于探讨大众兴趣的主题和相互链接而持续存在。博客圈的形成是随机的，而这种分散式的交流也正是在线社区的一个特征。

### 2.6 创建博客的现实思考

对图书馆工作人员而言，创建博客的第一步是认为博客对自己和图书馆工作都是一个有用的工具。除此之外，在创建博客前还需要回答一些问题，这些问题包括：

- 博客的关注点是什么？
- 需要的软件是什么？
- 将如何处理安全问题？
- 想参加多少社交活动？

---

① TrackBack 是一种网络日志应用工具，它可以让博文作者知道有哪些人看到自己的博文后撰写了与之有关的短文。一般出现在一篇博文的下方评论中，同时会显示评论者博文的摘要信息、URL 和博文标题。

- 如何让读者访问自己的博客？

如果没有真正了解自己的目标受众的需求，就盲目创建博客，或许你的博客一个读者也没有。博客可以作为一种兴趣来写，可是博客必须满足一种需求而不只是简单地满足作者的乐趣。成功的博主知道读者的需求也知道怎么满足读者的需求。想要创建成功的博客，就需要制定详细的规划并且了解读者的需求。

## 2.7　关键问题

首先你需要确定你的博客的传播范围、读者以及关注点。你的博客是为谁而写？你的读者决定了你的关注点。你创建博客是为了工作人员吗？想想他们可能需要什么样的信息。你可以创建一个用来收集有用资源的参考咨询式博客，或者是一个有助于专业发展的博客，再或者是一个分享图书馆相关新闻及公告的博客。图书馆的制度文化和你同事的利益决定了你的关注点。你写博客是为了你的读者吗？如果是，那么是为了什么类型的读者？为儿童写的博客显然不同于为青少年写的，更不同于为成年人写的。你写的博客很难适合所有年龄段的读者，因为你做不到每篇博文都针对所有读者。一个博客试图所有的内容对所有人都有用，到最后通常对任何人都没用。

一旦确定了你的目标读者，就需要考虑他们希望在你的博客里读到什么内容。或许家长希望看到读者推荐，以帮助他们为自己的孩子选择适合的读物；青少年则希望了解到最新的产品和游戏。你可能对技术感兴趣，但如果你读者很少关心电脑和产品，那么你就不应该写这方面的博客。人们不会阅读引不起他们兴趣的博客，即使你认为这个专题对他们有好处。想清楚你的目标读者到底是谁。考虑一下什么书他们会翻阅，什么计划他们会参与，以及他们如何使用互联网。一旦你确定了博客的关注点，就要把这个关注点说得简单明了。你在博客里发表一个有关博客的简单介绍，将有利于人们清楚地知道能从你的博客里获取什么方面的内容。如果你了解你的读者并且知道怎么满足他们的需求，你的博客就会成为在线图书馆不可或缺的一部分。

## 2.8　软件

尽管有各种各样的博客软件应用平台，但你却很难决定哪一款能真正满足你的需求。如果你懂得 HTML 技术，你就可以自己创建一个博客，但是现在大多博主都不再自己创建博客了。要创建一个博客,你肯定不需要知道任何关于HTML技术方面的知识(或者,许多软件平台使用数据库如MySQL来存储信息和PHP来动态发布数据);大多数博客软件的技术是不需要大家了解的。你只需要输入你的博客文章到文本框,并点击"发布"按钮,你的博文将自动发布。

首先,你需要决定你在什么平台上创建博客,一旦决定了,可选软件的范围也就变小了。创建博客必须有服务器,无论是自己的服务器,托管公司的服务器,或者你所使用的软件公司的服务器。每种服务器都有其优缺点。如果你用自己的服务器,缺点是:你需要负责维护你的博客和服务器,维护工作可能涉及经常更新软件和处理不可预见的技术难题。优点:你的博客将完全由你掌控。如果你要创建一个图书馆博客,有负责系统管理的馆员或网络管理员来管理服务器,这将是一个很好的选择。如果你自己维护博客,而你又缺乏管理(或接入)服务器的经验,你就需要考虑在博客软件平台上创建博客。

许多托管公司都会按月收取服务器托管费用,预计需要支付的费用是每月5到50美元之间,价格与博客点击率成正比。这样做是有好处的,因为别人可能正在为管理服务器而头疼,你却可以选择一个软件平台来为你提供最终产品的最大控制权。你可以拥有你的数据,因此,如果你与你的托管公司合作的不愉快,你也可以把你的业务(数据)托管到别的地方。

许多流行的博客平台提供免费托管的软件版本。这意味着你的博客可以创建在博客软件公司的服务器上。这样做的最大好处是安装的时候很简单,但你需要填写注册登记表并为你的博客选一个名字。这也意味着任何人都可以很容易地创建一个博客,尽管数量的增加会降低服务器的速度。一些免费的托管公司可能会在博客中添加广告,这样你的博客看起来就不像是专业博客。由于这些博客软件的功能限制,如果你以后决定把数据移到别的公司,就很难实现。你应该把这些问题都考虑清楚再决定在哪个平台创建你的博客。有些付费的博客平台或许能提供更好的质量和服务,但你必须确定如果你需要把数据移到另一个服务器时,这项工作是否可以方便地完成。

选择博客软件之前,确保你能回答以下问题:

● 软件是否有完整的文档?遇到问题的时候是否可以方便地找到帮助文件或联系客服?有些软件平台有论坛,用户可以通过论坛来解决问题。对于可能不理解博客软件工作原理的用户来说，论坛是非常有帮助的。

● 你可以多大程度上自定义博客的布局？如果你想让你的博客，与你个人网站的风格相匹配，你就需要一个允许你更改样式列表的软件平台。

● 是否可以轻松地创建和删除博文？如果你在博文里犯了错误或者记录了你以后可能会后悔的内容，是否可以便捷地对博文进行编辑或删除？

● 所发布的博文都能归档吗？你是否很容易就能找到这些归档的博文？

● 能为发布的博文归类吗？博文归类可以帮助人们找到以前发布的感兴趣的博文。如果读者希望看到所有你发布的关于儿童读物的博文，他们只需点击儿童读物这个分类，就可以根据日期列出所有你发布的这类博文。

● 你能轻松地备份和恢复你的数据吗？这些数据方便转移吗？

● 软件是否允许评论？如果你不需要这个功能是否可以关闭？你能要求读者在评论前先注册吗？能防止匿名评论吗？

● 这个软件提供什么样的垃圾信息防护措施？

● 可以为每篇博文设置超链接吗？（如果没有，人们将无法直接链接到特定的博文。）

三种最流行的博客平台分别是：WordPress（word press.org），Blogger 和 Movable Type。阅读博客平台的评论对于你选择博客平台是很有帮助的。在网上搜索"软件名称评论"通常能搜到很多评论。有些网站还对博客软件平台进行逐个比较。比如，安嫩伯格通讯中心（Annenberg Center for Communication，网址：www.ojr.org/ojr/images/blog_software_comparison.cfm）提供了博客软件平台的比较表，About.com（网址：weblogs.about.com/od/softwareplatformreviews）网站则提供 Web 日志软件或平台的评论。这对选用博客平台都很有参考价值。仔细查看对每种博客软件的特性评价，看看这些特性是否是你所需要的。也不要因为某个软件平台的一个差评而影响你选择该款软件。有些评论家可能不喜欢限制更改博客的布局，但你可能不关心这个。如果可能，测试几个对你很重要的功能将是有必要的，一旦你选择了某一博客平台，更改将意味着更多的时间成本。

## 2.9 发文与评论

刚创建博客时，经常并且定期发布博文很重要。人们可能不会关注有时隔几个星期、有时隔几天更新一次的博客。人们可能对定期更新的博客更感

17

兴趣。如果你写的博客内容不是你真正感兴趣的,你的博客可能很快就会变得乏味。创建博客之前就应该考虑清楚选定的话题自己是否可以坚持多年。你的关注点可以随着创建博客的时间在一定程度上作更改,但最好考虑到你的目标读者的兴趣点。

在读者中建立博客的信誉很重要。这主要取决于你的目标读者是谁。对于成年读者而言,这就意味着能从你写的博客里获取知识。对于青少年而言,则意味着学习你的表达和语法,并把这些应用到他们自己的博客里。你也不妨建立个人博客的伦理守则。例如,不写别人负面的内容;不为了谋取利益帮别的公司推销产品;保证你所写的都是事实等。另外,考虑清楚在你的博客里什么事情是应该做的,什么事情是坚决不能做的,并保证自己严格执行这个标准。

是否开放评论功能取决于你的关注点和目标读者。如果你希望你的博客具有在线沟通功能,你可以开放评论功能。如果你认为你的读者可能有疑问,你也可以选择开放评论功能。如果你只是想告知读者或朋友一些新闻和事件,是否开放评论功能可能就不是很重要。你可按照以下几种方式处理评论:你可以让读者自由地在你博客上发表评论,你也可以对评论持中立的态度,或者你可以要求读者在评论前先注册。寻找一个具有良好的垃圾信息过滤功能的博客平台,否则你每天可能需要手动删除数百条垃圾信息和 TrackBacks。垃圾信息通常是源于电脑的垃圾信息程序,这个程序可以很容易地每天发送数百条垃圾信息到数千个博客里。垃圾信息过滤软件必须不断改进才能跟上垃圾信息发送者的卑鄙手段。一些软件平台的插件可以帮助博客把机器发帖和人工发帖区分开。这可能包括要求评论者在发表评论时需加入一些显示在屏幕上的只能被人类读懂的图形文字。如果垃圾信息铺天盖地发到你的博客,你可能需要关闭评论功能,但许多博客平台提供许多功能选择,使得垃圾信息更易于管理。

### 一个成功的图书馆博客

目的——正如克劳福特(Walt Crawford)常说"首先一定要有内容"考虑清楚为什么要创建博客,并规划一下你希望博客做什么,达到什么效果。

明确创建博客的目的也可以帮助读者获悉他们能从你的博客里

获取什么方面的信息。目的是强调图书馆信息？是提供一个新的标题列表？是跟踪正在进行的图书馆变革？是青少年读者聚集的地方？

　　功能——你希望你的博客如何使用？这可以帮你选定博客软件。

　　你希望有评论功能吗？匿名评论功能需要吗？审查评论功能呢？图像张贴呢？是否需要外部链接？是一个比较大的网站的一部分还是就是一个独立的网站呢？以一种简单风格的使用指南来帮助大家了解一些基本规则，并使对这个领域不熟悉的博客新手变得更清楚明白。多搜集一些指导原则，多看看其他图书馆博客就会明白博客是如何工作的，这样就可以更有效地指导你设计你的博客的工作方式。

　　链接——包括所有的链接。请确保你的博客能够链接到图书馆的网站，你所在的社区以及互联网上的其他相关信息。通过链接，引导对你的博客做出贡献的人士，与其他博客交流，比如其他图书馆的博客或者是其他类型的博客，以此感受博客圈的氛围，结识博客圈中的成员。同时，了解在线社交空间并知道怎么结识其他人，才能拥有你的读者。仔细想想你是否应该这样做。

　　语音——博客是一个巨大的、个性化网站的补充。它可以使员工显得很有方法，知识很渊博。鼓励员工在博客上嵌入自己的声音并进行试验。把博客发展为一个官方的宣传工具、一个图书馆的公共形象。

　　评估——正如付出了很多努力之后，就要检查一下项目进展如何一样。馆员是否有时间来贡献？他们享受自己在网上的角色吗？是否有些事情可以让博客更令人享受、更引人关注、更有成效？博客不需要很高技术并且维护成本也很低，但确实需要热情、决心和毅力。对博客密切关注，并收集机构内部和外部对博客的反馈，就能使博客发挥更大的作用。

　　杏萨姆（Jessamyn West）是在佛蒙特州兰多夫技术职业中心（Randolph Technical Career Center in Vermont）的社区技术导师。她是librarian.net的创始人，也是第一个创建图书馆博客的人士。

## 2.10 市场营销

你创建的博客无论是为了读者还是为了馆员，你都需要制定策略使得人们愿意关注你的博客。如果没有市场营销策略，博客很难吸引很多的读者。你至少需要发一封电子邮件公告并把你的博客链接到图书馆网站上。开始博客营销是创建博客很重要的一部分，你不只是告诉你的家人和朋友你创建了一个博客，而且还开展了丰富的营销活动。你努力的强度取决于你的读者对博客的了解程度以及你希望博客达到的效果。

许多读者可能不熟悉博客，所以第一个障碍是让他们简单了解什么是博客，以及为什么值得他们花费时间来阅读博客。这种解释必须是具体的并且基于读者需要的功能。例如，如果你为有小孩的父母创建一个读物推荐的博客，你就可以突出博客作为一个一站式的儿童读物推荐的价值。你也可以以你的图书馆博客为例，在博客上举办研讨会来帮助你的读者。图书馆可以通过网站上的新闻通讯、企业内网，或者通过向教师和同事发送电子邮件来推广博客。如果你的图书馆愿意投资一些钱来推广博客，你可以张贴海报、散发宣传单或者书签。印有博客名字和 URL 的书签是一个很好的营销工具，因为每个人都可能把书签带回家并加以使用。

你不必把你的博客仅作为一个博客来推广。运用 RSS———种用来聚合 Web 内容的格式——你可以使用免费的服务，如 Feed2JS（jade. mcli. dist. maricopa. edu/feed）或 RSS-to-JavaScript（www.rss-to-javascript.com），从你博客上抓取信息并自动把信息发布到你的图书馆网站上。（RSS 将在第 4 章详细介绍）通过这种方式，你可以感觉到使用博客软件内部接口的便利，你的读者可以在图书馆的网站上查看你在博客上发布的、按时间降序排列的各项信息。这种方法对于以发布信息为主要目标的博客来说是非常有用的。如果你想鼓励读者发表评论，你应该链接到你的博客本身，而不是将博客的内容发布到图书馆网站上。通过使用样式表，可以使你的博客外观与你的 Web 站点的设计风格一致。博客的整体风格越与你 Web 站点的设计风格一致，读者使用博客这种新资源就越舒服。

如果你创建博客是为图书馆专业人员服务，你可以从以下几方面增加你博客的知名度。首先，你可以对其他人的博客文章进行评论。而发布博客评论时，通常会要求评论者输入 URL，或者博客地址，或者是个人博客或网站名称。如果你的评论激起了博主或者其他读者的兴趣，他们可能会访问你的博客。其次，你还可以参与分布式谈话。如果一个知名博主发表的博文你比较感兴趣，你可以把博文和评论链接到自己的博客里。人们都喜欢阅读关于自己的事情，甚至可能产生"自我满足"，因此，如果你的博客文章是关于他们的，他们可能会访问你的博客。第三，安装一个"博客链接"（blogroll），就可以使你置身于博客圈中，博客链接将为你已阅读过的博客创建一个链接列表。这只是提供一种对他人博客进行链接的方式，相对简单。与对他人的博客撰写评论相比，在引起他人回访自身博客的效果方面，这种做法要逊色很多。增加博客访问量的最好方式是博文更新频繁、内容有趣、文采较好。你必须形成你自己的风格而不是人云亦云。如果你的博文能独树一帜，如果你向读者提供一些别人没有发表的内容，你会吸引更多的读者。

## 参考文献

[1] "Merriam‐Webster's Words of the Year 2004," Merriam‐WebsterOnline, November 2004, www.m‐w.com/info/pr/2004‐words‐of‐year.htm（accessed November 25, 2005）.

[2] Elizabeth Vargas, "Internet Phenomenon Provides Unique Insight Into People's Thoughts," ABC News, December 30, 2004, abcnews.go.com/WNT/PersonOfWeek/story?id=372266&page=1（accessedNovember 26, 2005）.

[3] Lee Rainie, The State of Blogging, Pew Internet and American Life Project, January 2005, www.pewinternet.org/pdfs/PIP_blogging_data.pdf（accessed December 1, 2005）.

[4] David Sifry, "State of the Blogosphere, March 2005, Part 1: Growth ofBlogs," Sifry's A-lerts, March 14, 2005, www.sifry.com/alerts/archives/000298.html（accessed November 22, 2005）.

[5] "Merriam‐Webster's Words of the Year 2004."

[6] Jill Walker, "Final Version of Weblog Definition," jill/txt, June 28, 2003, huminf.uib.no/~jill/archives/blog_theorising/final_version_of_weblog_definition.html（accessed November 22, 2005）.

[7] Meg Hourihan, "What We're Doing When We Blog," O'Reilly Web DevCenter, June 13, 2002, www.oreillynet.com/lpt/a/2474（accessedNovember 22, 2005）.

[8] Jorn Barger, "Weblog Resource FAQ," Robot Wisdom, September 1999, www.robotwis-

dom.com/weblogs.

[9] Rebecca Blood, "Weblogs: A History and Perspective," We've Got Blog: How Weblogs Are Changing our Culture, Ed., Editors of PerseusPublishing, Cambridge, MA: Perseus Publishing, 2002.

[10] Rebecca Blood, "Hammer, Nail: How Blogging Software Reshaped the Online Community," Rebecca's Pocket, December 2004, www.rebeccablood.net/essays/blog_software.html (accessed November 21, 2005).

[11] Mena Trott and Ben Trott, "A Beginner's Guide to TrackBack," Six ApartNews and Events, March 24, 2003, www.sixapart.com/about/news/2003/03/a_beginners_gui.html (accessed November 20, 2005).

[12] Susan Herring, Lois Ann Scheidt, Sabrina Bonus, and Elijah Wright, "Bridging the Gap: A Genre Analysis of Weblogs," Proceedings of the37th Annual Hawaii International Conference on System Sciences, 2004, csdl2.computer.org/comp/proceedings/hicss/2004/2056/04/205640101b.pdf (accessed November 19, 2005).

[13] Amy Gahran, "Blogging Style: The Basic Posting Formats (Series Index)," Contentious, September 22, 2004, blog.contentious.com/archives/2004/09/22/blogging-style-the-basic-posting-formats-series-index.

[14] Lilia Efimova, Stephanie Hendrick, and AnjoAnjewierden, "Finding 'The Life Between Buildings': An Approach for Defining a WeblogCommunity," November 21, 2005, staff.science.uva.nl/~anjo/aoir_2005.pdf.

# 第3章 博客在图书馆的实际应用

图书馆一直在寻找新的方式来传播信息并吸引新的读者。静态网站因为缺乏活力，很难吸引读者经常关注是否有更新。读者访问图书馆网站是为了使用图书馆的在线馆藏目录和数据库，但这些资源往往缺乏更为个性化的、体现图书馆热情服务的访问界面。博客的出现，可以给图书馆网站带来更高的服务价值，彰显图书馆的服务热情，丰富了图书馆网站对图书馆和图书馆馆员的内容介绍，拉近了图书馆与读者的距离。博客可以作为一个馆员向读者开展培训、发布图书馆新闻和各种信息的理想平台。很多读者已经习惯了定期阅读博客，而图书馆使用博客与读者交流，实乃明智之举。

正如博客可以帮助你与读者共享信息一样，同样博客也是一个你与其他馆员信息共享的好工具。博客可以在单个图书馆应用，也可以在整个图书馆领域应用。许多馆员通过建立博客与世界各地的同事共享信息、建立博客圈并宣传自己。从来没有涉及专业领域的沟通能够如此开放，如此直接，如此国际化。博客已经成为许多图书馆流行和公认的专业开发工具。博客是一种有效地让我们追踪前沿并能够让我们及时与专业人士讨论影响图书馆领域热点问题的工具。

## 3.1 图书馆如何使用博客

目前，各类图书馆都在使用博客。专业图书馆利用博客提供相关的主题新闻，中等学校媒体中心利用博客提供读者咨询服务，高校图书馆利用博客推广新的数据库，公共图书馆利用博客创建论坛来讨论社会问题。博客在图书馆的应用几乎无处不在，博客的便捷性使得博客很容易操作。更新博客不算是难事，但是否及时更新博客对博客访问量的影响却很明显。

## 3.2 新闻博客

你怎么把图书馆的新闻传递给读者？你是否有PDF格式的每月新闻快讯？

你是否把新闻放到图书馆网站上但因为只有一位馆员懂html而经常无法更新？你必须意识到人们更倾向于访问经常定期更新的网页；如果读者发现图书馆的新闻很久都没有更新，他可能就不会再访问你的网页。你怎么让读者知道图书馆讲故事时间的调整，或作者签售活动以及书籍讨论的具体时间？许多图书馆不把这些信息放到图书馆网站上，只是在图书馆内张贴海报。试想一下，有多少人由于不经常去图书馆而错过有价值的信息。如有些读者可能很少来图书馆，但或许碰巧他最喜欢的作者下周会来图书馆作报告，而他或许永远都不会知道这件事。这样一来，图书馆就错失了很多与读者共享信息的机会，也因此会失去一些潜在的读者。

然而，博客却可以很容易地在线发布和更新新闻并把新闻传递给读者。

乔治亚州玛丽埃塔（Marietta, Georgia）的马布里中学（Mabry Middle School）有一个令人印象深刻的网站，它利用了许多社会软件技术。该网站的其中一个组件是媒体中心博客（mabryonline.org/blogs/media），是由学校图书馆的馆员盖尔·亨德里克斯（Gail Hendrix）创建的。她用博客发表学校的重要通知、课程安排、图书馆新闻以及本周上架的新书。她还提供信息使用指导，指导学生们如何正确地利用网络资源。学生往往忘记通知他们的父母书画展或班级旅游的相关信息，这个博客可以让家长知道学校的安排而不必依靠从学生那里获取信息。

加利福尼亚（California）的马林县公共图书馆（Marin County Free Library）就通过博客（marincountyfreelibrary.blogspot.com）传播新闻。博文内容涵盖图书馆展览、讲座、故事会、读书俱乐部。其中包括链接与图书馆相关的有趣话题，如有关哈利·波特的最新图书和获得诺贝尔文学奖的作者的新作品。马林县公共图书馆的博客还包括活动和展览的照片，这有助于提升图书馆网站的功能。此博客及时更新课程和活动的变更信息，这样经常访问和不经常访问图书馆的读者都可以获得这些重要的信息，然后决定是否参加这些活动。如果人们可以通过简单地访问图书馆的博客就能找到活动的相关信息，活动的参与程度可能就会大大提高。

西弗吉尼亚大学图书馆（The West Virginia University Library）使用其图书馆博客（www.libraries.wvu.edu/news）来更换掉图书馆原先的在线简报——"Ex Libris"。

西弗吉尼亚大学图书馆博客提供很多方面的更新信息，如新推出的数据库、展览、各种活动、图书馆开放时间及图书馆服务内容的变化等。许多博文比传统博客更详细，更新也比较频繁，就像报纸一样。新闻通讯类的文章一般比较讲究修辞，但该馆原先的在线简报"Ex Libris"每年只发表两三次，使得它不适合时效性比较强的新闻。西弗吉尼亚大学图书馆的许多新闻博文类似于通讯文章，并按时间顺序作排列。大学社区成员可以自由地在博客上发表评论。这样博客就成为一个双向的沟通工具。通讯内容需要在排版和印刷前进行撰写，空间限制使其难以增加新的信息。博客却可以自如地增添新的信息，如果信息发生变化，也可以很方便地对博文进行编辑。

### 3.3　主题博客

主题博客，顾名思义就是只提供单一主题的新闻和信息，这种博客比较适用于学术、医学、法律以及专注于特定领域的人们阅读。任何图书馆都可以创建不同主题的博客。中学图书馆馆员可以为各主要学科开通博客，展示相关主题的研究著作和网站。目前大多数图书馆已经创建了学术、法律和专业领域的主题博客。

乔治亚州立大学图书馆（www.library.gsu.edu/news）是高校图书馆主题博客使用的典范。该图书馆提供了包括经济学、非裔美国人研究以及图书馆日常新闻等22种主题博客。每种博客都包含很多内容，包括新的特定主题的数据库、要求和建议、相关主题的世界新闻和研究进展、书评、会议通知以及图书馆新闻。道格（Doug Goans）和泰瑞（Teri M. Vogel）发文讨论了图书馆是否使用博客为各学科的学生和教职工提供图书馆新闻和资源，他们在《因特网参考咨询季刊》《*Internet Reference Services Quarterly*（*IRSQ*）》上发表的文章"用博客传播新闻：乔治亚州立大学图书馆的体验"指出：

　　"即使在线简讯被遗弃，电子邮件仅用于最重要和实效性较强的通知，图书馆仍然需要让读者了解图书馆新闻和资源相关的学术活动。图书馆所面临的挑战是寻找或开发一个系统，这个系统可以融合在线简讯永久性存在和以读者为中心的特点，也能体现电子邮件方便和快捷的长处，但也不能有这两者的缺点。鉴于以上考虑，开通博客无疑是一种有效的解决方法[1]。"

纽约宾厄姆顿大学（Binghamton University）也有一个很好的科学图书馆

博客（library.lib.binghamton.edu/mt/science）。这个博客主要侧重于讨论师生感兴趣的数据库、期刊和新闻。

许多法律图书馆和专业图书馆使用博客来传播对读者有用的信息。来自夏威夷立法参考局图书馆的博客（www.hawaii.gov/lrb/libblog）——First Reading定位是：给夏威夷立法界提供各种新闻、公告、相关论文和最新发表的文章标题列表。该博客为繁忙的立法者充当信息过滤器，节省了立法者的信息获取时间。与此类似的其他优秀的法律类博客还有威斯康星大学法学院图书馆的Wisblawg博客（网址：www.law.wisc.edu/blogs/wisblawg）和为俄亥俄州斯塔克县立法界提供服务的斯塔克县法律图书馆的Blawg博客（网址：temp.starklawlibrary.org/blog）。

俄亥俄州大学图书馆的经贸目录学家伯宁格（Chad Boeninger）创建了商业博客（www.library.ohiou.edu/subjects/businessblog），用来与商学院的学生交流并提供信息帮助。

"我最初创建商业博客主要是为了答疑解惑。由于我遇到的很多学生都从事相似的项目，某些情况下，我将使用信息资源的相关技巧通过博客进行发布，收效明显。而这对我来说，也容易做到。现在我不会告诉学生，他们所需要的统计数据在书上的页码，而只是把完成他们项目所需要的合适信息资源推介给他们。这节省了他们的时间，同时也避免我一遍又一遍地回答同样的问题[2]。"

商业博客（图3.1）比其他大多数专业博客更受关注，是因为它的目的是在具体的研究项目上为学生提供帮助。一旦伯宁格了解到学生的作业任务，他就会在商业博客上及时提供与该作业相关的主题指南。这极大地引起学生阅读商业博客的兴趣。为了拉近与学生的距离，伯宁格还把他的照片和联系方式放在博客主页顶部的位置，并鼓励学生向他请教商业相关的问题。这个商业博客还包括一个链接用来解释什么是博客以及该博客的具体目标。通过此类博客许多馆员就可以提前知道学生被指定阅读的重要学科论文。一个可以提供有用信息的博客可以节省馆员和学生的时间和精力。

### 3.4 辅助图书馆培训课的博客

许多图书馆馆员为读者提供图书馆使用指导的培训课程，主要包括为新

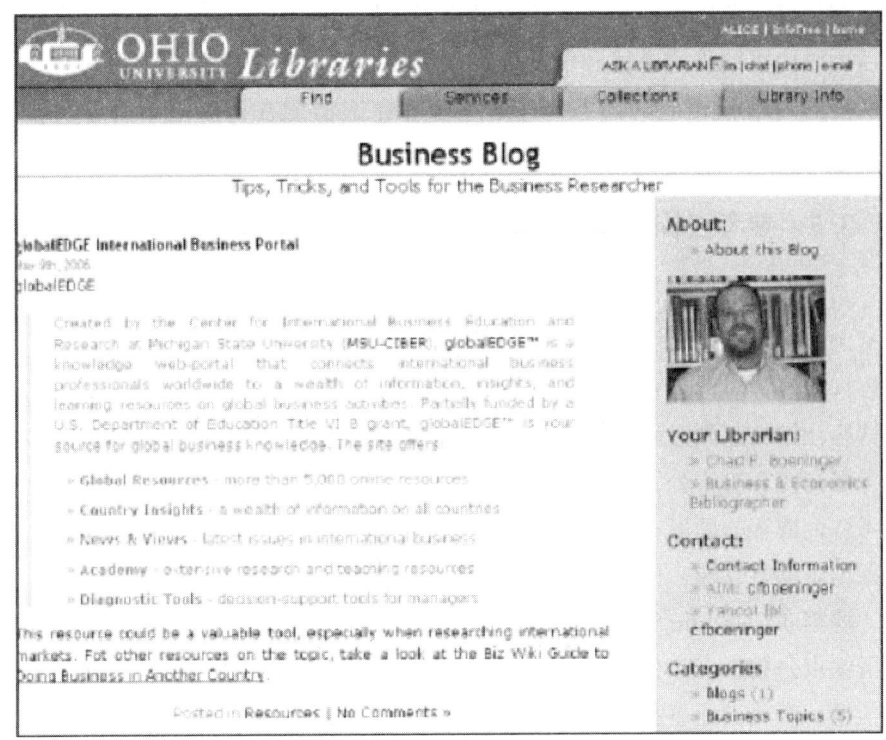

图 3.1　俄亥俄大学图书馆商业博客为商学院的学生提供了即时资源和研究技巧
(未经许可不得转载)

生提供书目指导、数据库使用、因特网使用以及指导教职工或馆内同事使用新技术。无论开设培训课程的目的是什么，只要读者可以访问互联网，博客就是图书馆开设培训课程的很好补充，并能提高大家使用图书馆的技能。在一个小时的培训课中，图书馆馆员会有更多的、需要不止一个小时才能讲完的知识传授给读者。针对这种情况，馆员可以通过博客将能在培训课中讲授的内容，向广大学员提供。对于互联网基本技能类课程，博客可以提供实用技巧、推荐相关的网站，并对完成特定的任务提供指导。对于信息素养类课程，博客可以提供包括在课堂上讨论的资源和额外的资源以及馆员没时间讨论的研究技巧。与纸质讲义相比，博客可以保存更长时间（大部分学生可能会把纸质讲义丢掉！）。

　　在上课期间也可以使用博客，而不是使用微软 PowerPoint 或其他演示软件，馆员可以把培训内容和相关的网络资源链接到博客。这让学生在课程结束后可以使用馆员的讲稿和辅助资料。馆员也可以用博客记录上课过程中学员所提的问题和相应的回答，并通过博客评论功能在课后继续为学员提供指导。

### 3.5 参考咨询博客

参考咨询博客类似于主题博客，但它提供有趣文章的链接和多学科的网络资源。与传统参考咨询中图书馆员会被问询各种千奇百怪的问题类似，参考咨询博客针对读者可能提出的问题，汇聚了各色各样的信息资源。参考咨询博客让馆员起到过滤器的作用，把网上有趣的、高质量的内容推荐给读者。参考咨询博客对于公共图书馆、高校图书馆和中小学图书馆都很适合。阅读参考咨询博客的读者有各种各样的兴趣。读者可能不会对参考咨询博客上的每条信息都感兴趣，但他们往往会找到他们或许不会发现的精华。

博客 h2oboro lib blog（www.waterborolibrary.org/blog.htm）主要是为缅因州滑铁卢公共图书馆的读者创建的。该博客每周都会更新以下信息：Y 时代的信息、有关当前事件的书单、原创童谣的歌词、有关经济学家彼得德鲁克的网站、《帝国》杂志评选的 50 大独立电影、关于垃圾收集的小镇新闻以及地方选举结果。这个博客创建于 2002 年，比大多数图书馆博客创建的时间还要早。该博客的作者，图书馆志愿者莫莉·威廉姆斯（Molly Williams）在 2003 年的一次采访中解释了她创建博客的目标以及她如何找到博客上的各种最新信息。她说：

> 这个博客的定位是，将与阅读、图书、文字、图书馆、书店等相关的新闻，某种程度上，也包括缅因州的新闻，及时提供给图书馆的读者、阅读爱好者、图书馆馆员，教育工作者、研究人员、作家及相关人士。同时，通过这个博客，也能将图书馆网站的相关信息进行记录。有时我也会把我的个人兴趣，如园艺、植物学、乡村和沿海生物、英格兰、动物以及可持续发展的生活实践，当然，还有犯罪小说和探秘融入到新闻和相关领域的信息中。我之所以能每天对这个博客进行更新，主要得益于我每天通过电邮收取各种新闻和被标记为"blogfodder"的几百个网页给我提供的最新信息[3]。

专业图书馆也有博客，其作用是给读者在各学科信息中筛选出读者感兴趣的信息。位于纽约的联合国达格·哈（Dag Hammarskjöld）图书馆也创建了自己的博客 UN Pulse（unhq-appspub-01.un.org/lib/dhlrefweblog.nsf）。该博客提供了报告、论文以及联合国工作人员和外交官感兴趣的网站链接。大多数链接都是针对联合国工作人员的，因为对这样一个庞大的组织而言，工作人员很容易错过重要的报告。该博客涉及的主题包括人权问题、文化教育、世界卫生、抢险救灾、环境健康和恐怖主义。

### 3.6 读书俱乐部博客

图书馆的读书俱乐部很受欢迎，但有些人喜欢讨论书籍却没有时间参加讨论会。读书俱乐部博客对于没有时间参加读书讨论会的人来说是一种很好的替代或补充，并可以按参与者喜欢的结构化或非结构化的方式加以组织。俱乐部可以每月指定一部图书，并由俱乐部的成员轮流担任召集人。召集人（或由馆员担任的召集人）在博客中发起讨论，其他成员可以在博客评论部分继续讨论。非结构化的在线图书讨论博客允许成员发表书评，也允许其他成员在评论版块讨论他人已写出书评的图书。博客也可以作为读书俱乐部的网上辅助工具来满足人们的需求。人们可以在见面讨论之前先进行网上讨论，见面讨论结束后他们还可以继续在网上讨论。

2003 年，位于伊利诺伊州的罗塞尔公共图书馆（The Roselle Public Library）为孩子们建立一个读书俱乐部博客（www.roselle.lib.il.us/YouthServices/BookClub/Bloggerbookclub.htm）。读书俱乐部博客刚创建的时候，每月都选定一本书，在馆员引导下，让孩子们讨论。只要是罗塞尔公共图书馆的成员，每个孩子都可以注册成为读书俱乐部成员。两年后，馆员决定改变风格从而使俱乐部显得不那么死板。注册会员可以对他们读过的任何书籍进行评论，而不再只是围绕图书馆每月推荐的书籍开展讨论。会员的注册要求也变得比较宽松，任何喜欢儿童读物的读者以及图书馆持卡人都可以注册成为会员。读书俱乐部博客是一个结构化的在线读书俱乐部和非结构化的在线读书俱乐部的最佳例子。

### 3.7 读者咨询博客

读者咨询是许多图书馆工作的一个组成部分。读者可能会过来说："我要找谋杀之谜的书",或"我喜欢圣歌,还有这方面的书吗?",尤其是在公共图书馆和大学图书馆,馆员通常都需要向读者推荐图书。有些图书馆把读者咨询放到博客上。这样一来,读者咨询博客再次使馆员成为那些没有阅读《纽约时报书评》或《纽约书评》的读者的过滤器。读者咨询博客可以通过书评、畅销书排行榜、特定主题的书籍名单等方式,将读者可能错过的图书推荐给读者。

休斯顿哈里斯镇公共图书馆的 eBranch 博客（www.hcpl.net/ebranch/news）的目标是成为哈里斯镇图书馆体系的一个分支（图 3.2）。该博客包含有读者咨询、书评、图书畅销榜以及对特定主题图书的阅读建议。罗莎·帕克斯（Rosa Parks）去世的时候,该博客为儿童、青少年和成人推荐了七本有关罗莎·帕克斯的书籍。万圣节的时候,该博客推荐了一些恐怖类的书籍和电影。这个博客同时为青少年和成年人提供读者建议。

Bookends（library.coloradocollege.edu/bookends）是一个由塔特科罗拉多学院图书馆（the Tutt Library of Colorado College）馆员创建的读者咨询博客。该博客提供小说和非小说类书籍的简要评述,帮助人们找到他们可能没留意到的书籍。每个评述都按类别和评述的作者来分类,这样读者就可以根据他们所需书籍的类型来浏览了。许多公共图书馆的读者咨询博客还为儿童和年轻人推荐书籍。这对于中小学图书馆更有益,馆员可以对儿童的阅读选择给予积极的引导。

### 3.8 营销博客

博客可以让图书馆显得比较人性化而且可以向不常去图书馆的读者推介图书馆的服务。营销博客鼓励读者使用图书馆资源并参与图书馆的活动,进而吸引新读者。营销博客与新闻博客有很多的相似之处。新泽西州旧桥图书馆［The Old Bridge（NJ）］的 Weblog（obpl.blogspot.com）博客通过图片来吸引读者。此博客主要推介图书馆将举办的活动,同时也介绍该馆过去举办的活动。因为博客通过图片描述了该馆举办过的活动,所以读者在决定参加活动前就可以初步判断即将举办的这些活动的大致情况。每篇博客文章都通过图片或图表来展现这些活动,以引起读者的兴趣。如果馆员把科幻书籍转移到图书馆的其他位置,他们就会在博文中附上这些书籍所在书架的照片,以告知读者这类书籍现在在什么位置能找到。图片能够吸引读者的眼球而且

图 3.2 哈里斯镇（TX）公共图书馆 eBranch 博客为所有年龄段的读者提供各种主题的阅读书目（未经许可不得转载）

读者也更愿意阅读有图片的博文。

位于印第安纳州的圣约瑟夫镇公共图书馆（The St. Joseph County Public Library）使用一种不同的方法，使博客——SJCPL Lifeline（www.libraryforlife.org/blogs/lifeline/）的显示更为人性化。博客的语言风格——学术的或通俗的——很大程度上决定了博客的基调。用学术语言写的博客显得更专业，但或许并不适合读者。为 SJCPL Lifeline 撰写博客的馆员在回复读者问题的博文中通常用通俗的语言，让人读起来感觉他们是在写信给朋友。这使得读者或社区成员感觉他们自己是这个网上大家庭的一份子。以下是一个馆员写的关于电影《查理和巧克力工厂》（*Charlie and the ChocolateFactory*）的博文：

好吧，我讨厌承认这一点，但我改变了曾经下过的坚定决心：我从来不看重拍的、我喜欢并伴随我成长的好莱坞经典电影。蒂姆·伯顿（Tim Burton）以他魅力四射的风格和高超的演技使得电影《查理和巧克力工厂》……当我看到盛大的开场和在工厂制作的超级棒的巧克力时，我就彻底被这部影片折服了。像伯顿出演的其他电影一样，这部影片是真正阴郁而又有趣的，伯顿出演的电影一般都可以在令人毛骨悚然中体会到乐趣！这不仅与令人难以置信的视觉布景和服装有关，演员也起到关键作用[4]。

这种类型的写作方式是读者熟悉而喜欢的风格。作者的这种写作风格更像是与老朋友聊天，而不是干巴巴地对电影进行评论。进一步讲，图书馆博客就像是读者的老朋友。

### 3.9 构建网上社区的博客

目前，很少有图书馆博客可以被认为是网上社区。除了读书俱乐部博客，大部分图书馆博客只是发布通知而不是邀请读者参加讨论。开启博客的公共评论功能，图书馆面临的一种风险就是，有些读者或其他网民会发表一些不适宜的内容。然而，一个真正的社区博客，其价值就在于，可以汇聚一群人，并让这些人感到，他们能对图书馆的未来发展，发表自己的看法和意见。毕竟，图书馆是一个社区机构。而将读者吸引到图书馆的网上社区，则是相当有意义的。

一些图书馆博客确实允许读者对博文发表评论。但即便开启这样的功能，评论也是很少。原因有如下几个：不是每个图书馆博客都会发表真正欢迎大家点评的博文；读者一般觉得没必要对参考咨询类或新闻类的博客发表评论；有时博客链接在图书馆网站上的位置也不够明显，突出不了其对图书馆网站整体功能的重要性，使得大家觉得这些博客不值得一读。最后，读者对讨论很难产生足够的兴趣。图书馆博客应该多发表一些有意义的博文，多引导大家参与到其中。这样才能发展成为一个成功的在线社区。

访问过密歇根安阿伯区级图书馆主页（网址：www.aadl.org）的读者会发现，这是一个博客，是一个外观上与网站设计相一致的、非常吸引人的网页。事实上，许多博客已被嵌入到图书馆网站中，并与图书馆网站的其他部分有机融合。博客的内容是相当综合的。博客已经成为图书馆在线展示的重要组成部分。正如该馆馆长乔西·帕克（Josie Parker）在接受《图书馆杂志》（*Library Journal*）采访时说："我们希望我们的网站与公众是互动的，希望公众选择博客作为主要的沟通方式……使得图书馆更加透明[5]。"密歇根安阿伯区级图书馆通过鼓励网上互动实现这种透明度。用户通过注册可以在博客上发表评论。事实上，很多读者已经注册了。安阿伯是一个热心公民议题的社区，尤其适合图书馆在网上提供这类交流平台。甚至是，该馆的馆长也拥有一个博客（www.aadl.org/taxonomy/term/86）。馆长在宏观层面讨论影响图书馆和社区的问题（图 3.3），其所有博文几乎都获得安阿伯社区公民的热切评论。

图 3.3　美国密歇根州安娜堡区级图书馆的馆长博客收到了
网上社区成员的大量评论（未经许可不得转载）

围绕密歇根安阿伯区级图书馆形成的其他在线社区并不探讨公民议题。该馆的青少年服务部——AXIS，致力于提供游戏联赛的各种在线信息（有关游戏联赛的讨论，详见本书第 13 章）。AXIS 开设了一个与青少年读者交流的博客（网址：www.aadl.org/axis），并在上面发表关于游戏联赛的博文，使之成为游戏玩家的社交中心。其中，一篇有关即将举行的游戏联赛的博文就收到了355条在线评论,而且所有这些热情洋溢的评论都是关于游戏的。负责撰写该博客的馆员与该博客的读者一样热衷于游戏,所有的博文都是以青少年的语气来写。这样就使青少年感到很安全,进而可以完全放松自己。

开发一个交互式的在线图书馆社区博客可以大大提高图书馆与其社区之间的交流。馆员可以通过博客让读者反馈关于图书馆馆藏、服务和规划方面的意见,为图书馆提供有价值的、读者需求的信息,帮助图书馆完善在线服务。读者通过提供反馈信息,可能会对图书馆更有感情。如果允许通过博客评论,图书馆必须意识到可能会出现不当的言论,如密歇根安阿伯区级图书馆已经遇到这种情况。但是,构建网上社区的潜在益处是巨大的,可能出现的潜在问题也是可以解决的。

### 3.10 图书馆员如何使用博客

图书馆员需要与同事及专业人士进行有效沟通,正如他们与读者沟通一样。从图书馆内部看,找到切实可行而又不被破坏的传播信息的方式很重要。从图书馆外部看,图书馆员可以从专业人员那里学到很多。在世界各地,图书馆员都在介绍他们所在图书馆的各项创新。许多图书馆都启动了激动人心的计划,提供了丰富多彩的服务,但有很多内容除了他们所在社区的成员有所耳闻,却不被社区之外的人们广为知悉。同时,其他人正在试图完成同样的事情。为什么要白费力气做重复工作?图书馆员需要可以彼此沟通和分享成功经验的工具。博客可以帮助馆员共享信息,相互学习,并建立在线社区。

### 3.11 内部员工的博客

记录图书馆内部通讯和公告可能很困难。内部通讯通常包括:非正式谈话、不定期工作会议、纸质备忘录以及大量电子邮件。电子邮件将产生无数的回复邮件,而这些回复邮件可能会被发送给始发邮件上的所有收件人,不管这些收件人与某一回复邮件是否有关系。这样,即便是在中等规模的图书馆,馆员也难以有效处理每天的电子邮件,而且一些重要的电子邮件也容易被误删除。博客可以帮助馆员避免邮件超载。内部博客,如新闻博客,可以给馆员提供其感兴趣的各种新闻和公告。图书馆员可以使用内部博客通知开会、讨论疑难问题甚至向其他馆员提出问题。有了博客,馆员就没有因不小心而删除重要信息的风险,还可以把重要的电邮归档,以便日后使用。也可以对博文进行分类,使人们可以轻松地确定哪些是他们需要的。博客还可以确保人们不会漏掉没有包含在电子邮件的内容。所有博文回复都与博文本身一致,这样人们就可以很容易地跟踪这个主题。确保馆员养成每天查看内部博客的习惯很重要。可以将这种博客嵌入到馆员的个人主页或是在图书馆内网的显眼位置添加这种博客的链接。

在宾夕法尼亚州的伯特利公园公共图书馆(the Bethel Park Public Library),忙碌的儿童图书馆员利用博客发布公告和需求,并共享各种信息。因为该馆实行倒班工作制,借助该馆的博客——"儿童部无纸化笔记本"(Paperless Notebook,网址:bpchildrens.blogspot.com),馆员需要换班时就可以通过博客询问哪些同事可以值班,也可以通过博客发布会议通知。这是一种极好的方法。纽约州立大学巴鲁克学院纽曼图书馆,则将馆内打印机的使用情况、数据库访问、计算机使用规定等(如图3.4所示),通过该馆的参考咨询博客(网址:reference newman.blogspot.com)予以发布。该馆的图书馆员也在该博客上发表同事感兴趣的博文。博客将为参考咨询馆员创建相关信息的中央存储库,而不再需要依赖无穷尽的电子邮件。馆员可以使用博客来收集有利于专业发展的参考资料或研究动态,并把博客分类,在需要相关资料的时候就很容易找到。

馆员共同完成某个项目时也可以使用博客。随着项目的开展,发送给每位项目成员的电子邮件数量通常会成倍增长,而所有的这些信息和公告,都可以通过一个博客进行集中。所有项目组成员都可以发表博文,如果有问题还可以在评论模块进行讨论。博客是一种理想的内部沟通工具。博客可以把信息汇集起来,无论是原始博文还是评论部分都可以归档以便日后查询。博客可以让有效传播和存储的信息更易于管理。

## 3.12 阅读博客以了解最新动态

目前,想要紧跟图书馆领域的发展几乎是不可能的。新技术问世、新的研究成果发表,而图书馆员却每天都需要在图书馆里为读者提供服务。紧跟图书馆领域的专业新闻本身就是一项全职工作,但图书馆员通常太忙以致于没有时间阅读图书馆订购的专业期刊。博客提供了一种了解所在领域最新发展的简单方法。图书馆馆员创建的博客相当于读者的过滤器,只发表馆员认

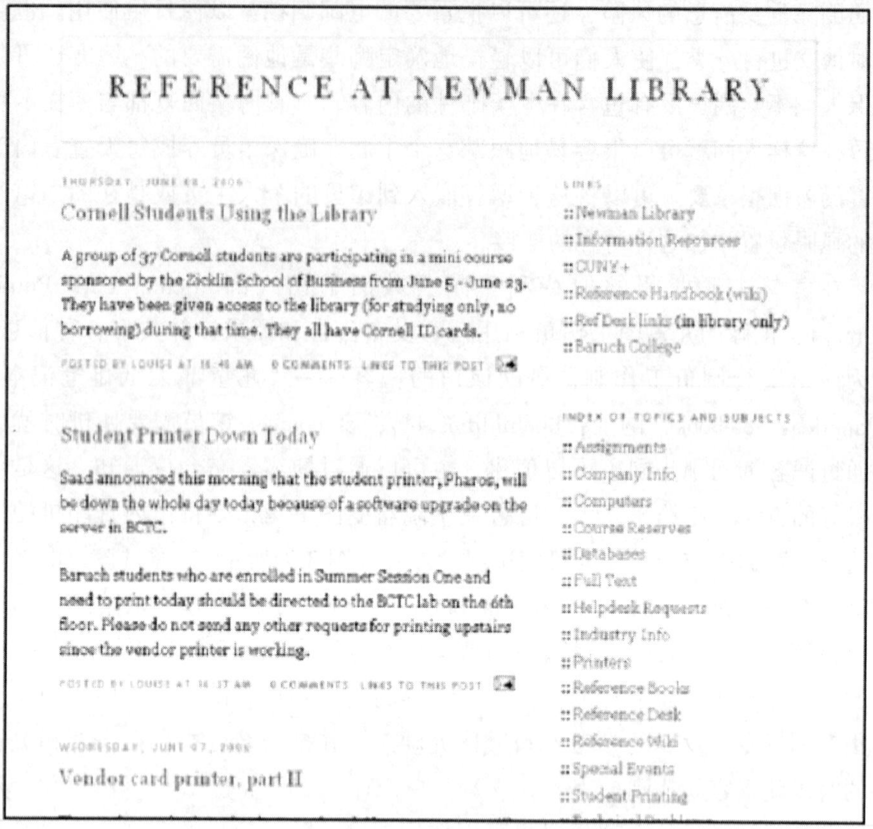

图 3.4 内部博客，例如纽约州立大学巴鲁克学院纽曼图书馆的参考咨询博客，可以帮助增强员工之间的沟通（未经许可不得转载）

为最能吸引眼球的内容。读者通过阅读馆员博客对某篇期刊论文的内容推介，便可以发现和判断该篇期刊论文是否对自己有用，而不需花费时间去阅读整篇期刊论文后才作出判断。毕竟，馆员在推介前，已对相关的期刊论文做了分析与筛选，从而节省读者的时间。但另一方面，博客通常带有作者的主观色彩，如果仅仅依靠博客作为你获取信息的渠道，可能会错过重要的信息。每个博客只会给你某一方面的信息，除非它是一个多人协作创建的博客。博客很有价值也很具信息性，但读者必须用批判的眼光看待他们。

博客有不同的发文风格。有些博客主要链接特定领域里有趣的文章，有些博客主要介绍本馆将要举办的活动，还有些博主撰写长篇文章来反映职业发展情况。

许多博客使用主题、兴趣和时间限制混合的风格发表博文。不同的图书馆馆员，其博客有不同的关注点。如果你想学习在图书馆里如何使用即时通讯，你可以阅读亚伦·施密特（Aaron Schmidt's Walking Paper）的博客（walkingpaper.org）。如果你有兴趣创建一个播客，David Free's David's Random Stuff（davidsrandomstuff.blogspot.com）可以帮到你。如果你想了解书目分类和元数据方面的新发展，可访问 David Bigwood's Catalogablog（catalogablog.blogspot.com）。你也可以访问有关图书馆所有事务的综合博客。而访问主题博客，则可以为自己查找特定领域的信息提供帮助。

LibWorm（www.libworm.com）是一个发现有趣博客的好工具。借助它，你可以搜索到一千多个图书馆博客以及与图书馆相关的网站。这就有助于用户找到自己感兴趣的博客。如果你对虚拟参考咨询服务感兴趣，只需要搜索"虚拟参考咨询"，就可以看看哪些博客在讨论这个主题。更综合的博客搜索引擎可以帮助你从图书馆外部发现有价值的博客。这些博客搜索工具包括：Technorati（technorati.com）、BlogPulse（www.blogpulse.com）和 Feedster（www.feedster.com），均可以让人们用特定术语搜索博客。这是发现新的博客和跟踪博客圈主题的绝好方式。

一旦你找到了感兴趣的博客，这些博客也将随之把你带到图书馆博客的整个世界。一篇有关解雇书的博文链接会带你到博客——Jenny Levine's The Shifted Librarian（www.theshiftedlibrarian.com）发表的一篇有趣博文，而这篇博文又会让你发现一个新的博客。不断扩展，不断有新的发现。你会发现有关图书馆各种话题的讨论，在各种博客的各种博文都有提及。这些博文也会链接到有趣的文章、网址以及你或许从没有发现的 Web 应用程序。关注博客上的链接是一种很好的方式，可以藉此来促进自己的职业发展。

很多图书馆界的博主会在博文中介绍自己的经历，读者可以从这些博文中学到很多。比如，图书馆员如何应聘图书馆职位、如何处理日常工作、如何应用新技术，如何与读者沟通以及许多其他经验。他们写的这些内容以前没有人写过。通过这些原创性的博文，可以让读者吸取经验和教训。而这种博文，只是馆员通过博客共享信息的一个例子。

## 3.13 利用博客建立网上社区和促进职业发展

在过去几年里很多图书馆都创建了博客。每个博主要么是为自己的博客写博文，要么就是为协作创建的博客或馆员，博客圈写博文，借此分享创意和成功的故事，加强彼此的联系。博客之间的分布或交流类似于学术著作的引文网络，但前者的交流效率却要远高于后者[6]。在博客圈，围绕某一观点的讨论和创作只需几天或几周，相反，通过传统的学术出版围绕同事、同行的观点开展讨论却需要历时数年。

图书馆博客的作用在图书馆相关会议期间显得尤其重要。此前，那些未能出席会议的人很少知道会议的内容。也许他们可以通过同事的会议报告或期刊论文来了解会议内容，但这很难真正领会到会议的精髓。随着越来越多的图书馆创建了博客，更多的会议报告可以通过博客来获取。博主通常会写他们参加了什么会议，说了些什么以及他们对会议的个人印象。他们也会写会议休息期间发生了什么，毕竟大多数有趣的讨论都是在此期间进行的。2005年，报道会议的博客群开始形成。这种博客群主要包括PLA博客（www.plablog.org）、the LITA 博客（litablog.org）、the NJLA 博客（blog.njla.org）和the Information Today 博客（www.infotodayblog.com）。有些这样的博客群一年之中只是零星地发表几篇博文。其对某一会议进行报道，往往与该博客群的长期作者和志愿者合作，或者只是其中一方，并以开始大量地在网上报道该会议为标志。会议报道也会出现在个人博客上。对许多会议进行报道的博主，往往会采用彼此达成共识的、符合博客搜索引擎Technorati规则的标签，对相关博文进行标注（标签是一种元数据，可用来标注博文，使博文易于查找。有关标签的论述，详见本书第8章）。比如，针对2006年召开的"计算机在图书馆的应用"这一会议，所有与此会议有关的博文都用"CIL2006"进行标注。这样，人们通过访问博客搜索引擎Technorati，就可以很方便地检索到不同博客群、不同个人博客发布的，标记为"CIL2006"的所有博文。

通过博客，人们可以建立起由不同工作岗位的馆员、对图书馆职业许多方面都感兴趣馆员共同参与的社交网络。图书馆界的一些著名业界代表和学者目前已开设了博客。人们可以与在网上交流观点的馆员建立友谊。而通过与图书馆界的网络影响人士取得联系，也能给自己带来职业上的帮助。

创建博客还可以帮助你训练写作技巧。许多新博主把写博文看作是提升专业写作技巧和日常写作能力的途径。每天或每周撰写专业有关的问题，不仅可以让你成为一位更优秀的写作者，而且可以帮助你思考对自己职业的想法。有时，人们不去思考他们对某特定议题的看法，除非他们被迫捍卫或反思自己的看法。撰写很多不同的主题也是一种跟踪职业前沿发展的好方法。

正如博客对图书馆而言是伟大的营销工具一样，如果馆员使用得当，它也可以是馆员的伟大的营销工具。在竞争激烈的就业市场，馆员需要全力展示自己与众不同的能力。博客是一个把自己具有的、作为馆员所需的智慧和激情展示给潜在雇主的最佳工具。但是，如果对博客使用不当，也会适得其反。如果你博客的基调是消极的或攻击性的，或者你的潜在雇主对博客这种工具不感兴趣——这可能就影响你的就业机会。馆员无论是创建博客、在线讨论或写邮件都必须注意在网上展示自己的方式。

无论是个人博客还是专业博客，人们都可以通过博客结交新朋友、与同事交流思想。博客可以提升人们在行业的知名度并为其带来新的机遇。博客还可以帮助人们提高写作技巧，并学到更多与专业相关的知识。虽然博客有许多潜在的好处，但博主必须知道他们可以写什么内容，并记住，无论他们写什么都有可能被潜在的雇主看到。

从最初只是按最新时间倒序排列的链接列表到现在，博客已经经过很长时间的发展了。博客已经成为自我展现的强有力的方式，也是很好的信息分享工具，被广泛应用在多种领域并能实现不同目的。在图书馆领域，博客可以方便馆员为读者传播新闻和信息，并帮助馆员建立与读者在线交流的平台。就个人而言，博客可作为专业发展和跟踪行业动态的工具。虽然博客不能取代学术期刊和书籍，但阅读博客是随时了解行业发展的好办法。在决定是否创建博客时，最重要的一点是评估一下你希望通过博客达到什么目的，博客是不是满足你需求的最好工具。使用博客不是解决所有信息共享问题的方法，但博客的确足够灵活方便，可以解决信息共享的很多问题。

## 参考文献

[1] Teri M. Vogel and Doug Goans, "Delivering the News with Blogs: TheGeorgia State University Library Experience," *Internet Reference Services Quarterly* 10.1 (2005): 9.

[2] Chad Boeninger, " Business Blogging Tips," *Library Voice* 1, February2005, libraryvoice. com/archives/2005/02/01/business - blogging - tips ( accessed November 25, 2005).

[3] Marylaine Block, " Molly Williams: Library Volunteer Extraordinaire," ExLibris167

(2003), marylaine. com/exlibris/xlib167. html (accessed November 26, 2005).

[4] Franklin Sheneman, "Better than the Original?" SJCPL Lifeline, November 8, 2005, www. libraryforlife. org/blogs/lifeline/? p=393 (accessed November 27, 2005).

[5] Brian Kenney, "Ann Arbor's Web Site Maximizes Blogging Software," *LibraryJournal*, September 1, 2005, www. libraryjournal. com/article/CA6251465. html (accessed November 25, 2005).

[6] Tom Coates, "Discussion and Citation in the Blogosphere," Plasticbag. org, May 25, 2003, www. plasticbag. org/archives/2003/05 (accessed December 1, 2005).

# 第 4 章　RSS

互联网包含的巨大信息几乎涵盖了你可以想到的任何学科。人们越来越依靠网络来获取新闻,职业发展和教育的信息,但是这些信息的不断更新使得人们很难同步跟踪最新的新闻、学术研究和博客日志。许多人都有获取新闻和信息的固定来源,他们通常在浏览器中利用书签标注来方便获取。尽管如此,用户仍然需要经常浏览每个网站,来查看其是否添加了新的内容。这其实是一项很浪费时间并且是低效率的工作,尤其是访问那些更新频率很慢的网站和博客。

许多图书馆员通过阅读博客来跟踪图书情报界的重要发展趋势。由图书馆员撰写的博客数量每天都在增长,这为读者提供了更多的内容和选择。一项 2005 年对撰写博客的图书馆员的调研显示[1],超过 30%的人认为他们定期阅读 100 多个博客。尽管定期访问 5-10 个博客来获取更新内容不是件难事,但是通过逐一浏览、每天访问 100 多个博客几乎不可能实现。幸运的是,RSS已经将跟踪网络新闻和信息的过程自动化。现在,用户可以订阅博客、新闻站点和其他网络内容,并且在一个单一的站点或客户端,就可以自动接收更新的信息,而不用每天去访问同一个网站。一旦有新内容添加进去,就可及时传送给用户。RSS 是保持信息更新和避免信息超载的关键技术。

## 4.1　什么是 RSS?

RSS 是聚合网站内容的一种格式。基于可扩展标记语言(XML),RSS 将网络站点分解成独立的信息块,例如一段单一的新闻报道或者一篇单一的博客文章。这使得内容从页面中释放出来,因为 RSS 反馈的内容只包含一个特定站点的内容,而不包含该内容如何呈现的全部信息。这就意味着该内容可以通过 RSS 嵌入到其他页面里,并且像是为这些页面量身定做的。人们可以订阅网站的 RSS 信息源(RSS feed)来获取更新的信息,而不用每天都浏览该网站。一旦新的内容在网站发布出来,RSS 会让这些信息通过一个聚合器、邮件或者一个完全独立的网页被获取到。这种内容与格式的分离意味着 RSS 信息源可以通过新的方式组织和聚合信息。

为了从离散的信息源获取内容来建设门户，Netscape 公司最初于 1999 年设计了 RSS0.90 版本。当 Netscape 公司退出门户市场时，Userland 公司接手了这个项目，以适应博客（Blog）应用的需要。与此同时，RSS-DEV 团队也在 Netscape 公司的基础上，开发了 RSS1.0。这使得 RSS 有两种不同的开发方向。2002 年，Userland 公司的戴夫·温那（Dave Winer）发布了 RSS2.0 版本。目前，RSS1.0 版本和 RSS2.0 版本都可以用来聚合网页站点，博客和其他内容[2]。RSS 这个缩写在英文中代表了不同的解释，既可以是"富文本网站摘要（Rich Site Summary）"，或"RDF 网站摘要（RDF Site Summary）"，也可以是"简易信息聚合（Really Simple Syndication）"。其中，简易信息聚合（Really Simple Syndication）是最为流行的解释，因为它准确描述了 RSS 的功能。

大多数人是 RSS 的消费者。作为消费者，人们不需要了解 RSS 是如何工作的，他们只需要知道用 RSS 可以做什么。RSS 实现了信息便携式获取，使信息可以在不同地点进行读取，并有多种使用方式。大多数人利用 RSS 来阅读不同网络站点的内容，并且可以将这些内容聚合在同一个页面显示，这样用户将不需要访问每一个站点便可以频繁地跟踪所关注的网页内容和信息。许多新闻报道、博客和其他网站为他们的内容提供 RSS 订阅服务。例如，CNN（www.cnn.com/services/rss），《纽约时报》（New York Times）在线版本（www.nytimes.com/service/xml/rss/index.html）和《华盛顿邮报》（Washington Post）在线版本（www.washingtonpost.com/wp-dyn/rss/index.html）。这些网站的每个部分都有 RSS 订阅，如美国新闻，世界新闻和信息技术。通过 RSS 订阅，你可以获取你所在地区的天气，或者追踪你正在投递的包裹。大多数提供 RSS 订阅的网站都有一个橙色的小方块标志，上面写着"XML"或者"RSS"。这个标记可以在一个页面的顶端，底部或者边栏找到。一个新的橙色方块图标正在成为 RSS 标准的指示器，并且在 IE 浏览器和 Firefox 浏览器中使用。如果一个站点有 RSS 订阅功能，这个图标会在 IE7 和 Firefox2.0 以及更高版本浏览器的工具栏中显示。

让用户用一个常规浏览器获取一条 RSS 信息源时，它看起来是让人费解的代码，而不是易读的页面（图 4.1）。这是因为 RSS，例如可扩展标记语言

（XML），缺少人工阅读的呈现信息。人们需要一个聚合器来显示 RSS 订阅的内容，这样它们才看起来与其他页面一样可读。一个聚合器（也被称为新闻阅读器或者 RSS 阅读器）是一个客户端软件或者网站，它整合了你所有的 RSS 信息源，并将它们显示在一个页面里。它允许用户从上百个网页站点里获取信息并在一个单一页面显示。用户需要在他们聚合器里订阅一个独立网站的 RSS 信息源，当有新增的文章或者邮件时，他们就可以在聚合器里阅读这些内容。因此，用户再也不用访问每个博客或网页来查看是否有新增的内容，而只需简单地一次订阅它的 RSS 信息源，便可以自动地接收新的信息。很多用户在他们聚合器里订阅了几十个甚至上百个 RSS 信息源。

```
<!-- generator="wordpress/2.0.3" -->
- <rss version="2.0">
  - <channel>
      <title>Information Wants To Be Free</title>
      <link>http://meredith.wolfwater.com/wordpress/index.php</link>
    - <description>
        A librarian, writer and tech geek reflecting on the profession and the tools we use to serve our patrons
      </description>
      <pubDate>Mon, 05 Jun 2006 02:34:09 +0000</pubDate>
      <generator>http://wordpress.org/?v=2.0.3</generator>
      <language>en</language>
    - <item>
        <title>Test</title>
      - <link>
          http://meredith.wolfwater.com/wordpress/index.php/2006/06/04/test-2/
        </link>
      - <comments>
          http://meredith.wolfwater.com/wordpress/index.php/2006/06/04/test-2/#comments
        </comments>
        <pubDate>Mon, 05 Jun 2006 02:34:09 +0000</pubDate>
        <dc:creator>Meredith Farkas</dc:creator>
        <dc:subject>h</dc:subject>
      - <guid isPermaLink="false">
          http://meredith.wolfwater.com/wordpress/index.php/2006/06/04/test-2/
        </guid>
      - <description>
          I just upgraded Wordpress and I want to make sure everything is still working right.
        </description>
      - <content:encoded>
          <p>I just upgraded Wordpress and I want to make sure everything is still working right. <img src="http://meredith.wolfwater.com/wordpress/wp-includes/images/smilies/icon_smile.gif" alt=':)' class='wp-smiley' /> </p>
        </content:encoded>
      - <wfw:commentRSS>
          http://meredith.wolfwater.com/wordpress/index.php/2006/06/04/test-2/feed/
        </wfw:commentRSS>
      </item>
```

图 4.1　"Information Wants to Be Free" 的 RSS 信息源在网页浏览器的显示结果

如图 4.1 所示。大多数用户会在聚合器里或者网页浏览器起始页中浏览 RSS 订阅的内容

43

随着可用的 RSS 聚合器的多样化，每个聚合器都有自己的优点和缺点。聚合器可以被嵌入在用户的浏览器、桌面、邮件客户端、移动设备或一个网页门户。一些人使用桌面聚合器，可以将之下载后安装到用户计算机上。这些聚合器可以作为邮件应用程序的一部分进行使用，例如 Mozilla Thunderbird 或 Microsoft Outlook，有些可以作为独立软件使用，如 NewzCrawler（www.newzcrawler.com）或 BlogBridge（www.blogbridge.com）。桌面聚合器更加安全和保护隐私，因为它们存在你自己的电脑中，你订阅的信息并不寄存在网络上。即使开发这个聚合器的公司倒闭了，你的订阅仍然会继续有效。

桌面聚合器的主要问题是可携带性较差。你可以下载一个应用到电脑上，并且添加你的 RSS 信息源，这台电脑将成为你今后阅读 RSS 订阅信息的唯一终端。如果你在学校、办公室或者会议中用了其他人的电脑，你将不能获取到你的 RSS 订阅。如果你的硬盘驱动崩溃了，你将会丢失你追踪的全部 RSS 信息源，同时你将不得不下载所有软件更新并修复你的电脑。但是，如果你没有链接到互联网，你仍然可以访问你的 RSS 订阅信息，因为许多桌面聚合器允许离线阅读。你的 RSS 信息源从一个应用程序适移到另一个程序也是一个问题，请在选择聚合器之前调研这个问题。

一些人使用基于网络的聚合器，可以从任意浏览器获取信息而不需要下载到本地。著名的网络聚合器包括 Bloglines（bloglines.com，见图 4.2）和 Rojo（www.rojo.com）。网络聚合器的优点是可随时访问，只要有网络连接和浏览器，人们便可以在任何一台电脑上使用它。如果你的硬盘驱动崩溃了，你不会丢失所有的 RSS 信息源。网络聚合器很容易建立，有简单的页面，并且不需要下载软件。但是网络聚合器不允许离线阅读。如果你决定在你度假时保存所有的在线阅读，但是你离开后不能连接到互联网，你将不能阅读任何一条你保存的信息。正如你不能离线获取订阅信息一样，如果网络聚合器的服务商倒闭了，你也就不能获取它们了。不论你选择任何聚合器，你都要确保可以以一种格式，通常是 OPML（大纲处理标记语言，Outline Processor Markup Language），输出你的 RSS 信息源，以简便地将之输入进其他聚合器中。在任何聚合器里备份你的订阅是一个很明智的决定，以防网络公司倒闭或硬件驱动崩溃而无法继续使用。

根据 Ipsos Insight 公司和雅虎公司的研究报告，只有 12% 的人听说过 RSS 这个术语，但是 27% 的人在没有理解这个术语的情况下已经使用了 RSS[3]。

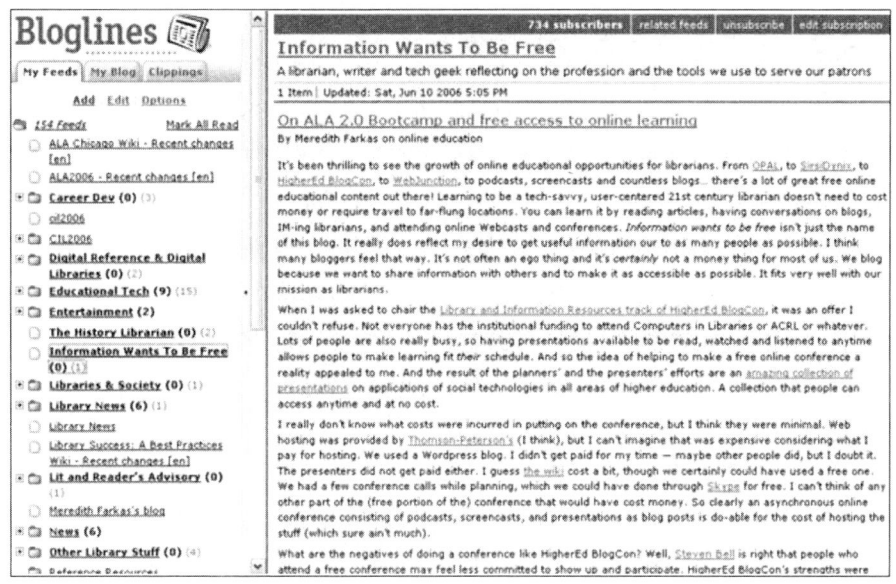

图 4.2　与图 4.1 相同的 RSS 信息源,在著名的 Bloglines 聚合器上显示(© 2006 Bloglines)

当一个如 My Yahoo!（my.yahoo.com）这样的网站提供来自各种网站的内容时,它通常是使用 RSS 来聚合信息。RSS 很好地嵌入到人们的日常生活中,这就是为什么很多人已经使用了 RSS 聚合器,但是却没有真正了解这个术语的原因。通过 RSS,你可以在一个类似 My Yahoo! 的个性化起始页阅览信息,在一个聚合器中列明其他 RSS 信息源,将之嵌入到一个网页或者是教学软件中,或者是浏览器的起源页。RSS 提供了很大的灵活性来帮助你选择想用的工具,阅读日常生活中想了解的信息。

　　RSS 不仅仅是基于 XML 格式来聚合内容。Atom 信息源有着与 RSS 信息源相似的功能,同样也经常用来从博客（Blog）和维基（Wiki）里聚合信息。OPML（大纲处理标记语言）是另一种用来聚合的格式,主要用于创建多种信息源的分级列表。用户经常使用 OPML 来输出一个聚合器里的所有 RSS 和 Atom 信息源,并将它们输入到另一个聚合器中。如果人们想要共享一份他们所喜爱的博客的清单,同样也可以创建一个 OPML 文件,这样其他人就可以将所有的 RSS 订阅信息源输入到他们自己的聚合器中。

## 4.2 图书馆员充当 RSS 的发布者

RSS 是一种为用户推送资源的最佳方式，通过 RSS 信息更容易被获取，并且可以将不同站点的内容聚合起来显示在一个单一的页面上。大部分内容可以分解成独立的信息块，通过 RSS 进行聚合。例如，许多图书馆都有自己的网页来描述图书馆最近发生的事情，包括新闻、事件、新进馆藏、即将举办的活动等。这是一个应用 RSS 的理想情景。不管这个页面是传统的网页还是博客，RSS 信息源都可以将它的内容推向读者。那些将 HTML 格式内容填写到网站中的图书馆需要创建它们自己的 RSS 信息源，但是博客软件在开发时就自带了 RSS 信息源的功能。

已经使用聚合器来获取其他 RSS 信息源的图书馆用户或许更倾向于用这个聚合器来获取图书馆信息。他们不再需要不停地浏览图书馆网页来查看是否有新的活动举办，信息将会自动地向他们推送。例如，用户可以订阅图书馆儿童活动的 RSS 信息源，来跟踪最新的活动安排。伊利诺伊州的 Winnetka-Northfield 公共图书馆（www.wpld.alibrary.com/rsspage.asp）为特定的目标群体发布了新闻 RSS 订阅。该图书馆的 RSS 订阅有普通图书馆新闻、成人图书俱乐部、少年图书俱乐部、即将举办的成人活动、即将举办的少年活动和"One Book Two Villages"项目。这些可订阅的信息可以在图书馆网站上找到，读者不用浏览图书馆的网站，便可以订阅他们感兴趣的一些特定信息。

图书馆同样可以使用 RSS 向其他页面发布新的内容。使用博客来传播新闻的图书馆可以利用他们的博客软件自动创建一个 RSS 信息源，并通过这个 RSS 信息源，利用 JavaScript 在他们的网站上发布最新信息。图书馆可以利用这种方式将他们的博客内容聚合到一个主要站点，方便用户发现和查找这些信息。图书馆没有必要了解 JavaScript 是如何在图书馆网页上显示 RSS 信息源的，他们只需要简单使用一个工具，如 Feed2JS（feed2js.org）或者 RSS-to-JavaScript（www.rss-to-javascript.com）。这些工具可以自动在网页文件里创建 JavaScript，使用户可以添加一个 RSS 信息源到任何页面。

那些通过在线教学软件，如 WebCT 或 Blackboard，向远程用户提供服务的图书馆，可以使用这种方式与用户联系和交流。很多在线教学软件包不允许用户在课程中创建博客，而借助 RSS，可以将外部博客的内容嵌入到教育软件中，并加以显示。这是一种较为合适的方法。笔者曾经在诺维奇大学试图寻找一个有效的方式来直接与远程学者在线交流,由于笔者不想发送大量邮件,并且所使用的 WebCT 的版本也不支持创建博客,使得这种交流变得很难。后来,笔者在 WebCT 的外部创建了一个新闻博客,利用 Feed2JS 软件来聚合那些远程学生最常用的博客内容,并在 WebCT 的页面上显示,而不需要直接引导学生去浏览那些博客(见图 4.3)。自从笔者在几个地方用 RSS 聚合来代替在 WebCT 里创建博客,这些内容便可以在许多地方自动更新而不用任何人为干预了。一旦笔者在博客上贴出信息,它马上会在每个远程教育课堂中显示出来。学生们不需要了解博客、RSS 或者 JavaScript,他们只需要阅读一个边栏包含图书馆新闻的网页即可。

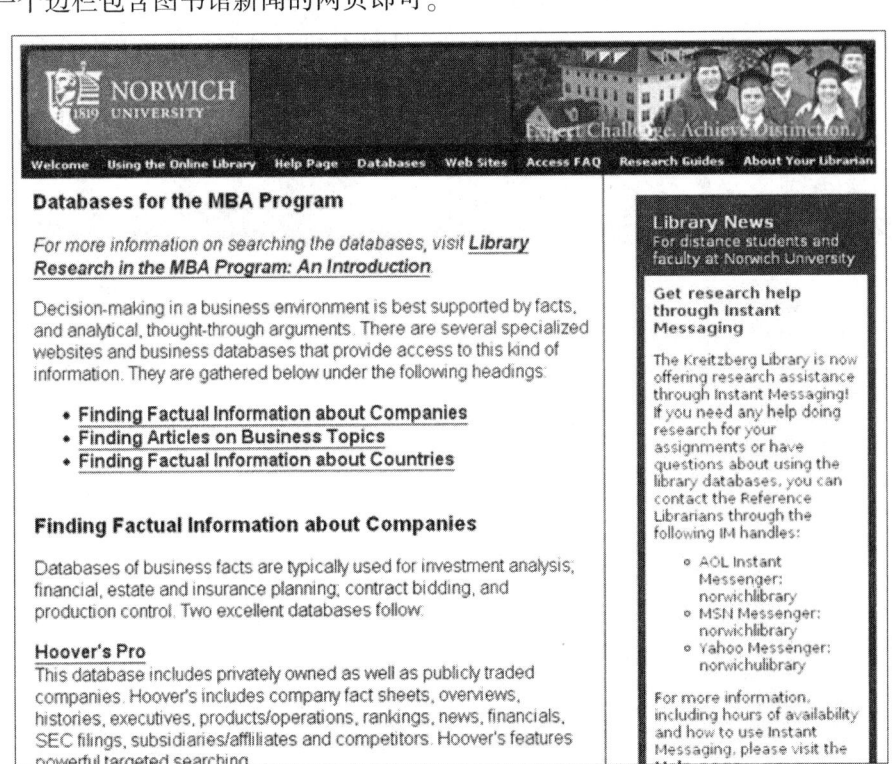

图 4.3 图书馆新闻在诺维奇大学的 WebCT 页面右侧显示,这些新闻实际上是从教学软件外部的一个博客聚合而来的

目前,图书馆已经开始使用 RSS 为公众提供新书清单和其他资料。这对公共图书馆来说特别有用,因为一些公共图书馆的用户仅仅想浏览新书清单

而不想到图书馆来。用户可以将他们在清单中看见的图书放置在自己的预约列表里，而不用亲自到图书馆来浏览图书。在大学图书馆，按学科分类整理新书列表为全体教职工提供了更有价值的信息。例如，一名物理学教授可以通过浏览新的物理书籍列表来查看所研究的领域有哪些新书。阿尔伯塔大学（www.library.ualberta.ca/newbooks/index.cfm；见图 4.4）提供新书书名的 RSS 订阅，并按图书馆索书号和主题对书名进行组织。每本新书包含基本著录信息、书的位置和书的封面图片。教职员工和研究生可以订阅 RSS 信息源来获取他们感兴趣领域的新书信息，这些信息会由图书馆定期向他们推送。西雅图公共图书馆为动态创建的阅读清单提供 RSS 订阅服务（www.spl.org/default.asp?pageID=collection_readinglists；见图 4.5）。这些阅读清单包含所有类型的最新和最流行的资源。通过这种方式，青少年可以找到西雅图的其他青少年通常在读哪些书籍，所有年龄段的用户都可以第一时间预约一本新书。

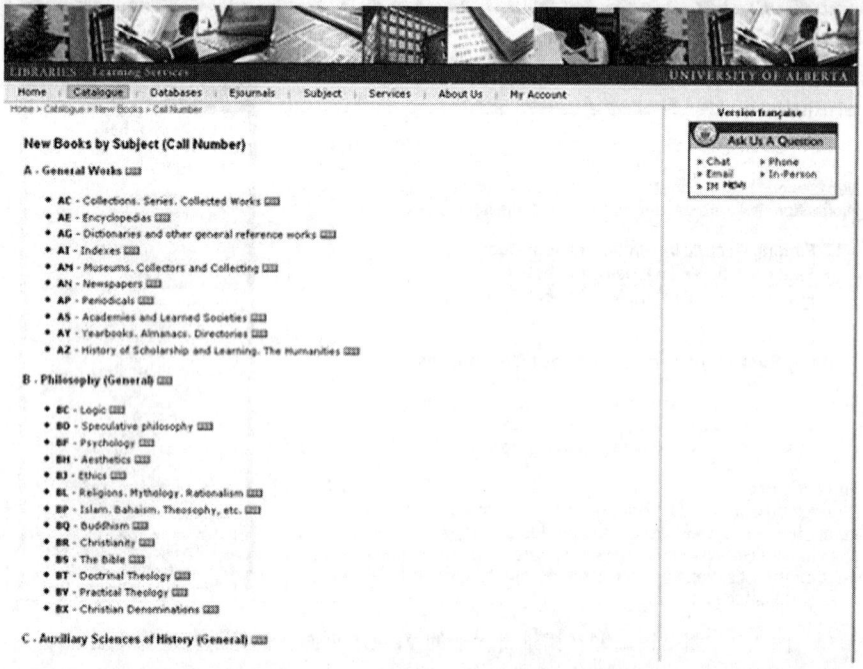

图 4.4　加拿大阿尔伯塔大学允许用户通过图书馆或者主题方式订阅新书列表

有时候，用户可以在某些数据库和网站中订阅搜索。执行一项搜索后，用户可以在网站上登记自己的邮箱，来定期接受包含该检索任何新结果的邮

图 4.5 西雅图公共图书馆使用 RSS 来为不同年龄、不同兴趣的人自动创建新书的更新列表

件消息。当用户在"Chronicle of Higher Education"网站的职业编年史页面里(chronicle.com/jobs)检索"图书馆员"这个词,结果显示提供了一个选项让用户创建一个搜索代理。一旦用户向"Chronicle of Higher Education"提交了邮箱地址,其将会每天或者每周收到有关"图书馆员"的最新检索结果。这种方式可以有效地追踪各种与自己工作相关的网站,而不用一遍又一遍地反复浏览这些网站。但是,创建这样一个搜索代理含有泄露你邮箱地址的隐患,这会导致你的邮箱被各种各样的网站发来的邮件所填满。RSS 是这类邮件订阅的天然替代品。

一些图书馆为书目检索提供 RSS 订阅。当检索西雅图公共图书馆

(www.spl.org)的目录时，用户会发现每个检索页面的底部都有一个橙色的XML按钮。他们可以点击这个按钮来订阅某一特定检索的信息源，并把结果的URL保存在他们的聚合器里。从那时起，任何满足他们检索标准的新资料——无论是题目、关键词、主题或者其他任何类型的检索——都将会在用户的聚合器里显示出来。亨内平县公共图书馆（www.hclib.org/pub/search/RSS.cfm；见4.6）同样提供其馆藏目录检索的RSS订阅，并且在事件列表和分类列表中提供检索式的RSS订阅。一些用户会经常检查图书馆网站来获取新资源或即将举办的他们感兴趣的活动，但是大多数人不会这样。RSS订阅机制确保了用户的兴趣目标信息能够自动地被推送给用户，而不用麻烦用户来图书馆或者网站查找。

图4.6　在亨内平县公共图书馆目录中，用户可以订阅提醒服务，一旦图书馆购买了满足他们检索需求的新资料便会自动通知他们

图书馆还可以提供RSS订阅帮助用户管理他们的账户。亨内平县公共图书馆和西雅图公共图书馆都会给用户提供其已经从图书馆外借的图书信息，并提醒他们何时到期。用户只需要输入图书馆读者卡编号和密码就可以获得这些信息。用户不再需要图书馆来通知他们哪些书即将过期或者哪些预约已

经可取。他们也不需要登录图书馆网站来浏览他们的个人记录。

每每提到读者信息的 RSS 信息源，隐私都是一个潜在的关注点。能获取用户账户 RSS 信息源的第三方可以浏览用户的外借记录。这些 RSS 信息源可以被那些想看看自己孩子阅读什么图书的父母，或者想查找可疑借阅行为的政府机构所获取。RSS 信息源有时候可以被其他人发现，尤其是当用户使用基于互联网的聚合器。西雅图公共图书馆在它的网站上发布了以下隐私声明：

"重要隐私公告：西雅图公共图书馆关注您的个人信息私密性。使用公共 RSS 网页聚合器，例如 Bloglines, Rojo 或 Feedster 的用户需要注意，某些服务会允许其他用户来阅读您的 RSS 信息源。这就意味着其他人可以浏览您的借阅信息和预定信息。通常您可以通过在文件夹里设置选项或者在建立 RSS 信息源时标记'保密'或'公开'。"[4]

一些个人或第三方公司已经使用用户提供的卡号和密码，利用黑客来远程获取用户记录和检索信息。这些第三方不隶属于图书馆或图书馆供应商，但是他们为那些自己所使用的图书馆不提供 RSS 订阅的读者提供了很有吸引力的服务。LibraryElf（www.libraryelf.com）在那些频繁使用图书馆、想便捷追踪他们记录的用户中很受欢迎。然而，一旦第三方获取您的登录信息，他们还可以获取您的数据；虽然他们可能不会把它提供给别人，这仍然是一个问题。对任何可能获取个人信息的公司，用户需要有警觉意识来阅读其隐私条款。

许多图书馆已经建立了学科导航，为用户列举了一些有用的网页资源。如果这些资源频繁地更新，那么为这些独立的页面提供 RSS 订阅是一个明智的选择。这样用户就可以追踪他们感兴趣的最新网络资源。这些学科导航也可以包括新的学科数据库和图书。堪萨斯市公共图书馆（www.kcpl.lib.mo.us/guides）已经建立了一个全面的学科导航，每个学科都有自己的 RSS 信息源。用户可以订阅他们感兴趣的 RSS 信息源，每当增加一个新的网页资源时，反映新增内容的信息将会出现在用户的聚合器里。一些大学图书馆已经创建了 RSS 信息源，内容涉及包括网络资源和其他来源的新闻。乔治亚州大学图书馆（www.library.gsu.edu/news）提供了一系列包含最近新闻的时常更新的学科博客。每个博客都有 RSS 订阅，以方便学生和教职员工在自己聚合器的单一

RSS 信息源页面中获取从大量信息源中过滤出来的信息。

## 4.3 图书馆员作为 RSS 的中间人

图书馆可以从各种信息来源中聚合现有的 RSS 订阅点来为用户提供有用的信息。数据库商和杂志出版社越来越意识到 RSS 在为用户传递信息中的价值。高校图书馆、公司图书馆、医学图书馆、专业图书馆和法律图书馆的用户会不断追踪他们感兴趣学科的特定期刊，并对图书馆及时地向他们传递最新发布的期刊心存感激。杂志出版社开始为用户提供 RSS 服务，一旦有新的刊物出版将及时通知用户；有的还为用户提供包含新刊物的内容列表和文章摘要的 RSS 订阅。个人可以通过聚合器订阅他们感兴趣期刊的 RSS 信息源，以此来接收最新的信息。

数据库商目前已经开始使用 RSS。2005 年，ProQuest 数据库发布了 Curriculum Match Factor（www.proquest.com/syndication/rss），它可以为用户提供特定课程的 RSS 订阅。在每个 RSS 信息源中，ProQuest 通过计算机对特定学科术语的检索，来提供该学科的最好刊物的文章题目和链接。ProQuest 为学生和教师提供检索、查找相关文章的服务并且在他们的聚合器里提供 RSS 信息源。2006 年，EBSCO 数据库开始为注册用户提供该数据库的特定检索的 RSS 订阅[5]。这样，当用户订阅过的某个学科的新文章被添加到数据库中时，该用户的聚合器里将会收到通知。

### 杰伊（Jay Bhatt）谈 RSS

你认为 RSS 在图书馆中最重要的用处是什么？

*RSS 在为用研究者追踪最新出版信息时起到十分重要的作用。目前全世界的研究人员都需要快速地从大量资源中获取信息来创建和出版高质量的研究成果。随着越来越多资源开始提供科学研究的关键词的 RSS 订阅，越来越多的电子刊物出版商开始提供他们新刊物的 RSS 订阅。研究人员可以通过订阅他们感兴趣研究领域的 RSS 信息源来快速追踪当前最新的信息。信息专家和图书馆员可以通过追踪新的信息工具的有效性，为用户提供快速的知识更新。除此之外，从图书馆得到的新书或者其他资料的 RSS 信息源可以进一步激发用户使用 RSS 的兴趣，使得查找资源更加便捷。*

图书馆员能做什么来帮助用户阅读 RSS 信息源？

图书馆员可以创建新的课程来探讨 RSS 信息源是如何帮助学生快速检索学术信息的。制作海报和手册来讲述 RSS 的好处以及使用 RSS 信息源的指南，以此激发用户使用 RSS 的兴趣。图书馆员需要在与师生开会时讨论这个话题或者通过电子邮件向全体师生给予指导性建议，从而主动推广 RSS 信息源的使用。在图书馆时事新闻栏目里通告 RSS 信息源的有效性可以使用户意识到新资源以及对应的 RSS 信息源的有用性。图书馆员可以约见校园里各类的学生团体来推广 RSS 信息源的使用。

你日常生活中使用 RSS 来做什么？

我日常生活中使用 RSS 来追踪关于图书馆、新书、工程资源和工具的新信息。我每天通过 RSS 信息源来浏览国际新闻，并且跟踪现有的体育新闻和新上映的好莱坞电影。我个人的 RSS 订阅列表（www.bloglines.com/public/bhattjj）说明了我是如何在很短的时间内从各种信息源中追踪新的信息。

杰伊（Jay Bhatt）是德雷赛尔大学的一名工程学学科咨询馆员。他是 Englibrary Blog（www.library.drexel.edu/blogs/englibrary）的作者，并且已经撰写了大量关于学科馆员如何使用 RSS 的文章。

很明显，图书馆员可以利用这些期刊出版社和数据库商的 RSS 信息源来聚合他们的内容，或者告知用户它们的可用性。图书馆员可以在他们现有的学科指南中添加相关期刊的 RSS 信息源。威斯康星州大学（UW）的埃布林图书馆（www.hsl.wisc.edu/bjd/journals/rss/index.cfm）已经为大量的生物医学和保健学期刊创建了一页 RSS 信息源。每个 RSS 信息源包含最新期刊文章的列表和每篇文章的简要说明。威斯康星州大学的图书馆员只需要简单地将现有的期刊 RSS 信息源编辑到同一个页面。美国俄亥俄州图书馆与信息网（journals.ohiolink.edu）为其成员馆的用户提供其电子杂志中心下任何期刊的内容列表的 RSS 信息源。图书馆还可以创建某一个学科的聚合页面或者提供一个包含某个学科的所有期刊的 OPML 文档，这样用户就可以一次订阅所有这些期刊的 RSS 信息源。一些工具将多个 RSS 订阅合并到一个单一的订阅中，例如 RSS Mix（www.rssmix.com）和 KickRSS（www.kickrss.com）。图书馆可以利用这些工具中的一个，来创建一个包含多个期刊 RSS 订阅的单一的学科 RSS 订阅。这样，用户仅仅需要订阅一个单一的 RSS 信息源，就能查看多种期刊的内容列表，并且内容可以自动定期更新（见图 4.7）。图书馆员可以在一个学科源页面中聚合多种知名期刊的内容列表，还可以将数据库 RSS 信息源、新闻和其他学科资源聚合到一个单一 RSS 信息源中，并在一个页面中显示。

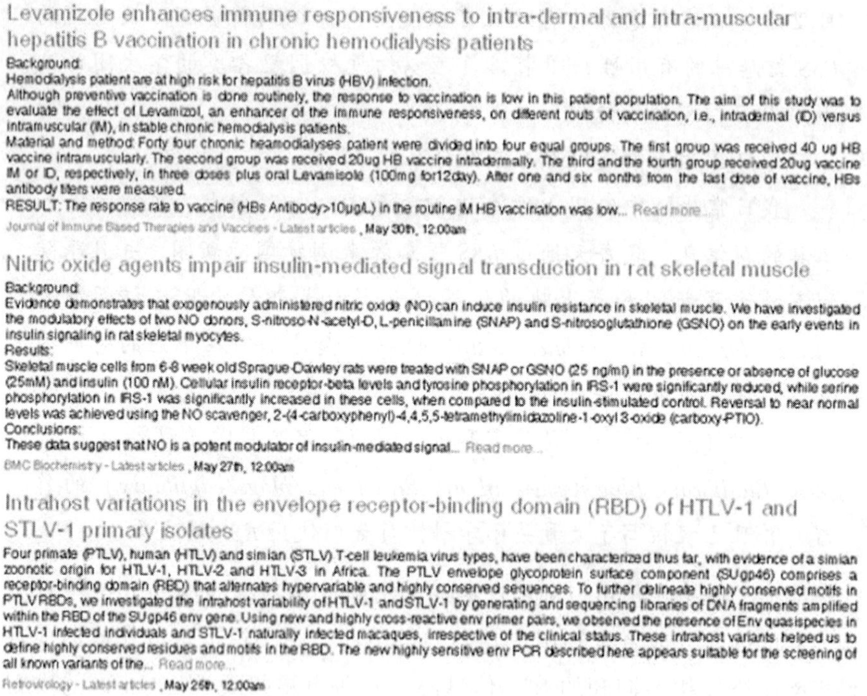
Levamizole enhances immune responsiveness to intra-dermal and intra-muscular hepatitis B vaccination in chronic hemodialysis patients

Background:
Hemodialysis patient are at high risk for hepatitis B virus (HBV) infection.
Although preventive vaccination is done routinely, the response to vaccination is low in this patient population. The aim of this study was to evaluate the effect of Levamizol, an enhancer of the immune responsiveness, on different routs of vaccination, i.e., intradermal (ID) versus intramuscular (IM), in stable chronic hemodialysis patients.
Material and method: Forty four chronic heamodialyses patient were divided into four equal groups. The first group was received 40 ug HB vaccine intramuscularly. The second group was received 20ug HB vaccine intradermally. The third and the fourth group received 20ug vaccine IM or ID, respectively, in three doses plus oral Levamisole (100mg for12day). After one and six months from the last dose of vaccine, HBs antibody titers were measured.
RESULT: The response rate to vaccine (HBs Antibody>10μg/L) in the routine IM HB vaccination was low... Read more...
Journal of Immune Based Therapies and Vaccines - Latest articles , May 30th, 12:00am

Nitric oxide agents impair insulin-mediated signal transduction in rat skeletal muscle

Background:
Evidence demonstrates that exogenously administered nitric oxide (NO) can induce insulin resistance in skeletal muscle. We have investigated the modulatory effects of two NO donors, S-nitroso-N-acetyl-D, L-penicillamine (SNAP) and S-nitrosoglutathione (GSNO) on the early events in insulin signaling in rat skeletal myocytes.
Results:
Skeletal muscle cells from 6-8 week old Sprague-Dawley rats were treated with SNAP or GSNO (25 ng/ml) in the presence or absence of glucose (25mM) and insulin (100 nM). Cellular insulin receptor-beta levels and tyrosine phosphorylation in IRS-1 were significantly reduced, while serine phosphorylation in IRS-1 was significantly increased in these cells, when compared to the insulin-stimulated control. Reversal to near normal levels was achieved using the NO scavenger, 2-(4-carboxyphenyl)-4,4,5,5-tetramethylimidazoline-1-oxyl 3-oxide (carboxy-PTIO).
Conclusions:
These data suggest that NO is a potent modulator of insulin-mediated signal... Read more...
BMC Biochemistry - Latest articles , May 27th, 12:00am

Intrahost variations in the envelope receptor-binding domain (RBD) of HTLV-1 and STLV-1 primary isolates

Four primate (PTLV), human (HTLV) and simian (STLV) T-cell leukemia virus types, have been characterized thus far, with evidence of a simian zoonotic origin for HTLV-1, HTLV-2 and HTLV-3 in Africa. The PTLV envelope glycoprotein surface component (SUgp46) comprises a receptor-binding domain (RBD) that alternates hypervariable and highly conserved sequences. To further delineate highly conserved motifs in PTLV RBDs, we investigated the intrahost variability of HTLV-1 and STLV-1 by generating and sequencing libraries of DNA fragments amplified within the RBD of the SUgp46 env gene. Using new and highly cross-reactive env primer pairs, we observed the presence of Env quasispecies in HTLV-1 infected individuals and STLV-1 naturally infected macaques, irrespective of the clinical status. These intrahost variants helped us to define highly conserved residues and motifs in the RBD. The new highly sensitive env PCR described here appears suitable for the screening of all known variants of the... Read more...
Retrovirology - Latest articles , May 25th, 12:00am

图 4.7　这个组合的 RSS 信息源包含 4 种科学期刊的最新内容列表和文章摘要

## 4.4　图书馆员作为 RSS 的消费者

第三章介绍了博客是图书馆员获取最新图书馆趋势和事件的有效途径。当然，一名图书馆员关注越多的博客，对他来说定期浏览这些博客就越难。RSS 是一种有效的方式，可以用来追踪自己喜爱的博客、期刊和新闻站点，将自己所有的在线阅读合并到一个简单的位置。一旦一个新闻或文章发表在自己订阅的站点上，RSS 就会自动将之添加到自己的聚合器中。RSS 是防止信息超载的终极工具。

　　RSS 不仅仅提供博客、数据库和期刊内容的聚合，也是众多社会软件工具中的支柱。RSS 订阅允许人们更加便捷、简单地从多个站点中聚合内容，并将它们收集到一个位置。目前许多人通过不同网络应用程序来收集信息，从在社会书签站点编目自己喜爱的网页链接，到在相片分享站点存放相片、在在线社区中讨论，再到在人人分享想法的博客里发表文章和评论。人们的网络自我性已经支离破碎，陷入大量不同的应用程序中。人们可以利用 RSS 订阅来聚合感兴趣的内容到其他站点，也可以将这些不同应用程序中的内容抽取出来，放在同一个位置。各种新的服务允许用户创建一个虚拟桌面来使用 RSS 信息源，包括 Netvibes（www.netvibes.com）和 Pageflakes（www.pageflakes.com）。在虚拟桌面里，RSS 信息源可以直观地组合在一个简单的页面，用户可以浏览照片、博客文章、书签、活动日历和其他用户关注的信息。这些虚拟页面可以用来创建用户喜欢的博客、新闻源或者话题页面。用户也可以将 RSS 信息源与小组博客绑定在一起。例如，如果一个小组发布了某个图书馆会议的信息，那么，该小组所有成员的博客，若发表有关该会议的最新看法，都可以通过 RSS 信息源，进行聚合。如通过 Blogdigger（www.blogdigger.com），RSS Mix 或 KickRSS 来绑定。那样，用户便可以浏览一个单一的网页来获取会议的所有评论。一些网站或工具甚至还提供组合内容的一个单一 RSS 信息源。通过这种方式使用 RSS，用户可以将不同网络内容抽取出来放在一个单一页面里，并且为在线阅读提供分类和分组。

　　RSS 是一项"推拉"技术：当新的感兴趣内容不断通过一个网页或聚合器推送给用户时，它是一项"推"技术；当用户将不同的 RSS 信息源合并组织到一个单一页面中时，它是一项"拉"技术。可以通过 RSS 聚合的网络内容不断增长，使得图书馆员可以更高效地向用户推送某一特定学科的内容，还可以接收相关内容来让自己与时俱进。RSS 让人们追踪源源不断的网络信息更加容易。

## 参考文献

[1]　Meredith Farkas, "Survey of the Biblioblogosphere: Attitudes and Behaviors," Information Wants To Be Free, September 12, 2005, meredith. wolfwater. com/wordpress/index. php/

2005/09/12 (accessed November 27, 2005).

[2] "RSS," Wikipedia: The Free Encyclopedia, en. wikipedia. org/wiki/RSS (accessed November 28, 2005).

[3] Joshua Grossnickle, Todd Board, Brian Pickens, and Mike Bellmont, RSS—Crossing into the Mainstream, October 2005, publisher. yahoo. com/rss/RSS_ whitePaper1004. pdf (accessed November 28, 2005).

[4] "What Is RSS?" Seattle Public Library, catalog. spl. org/hipres/help/local/rss. html (accessed November 30, 2005).

[5] "EBSCO Supports RSS Feeds," EBSCO Support News, March 2006, support. epnet. com/support_ news/detail. php? id=204&t=h (accessed May 1, 2006).

# 第 5 章 维基

"网页设计"过去只能依靠专业人士来完成。大多数情况下,这些专业人士决定了网页设计及其内容。然而,几十年过去了,各种新开发的网页编辑器使得很多非专业人士也能进行网页创建。不过即使是出现了一些所见即所得(WYSIWYG)的编辑器,对于大多数群体而言,网站内容的扩展仍然是由个别人来完成,因此很多网站仅仅是反映了个别或少数人的观点。机构成员即便是对网页改善有好的建议,也往往由于缺乏技术而无法参与到决策过程中。很显然,在这种情况下,如果负责对网页进行编辑、修改、扩展等操作的成员忙碌没有时间,那么就无法及时地进行网页管理。

在网页创建方面,维基的平民化远胜于所见即所得的编辑器。维基使得每个人都能自由地进行网页创建与编辑,其简化的、易于学习的文本格式设置规则,使得专业的网页设计师和新手几乎没有什么差别。在图书馆,无论是有经验的技术专家还是普通员工,都能够对网站设计中的内容进行扩展。这些内容反映的是整个群体的创意和想象力,而不仅仅是拥有相关技术的个别馆员的观点。

维基能够为图书馆提供无限的可能。社区用户能够对维基进行编辑和扩展,他们很大程度决定着维基的范围和结构。最基本的是,人们可以在维基网站上快速、简易地进行网络出版和编辑;最好的特点是,维基逐渐成为了名副其实的社区资源,从而使图书馆成为当地社区的资源中心。

## 5.1 维基是什么?

在 20 世纪 90 年代早期,万维网诞生后不久,美国俄勒冈州的电子工程师沃德·坎宁安(Ward Cunningham)当时在寻找一种简单的方法来解决网页协作发布的问题,他想要在网页上发布软件模型而不是创建自己的网站,以开发制作一个面向社区的协作式写作系统。这个想法催生了波特兰模式知识库(c2.com/cgi/wiki)——第一个维基网站,诞生于 1995 年,直到今天波特兰模式知识库仍旧是一个充满活力并不断增长的维基社区。

维基用户不需要了解超文本标记语言（html）和其他标记语言就能对网页进行编辑。维基是可以无限扩展的，用户可以创建网页并链接到其他网页。因此，维基的结构并不是预先设计好的，而是由其用户的链接行为来决定的。坎宁安（Cunningham）和波·留夫（Bo Leuf）认为，维基具有以下特征[1]：

● 维基社群成员可以通过一个不需要任何额外插件的浏览器自由地创建、修改页面。

● 维基能够通过直观的页面链接和显示目标页面是否存在的方式促进各种不同的网页形成多种主题群。

● 在维基网站上，访问者可以持续不断地修改、完善已经存在的页面，或者创建新内容。通过维基协作，维基网站可以不断完善、发展。

维基实质上是一种动态的，任何访问者都可以自由地编辑、修改、创建新内容的超文本系统。Wiki一词来源于夏威夷语的"wee kee wee kee"，原本是"快点快点"（quick quick）的意思。维基是一种在线多人协作的超文本系统写作工具，协作者之间可能相互认识也可能是志趣相投的陌生人。通常情况下，维基开始时是一块"空白板"，之后由协作的社群用户不断完善。维基是完全平民化的，任何访问者都可以添加或编辑别人的写作。理论上来讲，维基的内容代表着一种社会共识。

维基和博客一样都注重用户交流，然而博客一般来说只是一个人或少数人关注点的扩展，而维基注重的是多人的思想。博客条目是按条目的最新发布日期倒序排列的，这意味着日期最新的条目会显示在最引人注目的屏幕上方。维基没有预定的结构，维基条目是按照用户所创建的帖子之间的链接来组织的。在博客中，对于某一作者发布的帖子，只有作者可以进行编辑，其他人只能进行评论；而维基中，所有人都可以对帖子进行编辑和扩展。在博客中，作者很少在内容创建后再进行修改编辑，而维基是动态的，允许在任何时间对创建的内容进行修改。博客适用于需要发布信息或对话的个人，而维基适用于需要协作写作文档、论文和图书的群体。

坎宁安最初开发的维基包含一些简单的语法和文本格式设置选项，然而现在，维基有了多种文本设置格式。维基的基本语法非常简单，容易掌握，但不同维基的语法规则往往具有差异。例如，一个维基用户输入两个单引号来表示设置为斜体的格式，而另一个维基可能使用完全不同的语法规则来表示这一设置。值得庆幸的是,最重要的格式规则,如链接、项目符号和标题等,通常是容易创建的。有的维基网站提供所见即所得的功能,这意味着用户仅仅需要点击按钮就可以对文章格式进行设置。相信以后会有更多的维基网站提供此项功能,这将使得在维基中创建文档就像使用其他文字处理工具一样简单。

坎宁安最初的设想是维基对任何想要编辑、扩展内容的访问者都是完全开放的,后来他意识到虽然"添加额外的安全层非常复杂且限制访问会给用户带来不便"[2],但在某些特殊的情况下限制用户访问是很有必要的。有的维基网站对每个人都是开放的,如知名度很高的维基百科(en. wikipedia. org)。维基百科是由在线社群创建的百科全书,允许任何个人创建、添加或者编辑任何条目,随着被越来越多的人对条目进行编辑,维基百科越来越受欢迎。不过当出现垃圾邮件发送或者恶意破坏条目的行为时,这种完全开放就出现了问题。还好维基社区中的相关人员会很快对这些条目进行处理,也就是说,维基社区实质上实施了行为规范,因此维基不可能成为一个完全自由的网站。有的维基网站仅向特定的群体,如图书馆员、软件开发者或者是参加某一课程学习的学生开放。这些维基网站往往针对特定的主题或目的,因此通常对访问群体进行限制。

对于网站允许任何人进行自由地编辑和扩展,人们往往很难接受。在我们的社会,私有财产的观念根深蒂固,很难想象你可以自由地访问并编辑他人的资料,即便你是获得授权的。人们习惯于由权威人士来最终决定哪些观点可以公开和哪些不可以公开。而在维基网站,每个人都拥有此权限,如果你不喜欢某人写的内容,你就可以进行编辑。同样,如果其他人不喜欢你写的内容,也可以进行编辑。所以说,维基反映了群体的利益与需求。

## 5.2 为什么选择维基?为什么不选择维基?

对于多人协同工作而言,维基是一个很好的工具,但它并不是适用于所有的项目。坎宁安指出,"并不是每一种协同工作都适合建立开放的讨论或者论坛"[3]。下面将阐述为什么有的人选择使用维基来进行网上协同工作,而有的人选择不使用维基;为什么有的人赞成使用维基,而有的人反对使用维基。

维基最吸引人的特征是其易用性,不同的维基应用的安装和设置容易程度是不同的,但所有的维基应用都有着一个共同的特点,那就是易于添加和编辑文本。维基的界面非常简单（图5.1），用户只需点击"编辑"按钮就可以进入编辑页面进行编辑了，编辑完成后，单击"提交"或"保存页面"按钮即可保存修改。一些维基还有其他控制按钮，如"历史"按钮，记录了编辑条目的日志；"讨论"按钮，用户可以在这里与其他用户讨论交流；且所有的维基都有一个最近更改（Recent Changes）页面，在这里用户可以跟踪维基的最新更改，这有助于网络社区用户掌握维基的最新变化且有助于快速处理垃圾邮件或恶意破坏行为。

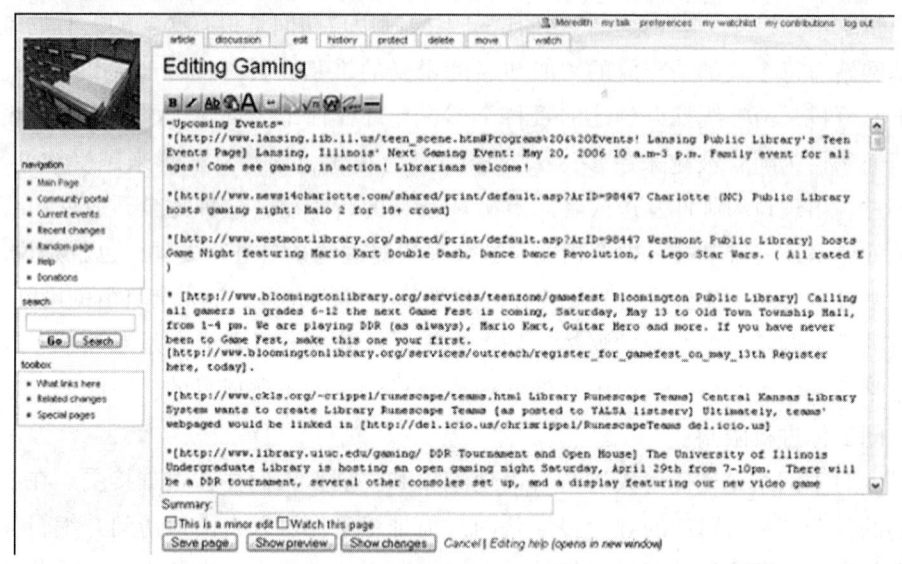

图5.1　图书馆网页编辑界面：最佳的维基应用

正如维基这个名称暗含的意思"快点快点"，维基允许用户进行快速编辑。在过去，人们不得不等待网站管理员来完成编辑操作，而现在每个人都可以方便快捷地对维基添加内容。过去在网站上纠正一个错字需要使用一个所见即所得的编辑器，修改后再把页面上传到服务器；而在维基中不需要上传，所有的操作都立即出现在网站浏览器上。维基也具有其他网站发布所欠缺的灵活性。比如，博客有着非常明确的格式，而维基是在人们编辑内容的同时产生其结构和层次。正如布赖恩·兰姆认为："维基的结构源于内容，而不是强加上的"[4]。

许多公司和机构采用企业解决方案，如采用 Microsoft Outlook、Lotus Notes

等软件来进行协同工作，然而这些软件是昂贵的、操作复杂的，人们往往需要花费大量的时间来学习如何使用，而且大多数软件并不基于网络，远不如网络应用程序便利。而维基多是开源软件，是免费的，操作也非常简单，且维基是基于网络的，允许用户在任何浏览器和任何一台计算机上使用。

维基与其他协作工具最重要的区别是：维基是真正平民化的。维基没有固定的结构，用户可以依据他们的需求和目标自由地编辑、修改内容。很多网页仅仅反映一部分人的观点，而维基反映的是一大群人的知识和想象力。

由于某些因素，有的人反对使用维基。如维基缺乏明确的结构，这给维基内容的动态跟踪带来了困难；有的维基没有索引、目录或层次结构，很难判断页面是否存在；虽然搜索功能和最近更改页面是有用的，但如果没有像万维网那样的组织，一些页面可能除了作者本人永远不会被别人看到。然而缺乏固定的结构并不意味着用户不能自己创建，很多维基中用户创建了层次、类别或字母索引，方便判断相关页面是否有效。

人们反对维基最普遍的原因可能是维基的开放性。很难想象一个社群，尤其是，刚好这个社群是由能够访问网络的任何人所构成，如果可以添加或编辑内容，那他们也可以摧毁内容。人们通常会关注自己的写作内容，不希望看到写作内容被不了解该主题的人修改。维基也是破坏者与垃圾邮件发送者的理想目标，对于完全开放的维基，很少能避免成为垃圾邮件的受害者。虽然防垃圾邮件的插件通常可以控制住垃圾邮件，但垃圾邮件发送者总是试图突破维基的防御。在一个安全的网络社区，每个用户都致力于维护该社区，垃圾邮件和恶意破坏就会很快被删除。大多数的维基有着将页面恢复成先前版本的功能，这样可以避免造成不可挽救的破坏（这就是所谓的版本控制）。然而在一些网络社区，只有少数的成员致力于删除垃圾邮件和应对恶意破坏。随着垃圾邮件数量的增长，人们需要花费越来越多的时间来跟踪内容。如果没有有力的社区规则来控制垃圾邮件，维基使用可能会受到影响。

维基可采取多种方式限制访问，最基本的限制是要求用户在修改内容前先注册，这或许可以阻止垃圾邮件，不过想要破坏维基的人也可能去注册。许多维基允许访问者浏览，但对于编辑操作有密码限制，有的维基甚至对用户的浏览都设置了密码限制。对于群体项目的编辑或者政策指南的制作，密码限制是很有用的。维基开发者不想让其他用户修改其网页，也可以设置密码。每个维基应用都有着限制访问或其他操作的选项。对于维基软件的选择，确保其能够按你的需要来限制访问是非常重要的。

维基是一个相互协作的写作系统，因此功劳并不属于个人。当一个人的写作在被别人不断的修改时，他怎么可能一人邀功！因此如果人们想要通过他们的写作获得赞扬，维基必然不是最适合的编辑工具。另外，在维基中，个人所有权的削弱也可能产生知识产权问题，谁拥有维基中内容的所有权？其他人是否有权利进行复制并公布到其他地方？当一个群体创建维基并想要使其内容遵守某些协议时，大多数选择使用 GNU 通用公共许可协议（www.gnu.org/copyleft/gpl.html）或知识共享许可协议（creativecommons.org/licenses）。

## 5.3 图书馆与用户如何使用维基

维基是非常灵活的，图书馆可以在很多方面应用维基。许多图书馆通过规划、馆藏建设和市场营销成为当地社区的重要枢纽，然而一些图书馆忽视了使其网站成为当地社区网络中心的重要性。社区维基使得图书馆网站不仅仅提供搜索在线目录的功能，还能为用户获取社区信息提供一站式服务。利用社区成员的输入，维基能使得图书馆成为网络社区及其访问者强大的信息中心。如你可以找到修理老款丰田汽车最好的技工、查看维基上有关于汽车的评论、查看孩子的下一场棒球比赛时间、查看某教练带领的团队信息、查找镇上香辣的泰国菜以及查看某餐厅的评价等。

戴维斯维基（daviswiki.org；见图5.2）收集关于加利福尼亚州戴维斯当地的文化、饮食、商店、重大事件等信息，每个人都可以在这个综合的、不断丰富的资源中心上添加信息和图片。社区维基允许社区成员进行编辑，能够反映社区成员当地的独特文化。图书馆可以与当地的其他组织机构合作开发、维护、添加内容，但大部分内容还是来自于社区的成员，因此，将社区指南向公众开放将能够创建一个真正的平民百姓的知识库，使图书馆网站成为真正的社区资源。

像社区维基一样，学科指南维基不仅仅可以利用图书馆员的专业技能，也可以利用图书馆的用户输入。在万维网出现之前，图书馆就已经在互联网上发布了学科指南，然而大多数图书馆员身兼多职，不能够及时更新学科指南，随着失效链接增多或者缺少新的有用资源的链接，学科指南就逐渐没落了。这可能是由于图书馆员没有时间更新或更新只能由发布者来完成而造

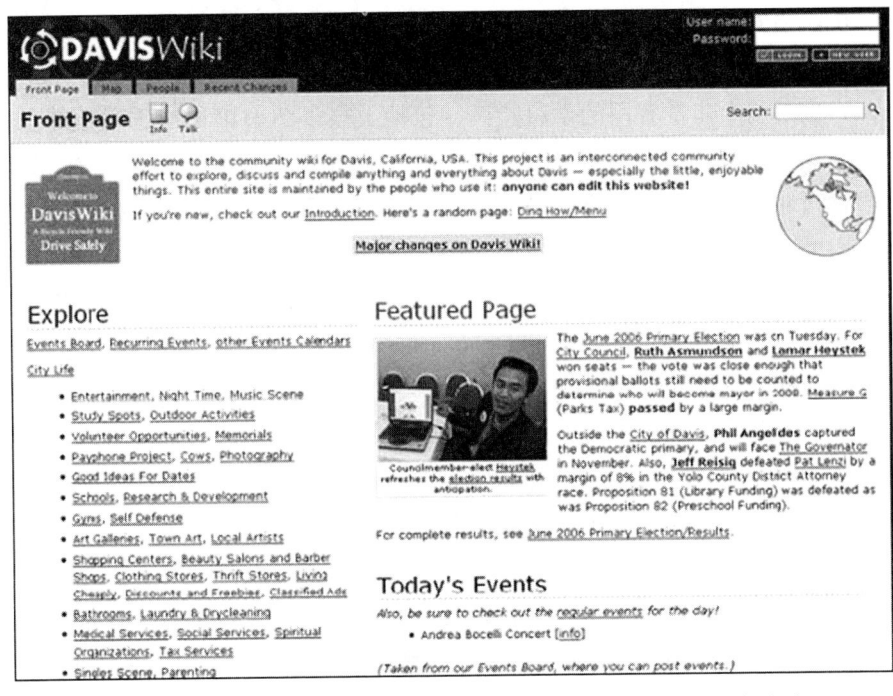

图 5.2 戴维斯（CA）维基允许社区成员在社区综合指南上添加内容
（© 2006 戴维斯维基）

成的。

对于科学研究和学科指南而言，维基是一项伟大的技术，因为维基允许任何人编辑，用户可以添加有用的资源，可以删除无效链接。通过维基，图书馆馆员可以决定学科指南中应该保留哪些网站，或者也可以决定是否允许每个人都能自由地修改、添加信息。这使得图书馆员创建的学科指南切实代表了用户的利益，同时也减轻了查核网站的负担。在学院、大学和中小学的图书馆，教职员的参与使得学科指南更加实用，因为他们是真正的专家，即使没有用户参与，维基也能使得不精通网络的馆员简易且快速地更新学科指南。俄亥俄大学图书馆的馆员查德·伯宁格创建了 Biz Wiki（www.library.ohiou.edu/subjects/bizwiki）来更新学科指南，并且允许学生和教职员添加有用的链接，通过对主题有层次地进行组织，Biz Wiki 能够提供资源的位置信息和描述信息。Biz Wiki 的可检性和易编辑使其成为一个非常有用的工具。

由印第安纳州圣约瑟夫县公共图书馆创建的圣约瑟夫县公共图书馆（SJCPL）学科指南（www.libraryforlife.org/subjectguides/index。php/Main_Page）也是一个非常有用的学科指南，包括了很多图书馆用户感兴趣的主题指南（如工艺品、当地的历史、商业等）。这些由图书馆馆员创建的学科指南包含了当地丰富的信息以及有用的网页链接。图书馆读者虽然不能进行修改，但他们可以在每一页的讨论版块中进行评论，推荐新的资源，还可以与图书馆员进行讨论交流。无论是Biz Wiki还是圣约瑟夫县公共图书馆（SJCPL）学科指南，两者都运用了MediaWiki（www.mediawiki.org）软件。MediaWiki也是运行维基百科所使用的软件。

许多图书馆目录仅包括了关于条目的最基本信息，每个条目的记录仅仅包括只有MARC记录的元素：标题、主题、作者、出版年份等。当读者浏览在线目录时，他们可能不知道找到的书是否是自己所需要的，只有从书架上获取了此书才能知道是不是自己所需要的那本。如果读者使用家中的电脑来查询，他们可能不会去图书馆查询该书是否是自己需要的那本，但如果读者访问了亚马逊网站（Amazon.com），他们能够找到一本书的简介、封面以及其他用户的评论。这些内容使得读者更好地了解找到的书是否符合自己的要求。在目录上增添维基功能使得读者可以发布针对某本书的提要和评论，图书馆可以利用其他读者的阅读经验来帮助读者从图书馆目录中选择适合读者的书。OCLC已经使注册用户能在WorldCat上添加评论、目录、注释以及其他信息，这些信息随后被导入到OCLC成员馆的馆藏目录系统中，从而使得所有的图书馆都从中受益。

在过去，有的图书馆并没有一位工作人员具有创建或者更新一个网站的相关技术技能，有的图书馆根本就没有网站，有的图书馆只有一个非常简单的网页或者是在许多年前创建的但从未更新过的网站。而现在，图书馆馆员不需要掌握任何超文本语言就可以利用维基创建网站。从本质上讲，维基是一个内容管理系统，图书馆馆员可以非常容易地增加和更新网站内容。虽然在最初创建维基时图书馆馆员可能需要帮助，但仅需简单的培训他们就可以进行很好的管理。南卡罗莱纳大学（South Carolina Aiken）的格雷格-格拉尼特维尔（Gregg-Graniteville）图书馆的网站（library.usca.edu；图5.3）看起来好像是普通的图书馆网站，可以链接到图书馆的馆藏目录、数据库、研究指南和其他图书馆资源，然而，该网站实际是由维基软件支持的，图书馆的工作人员能很轻松地根据需要进行更新。

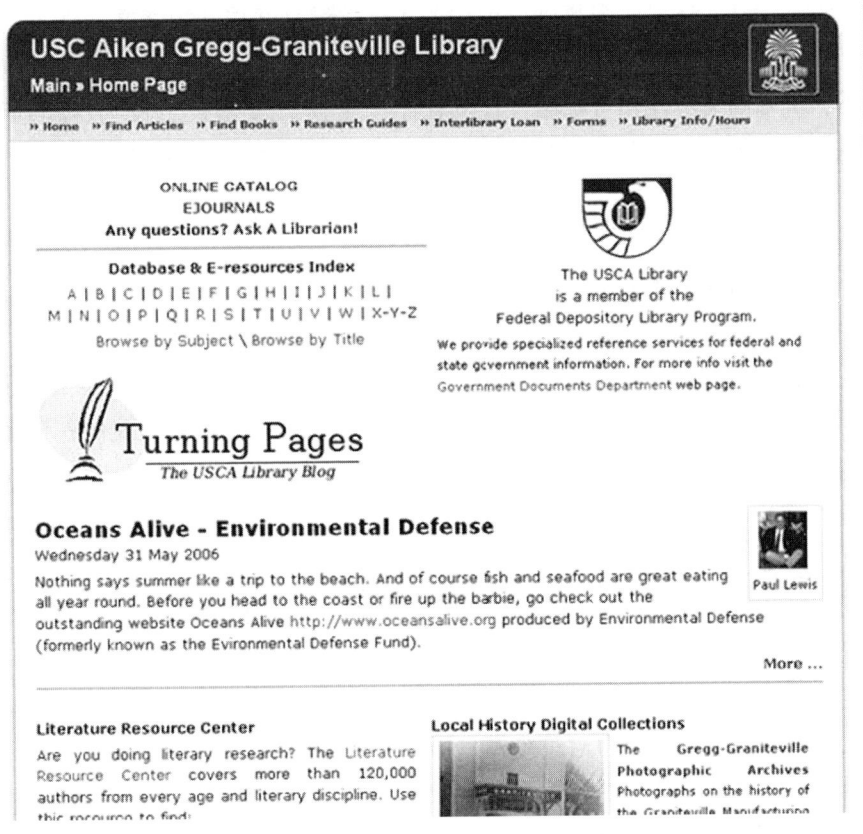

图 5.3 南卡罗莱纳大学（SC）的格雷格-格拉尼特维尔（Gregg-Graniteville）图书馆的网站实际上是使用维基软件创建的（未经许可不得转载）

维基的灵活性使其可以被应用到很多方面，如维基能够满足许多的教育需求。对于信息素养课程（或者其他类似的课程），维基能够代替课件，教师可以创建网页来发布通知、布置作业、讲课。与通常的论文写作流程，即论文的撰写、上交、完成有所不同，在维基上，学生们可以发布他们的论文并且与其他同学进行交流。在中学，学生们可以运用维基协作编写故事，每个人都对自己编写的内容负责。对于小组项目，维基也是个非常棒的工具。撰写一篇小组论文往往涉及同一文档的不同版本的邮件收发，兼容这些版本并创造出满足小组中每个成员的文档是很困难的。但如果小组使用维基，每个成员都可以在线对文档进行编辑，且通过版本控制，成员如果对最近的编辑和讨论不满意，还可以恢复到以前的版本。关键是文档和围绕文档编写的讨论处于同一页面区域，这样可以解决项目结束时的版本兼容问题。在某些情况下，维基的灵活性和可扩展性使其比结构化教学课件还要好，教师们可以依据教学内容创建维基，而不是使教学内容满足教学课件的结构。

### 5.4 图书馆员如何使用维基？

维基在图书馆和图书馆事业发展方面已经有了很多方面的应用，对于内部局域网而言，维基是一个优秀的工具。明尼苏达大学图书馆员工主页（wiki.lib.umn.edu）包含了图书馆信息、战略规划文件和内部图书馆项目信息。使用PmWiki（www.pmwiki.org）开发的内部局域网看起来就像一个普通的网站，但是工作人员只有通过有效的帐号和密码才可以进行编辑。虽然每个员工都可以浏览内容，但如果员工想要拥有一个私有的维基，也可以对该维基的浏览权限设置密码保护。对于内部维基，员工可以发布公告、讨论内部问题以及协同工作。在较大型的非图书馆组织，维基是组织成员进行沟通和征求反馈的一种绝佳方式。同时，维基可以应用于发展政策文件和手册的制定，图书馆员可以在维基上协同工作来制作电子参考手册，维基是完成这项工作的理想工具。因为通过维基，所有有经验和远见的馆员都可以充分发挥自身的才能，并且文档的编辑是在同一个区域进行操作。在创作和编辑政策文件时，维基也是非常有用的。制定政策的成员可以通过维基创建文档、修改彼此的内容、讨论交流政策，而不需要每个成员都同时在场工作。这为成员节省了大量的时间。

参考咨询馆员经常需要回答各种各样的问题，其中有的问题是他们所熟悉的，而有的问题是他们所不知道的。在大多数图书馆，每个图书馆员都有不同的专业强项，当用户向参考咨询馆员提问关于建筑的问题时，懂得建筑方面的馆员通常会给出相关的解答，但如果用户是在晚上提出问题而懂得建筑的馆员正好在家，那该怎么办？因此，寻找一种方法使得用户问题的解答不依赖于馆员的个人专业限制是非常有意义的。维基是一个强大的知识库，可以按照主题或用户咨询的问题来组织，擅长建筑方面的馆员可以将其所知道的建筑方面的知识存放在维基上，熟悉网络资源的馆员可以添加其经常访问的网站链接。当学生们来咨询台询问问题时，值班的馆员可以输入问题及解答信息，这样再有其他学生咨询相同的问题时，其他值班馆员就可以共享这些信息，从而避免重复劳动，把各种问题及解答信息公布在维基上就好像你身边所有的同事都和你一起解答用户的问题。

维基作为知识库可以应用于很多方面。如世界上的各大城市每年都会举办图书馆会议，图书馆馆员很多并没有去过举办会议的城市，他们可能很难找到最合适的餐馆、住所或参观地——尤其是在预算有限的情况下。而对于大型会议如美国图书馆协会（ALA）年会，新的参会者可能被会议的大规模搞得不知所措，不知道如何充分利用时间；而有经验的参会者和生活在会议召开地的图书馆员对当地有着足够的了解，这使得来自外地的与会者从中受益。维基能够使得这两个群体关联起来。

笔者创建了 ALA Chicago 2005 Wiki（meredith.wolfwater.com/wiki/）来补充美国图书馆协会的年会信息并充分利用参会者的丰富经验。该维基包括餐馆评论、在芝加哥无线上网指南、观光游览的建议、给予参会者的建议、非官方和官方会议事件列表、图书馆馆员会议时间表等等。笔者最初创建维基时，视野非常局限，但是图书馆社区的其他成员添加了笔者没有考虑到的内容，如会议提示、最喜欢的餐厅等等。所有添加的内容对于参会者而言都是非常实用的资源。2006年，笔者与美国图书馆协会合作创建了会议指南——ALA 2006 New Orleans 维基（meredith.wolfwater.com/ala2006/；见图5.4）。

从创建 ALA Chicago 2005 维基以来，很多维基知识库已经发展为收集不同领域的最佳实践经验的工具。"Library Success: A Best Practices" 维基（www.libsuccess.org）是图书馆员交流观点的一站式服务中心，图书馆的成功实践经验或者值得推荐的资源和网站都可以添加到维基上。维基的目标是帮助图书馆馆员学习别人的成功经验以避免重蹈覆辙。俄勒冈州图书馆协会（Oregon Library Association）创建的 Library Instruction 维基（instructionwik.org）有着相同的目的——收集有用的建议、观点和资源。由于许多图书馆馆员致力于解决相同的问题，因此分享彼此的观点和成功的经验是非常有意义的，维基还能够帮助解决图书馆管理方面的问题，如目录，营销以及读者建议等方面的问题。

## 5.5 应用维基需要考虑的问题

当你决定使用维基这一工具后，下一步就需要选择最能满足你需求的维

图 5.4　ALA 2006 New Orleans 维基是一个年会指南且每个成员都可以自由添加内容

基软件。有多种不同维基软件可供选择。首要的一点是，你需要决定是要使用自己的服务器自行建立维基系统，还是使用软件公司开发的维基软件。如果你无法访问服务器，那么维基托管或者维基群服务是一种不错的选择。托管的维基有免费的只具备基本功能的维基，也有昂贵的具备很多功能和灵活性的维基。如果你只需要创建、添加和编辑网页这些基本功能，那么免费的维基就可以满足你的需求。对于大型的、复杂的、需要多种权限管理方案的项目，你可以选择付费的维基。

如果你选择在自己的服务器上安装维基，那么你有着更多的可供选择的维基软件。每一个维基软件都有自身的优点和缺点，选择是否正确取决于该软件是否具有你最看重的优点。以下是在做决定之前你应该考虑的因素：

• 编程语言——尽管沃德·坎宁安（Ward Cunningham）用 Perl 创建了维基，但现在大多数的维基采用 PHP 开发。这是一种更加容易学习和使用的编程语言。然而一些维基仍采用 Perl 开发，也有维基是采用 Ruby、Python 以及 Java 来开发的。对于维基的创建和管理，你不需要知道任何的编程语言，但如果你是一名编程人员，最好选择自己所精通的编程语言。

- 安全性和权限许可——如果你需要限制人们在维基上编辑内容，那么你应该确保所选择的软件能提供设置权限的机制。一些软件提供了复杂的权限管理方案，而一些却没有。许多维基是通过封锁 IP 地址或者创建黑名单来防范垃圾邮件，而有些维基通过可供选择的插件来提供更细致的垃圾邮件过滤机制。虽然当你第一次使用公共维基时可能并不考虑垃圾邮件的问题，但之后你可能会后悔没有安装支持处理垃圾邮件的软件。

- 易于安装——有的维基易于安装，但有的维基，安装是件非常困难的事情。选择维基软件时，你需要考虑是否有指导安装的说明，仔细查看指导说明，看看你是否能够按说明进行安装。如果安装过程中你遇到困难，是否可以通过论坛得到帮助或者是否可以联系别人获得帮助。

- 易用性——维基的突出优点在于易用性，如果你在维基输入内容之前需要消耗大量的时间来阅读说明，那么该软件可能并不适合你。

- 费用——这取决于你的预算和技术水平。昂贵的维基软件通常更容易使用，因为它们往往被销售给企业，有着更多的指导文档。如果你选择了付费的维基软件，那么如果有任何问题时，你可以联系工作人员来获得帮助。然而，对于开源软件如 MediaWiki，已经有很多人使用，支持向其他用户咨询这一软件相关问题的文档和论坛也是非常多的。

- 维基语法——不同维基软件的最大问题是缺乏标准的语法格式。有些维基有简单的语法规则，而有的维基虽然提供了很多选择，但其语法规则缺少直观性，很难让人记住。你需要看看正在考虑使用的维基软件的页面是如何格式化的。如果你的用户群体不善于接受新技术，那么可以寻找具有所见即所得（WYSIWYG）功能的维基软件。

- 版本控制——如果你需要每个维基网页都能够恢复到先前的版本，那么版本控制是你需要考虑的重要因素。版本控制意味着你可以查看并恢复所有页面的先前版本（图 5.5）。如果你希望查找垃圾文件、恶意破坏或者维基上关于某文档的激烈讨论，维基的版本控制功能可以使得对维基的任何更改都可以还原。

- 讨论空间——大多数维基都提供讨论区。你可以通过点击讨论选项卡，进入单独的讨论页面，或者是每个网页的讨论栏，进行在线讨论。如果你认为你的用户群体需要在维基上进行讨论，那么请确保你选择的维基软件能够提供讨论区。

- RSS 订阅——如果你想要通过 RSS 阅读器跟踪维基上的更改，那么请确保你选择的维基软件提供 RSS 订阅功能。有些维基的所有网页都提供 RSS 订阅服务，而有的维基仅提供最近更新网页的 RSS 订阅。
- 外观的定制化——大多数维基的原始形式不是很美观，如果你想要维基有一个独特的外观，那么请确保你所选择的维基软件可以使用级联样式表（CSS）进行自定义。

WikiMatrix（www.wikimatrix.org）是一个用于确定哪些维基软件能满足你的需求的非常棒的工具。WikiMatrix 能够帮助你同时对 50 种以上的维基平台的 100 多项功能进行比较，并给出每一种平台详细的总结报告。WikiMatrix 的维基选择精灵（Wiki Choice Wizard）会询问用户的需求，然后提交给用户符合需求的维基软件列表。WikiMatrix 使得应该使用哪款维基软件的这个艰难选择变得容易很多。

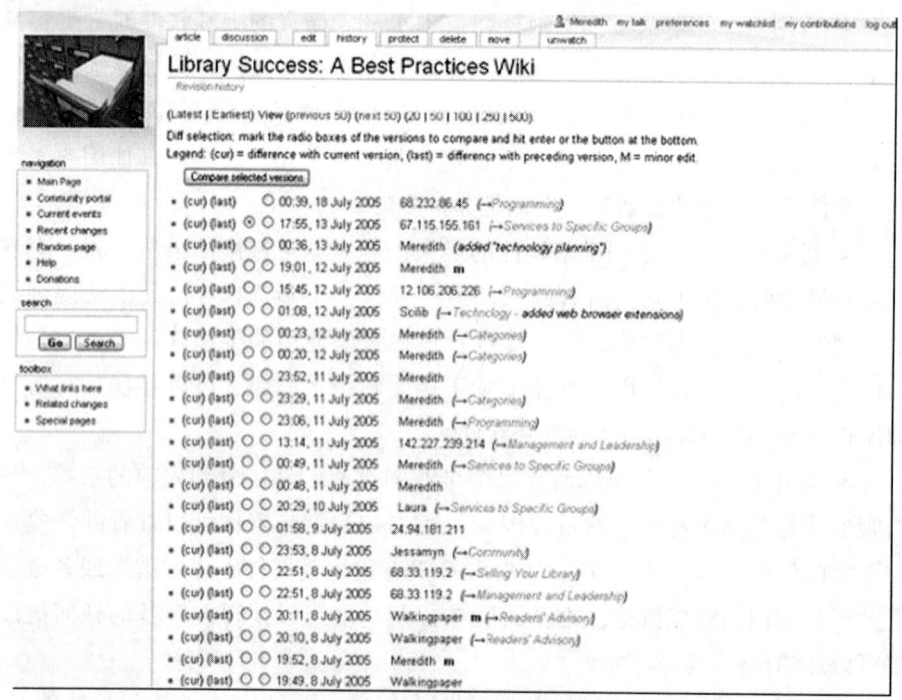

图 5.5　通过版本控制，如果有人将维基主页上所有内容都删除，社区成员可以轻松地将这些内容恢复成先前的版本

在选择并安装完维基软件后，使用维基时还有一些其他因素需要考虑。在当今社会，个人财产的观念非常根深蒂固，很难让别人相信你真的希望他们能添加和编辑你的网页。请记住：维基必须有一个明确的目标。你不能简单地给人们提供一块"空白板"，并期望他们知道他们应该添加什么内容。即使维基有一个明确的目标，也还需要创建某种结构，这样人们编辑时会很舒心。用户经常可以自由地发布信息并且可以改变维基的结构，但如果一开始不提供任何结构，会导致人们发布信息时感觉很困难。你或许可以考虑在维基公开前先发布一些初始内容。大多数人都是有礼貌的，如果他们是第一个在维基上发布信息的人，他们想要确保他们发布的内容是"正确"的，即使根本就没有"正确"或"错误"之分，人们也需要一些具体的例子，才有足够信心来继续发布信息。

你应明确维基的使用说明和免责声明。你需要对在维基上添加内容做出非常明确的指导，或者你可能收到大量的读者或者工作人员要求你为维基添加内容的电子邮件，而不是他们自己去添加。在公共维基上，你应该发布图书馆对所有内容不负责任的免责声明。可以在维基内容管理的许可条款中表明版权立场，要求任何人往维基中添加的内容都得遵守版权法律。

维基不同于传统的网页内容发展模式。维基给予每个人在网页上添加或者更改内容的自由。这有悖于网站是只供权威人士表述观点的理念。最好的是，维基能够以某种方式鼓励人们创建内容，而这是传统网站所不能的。然而，维基并不适合于所有的情况。在某些情况下，如果垃圾邮件制造者和恶意破坏者破坏维基内容，维基就会失去控制，成为破坏性的技术。没有忠实的在线社区，维基就会失去控制。这好比是一个古老的西部小镇没有任何的治安维护人员，一旦发生治安问题，将很难处理，容易失控。忠实用户会监督维基，使垃圾邮件或恶意破坏缩小到可控制的范围。如果你需要一种方式来和一群人在线合作，同时，你足够信任这个在线社区并给予他们编辑彼此内容的权利，那么维基就是理想的工具。当需要创建一个知识库或者是向已存在的数据库中增添内容时，维基是充分发挥集体智慧最合适的工具，也提供了一种绝佳的方式，使用户参与内容创造并使得图书馆成为网络社区中心。

## 参考文献

[1]　Bo Leuf and Ward Cunningham, The Wiki Way: Quick Collaboration onthe Web, Upper Saddle River, NJ: Pearson, 2001: 16.
[2]　Leuf and Cunningham, 278.
[3]　Leuf and Cunningham, 30.
[4]　Brian Lamb, "Wide Open Spaces: Wikis Ready or Not," EDUCAUSEReview 39.5 (2004): 40.

# 第6章 在线社区

一直以来，图书馆并不只是一个藏书库，而是一个向全体民众开放的场所。无论每个人的种族、性别或社会经济地位有何不同，都可以使用图书馆。图书馆的理想定位，就是成为社区的交流中心。事实上，图书馆也一直通过多种方式来维持和改进其对社区的积极作用。参考咨询馆员为读者提供各种重要信息。儿童阅读计划可以为放学后的儿童读者提供一个阅读去处，并带给他们阅读的乐趣。成人扫盲计划有利于减少社会歧视，创造更多的发展机会。信息素养教育可以帮助信息利用能力不足的大学一年级学生，成长为充满自信的科研人员。面向求职者和资助寻求者的图书馆计划，可以利用社区成员的资源，为这些人提供资金扶持。计算机培训课程为人们营造了一个全新的天地，使得人们能够与远方的亲人联系，并能通过网络获得帮助。很多时候，图书馆也是其他社区组织开会讨论的场所；有些图书馆占地面积庞大，这样，社会各界人士就可以通过在图书馆举行各种活动，相互认识。尽管图书馆馆藏是实现图书馆使命的关键，但图书馆不应该仅仅关注这一点，而需要考虑如何为社区提供更多的服务。

图书馆不只是一个藏书库。同样，图书馆的在线展示也不只是用来介绍图书馆的馆藏和计划。图书馆可以借助社会软件来实现在线展示，并将这种在线展示发展成图书馆的在线社区论坛，供社区成员交流思想，相互联络。通过借鉴当前在线社区的经验，图书馆可以设计与读者交流的方式，构建图书馆自己的在线社区，提供各种有价值的在线资源。通过本章的介绍，读者可以了解到各种不同类型的在线社区。今天，图书馆的读者正以各种不同的在线交流方式进行联系。而对图书馆来说，掌握如何通过不断发展的在线社区来提供服务，显得非常重要。

## 6.1 什么是在线社区？

人们对社区的理解有很多不同的方式。最常见的是，从地理的角度，给社区下定义：社区是指住所相邻的、向同一个地方政府纳税并具有相同风土人情的人群。而从个体特征的角度，具有不同宗教、种族、性取向和兴趣爱好的人群，也能被视为一个个的社区。这类社区的成员，可以来自本地，也可以来自世界各地。比如，一个犹太人社区可以指坐落在某地的犹太人社区，而这一社区的犹太人，也是全球犹太人社区的一员。通常情况下，我们中的每一个人，要么是出于自身的选择，要么是环境使然，往往会同时属于不同的社区。每个人与所属的社区的联系，会因该社区对自身价值大小的不同而有着明显的区别。人们可能会与自己所属的某一社区联系紧密，却与自己所属的其他社区关系疏远。

尽管如此，人们总是出于自身的选择，加入某一在线社区。一个人出生时是非裔美国人，但这并不意味着，他就必须得加入一个非裔美国人的在线社区。因此，加入什么类型的在线社区，通常能反映一个人最明显的个性，或者能体现出人们最感兴趣或最为关心的问题。简单地说，在线社区就是一群人为了特定的目的，通过网络聚集在一起。他们可以借此共同讨论问题，支持彼此，分享照片或其他多媒体资料，甚至是开展项目合作。通过网络，人们可以找到志同道合的人，可以发现面临同一处境的人，也可以维持和加强与熟人的联系。

在这一章中，笔者将定义四种主要类型的在线社区，包括兴趣社区、怀旧社区、活动社区和当地社区。第一种类型是兴趣社区，即基于特定的兴趣或关注点而形成的在线社区。这是一种最大型的社区，涵盖民族和宗教团体、支持者团体、粉丝社区、媒体共享社区、生活社区和专业社区。这些社区的成员遍布全世界，他们之间或许相识，也可能并不相识。

第二种在线社区是怀旧社区，成员早已彼此相识，多出于与熟人保持联系而加入。这类在线社区有助于人们维持现有的社会关系。比如，高中或大学的校友、家庭成员，或者是前同事，可以通过创建这种在线社区，保持相互联系。

在线社区并不总是用于简单的在线交流。人们可以通过在线社区进行线上商谈、线下开展活动。这些活动社区的形成原因，在于人们意识到，通过个人难以完成大型任务，而可以通过网络的方式，动员志同道合的人来共同参与。这样一来，人们可以合作开发应用程序，共同商量如何改进政府的政策。这种类型的社区成员，常常是居住在同一个地方，特别是那些涉及当地问题的活动社区，其成员以本地居民为主。当然，这类社区的成员，也可能分散在世界各地，也可能都生活在同一个地方——特别是，如果涉及的话题既是本地的热点，也是世界性的关注点。他们为了共同的利益而凝聚在一起，致力于以行动带来改变。

最后一种类型的在线社区，是以地理位置为依托的当地社区。居住在同一个地方的人们，通常会讨论涉及本地的相同话题。通过这类在线的当地社区，人们可以讨论当地的公立学校、当地政府、当地乐坛，当地的其他相关权益或问题。人们可以聚集在这类在线社区，彼此分享当地的各种实用信息，或者进行各种线上交易。这类社区的成员在加入社区之前可能相互不认识，但因为住所相距不远，通过线上认识后，很有可能会在线下见面交流。显然，很多在线社区并不仅仅只是属于前述提及的某一种类型。但无论如何，人们在网上聚集到一起交流，要么是基于共享的个性，要么是基于共享的目的。

网络媒体使人们获得一种归属感。这或许是他们在居住地永远也找不到的一种体验。对有些人来说，在居住地很难找到与自己志同道合的人，或者是找不到自己喜欢加入的团体。比如，一位母亲，如果她有一位出生时就患有严重疾病的孩子，在她的居住地附近，她或许只能接触到那些拥有健康孩子的家庭。在线社区出现之前，前述这些人常常会感到孤立无助，他们并不知道谁与自己面临类似的情况。在线社区的出现，给全世界的人们带来了相互交流的机会。这样，通过与面临同样困境的母亲们的在线交流，处于困境中的年轻母亲就能获得生活的力量。人们的彼此联系，相互支持，已不再局限于人们所居住的社区，而是可以横跨全球。

除了相互支持，在线社区的集体智慧能够为人们带来解决问题的真知灼见。比如，一位软件开发人员为了解决某个问题，可能为此独自冥思苦想了数天或几周。其实，他也可以通过在线社区寻求其他程序员的帮助。毕竟同样的问题，可能已被其他人有效解决，而这些人不仅能够，而且也乐意为他人提供帮助。同样，图书馆馆员可以通过邮件列表，向其他人咨询有关馆藏发展政策的问题，而其他人其实也非常乐意就此问题，分享自身的经验。通过这种方式，在线社区的成员可以互相帮助，提高相互的工作效率，避免做重复的无用功。

在线社区有多种运行模式，而成员之间的关系也会有亲疏远近之分。对于通过电子邮件列表或论坛来开展交流的在线社区而言，尽管人们几乎彼此不相识，但仍然可以为了特定目的而开展合作。例如，简可以通过电子邮件列表，向其他社区成员咨询所在图书馆遇到的问题。虽然能为此提供帮助的其他社区成员并不认识简，但他们仍然愿意为此发表自己的想法。当然，人们之所以愿意这样做，是因为他们相信，如果有朝一日他们自己需要帮忙，简同样也会伸出援助之手。通过在线社区的交流，人们或许会建立起一种个人之间的关系，但人们通常并不会对外公开。而社区成员能否建立起这种个人关系，并不会影响在线社区的功能发挥。也有一些在线社区，为了加强成员相互之间的了解，提供了博客创建、个人简介和照片发布等功能。

通过在线社区开展交流正在成为人们的一种日常网络活动。"皮尤互联网和美国生活"发布的报告——《因特网：网络生活的主流》指出，84%的美国网民（接近1亿人）是在线社区的成员[1]。通过加入在线社区，人们可以开展各种各样的网上活动，包括获取各种新闻和信息、讨论涉及群体活动的各种问题、建立和维持相互之间的关系。数年以前，能够使用在线社区的，绝大多数都是白人，他们生活富裕、学识过人，而且熟知信息技术。如今，在线社区的成员，已涵盖了不同年龄、不同种族、不同教育背景和不同社会经济基础的各种人群。无论你是来自纽约的图书馆馆员，还是来自美国怀俄明州帕克县科迪镇的图书馆馆员，你所服务的读者，都有可能是这些在线社区的一员。

## 6.2 在线社区的类型

在线社区以成员兴趣、地理位置、会员制和预期行动为形成基础。人们出于各种不同的原因，通过使用不同的软件工具，聚集到各种在线社区。有些在线社区以自上而下的模式建立，而有些在线社区则以自下而上的模式建立，即由个人出于特定目的建立起来的某种在线社区。有些在线社区采用现有的在线社区工具直接创建；部分在线社区则是在现有在线社区工具的基础上，经过修改后加以利用；而部分在线社区则完全依靠自我开发的在线社区工具，从零开始创建。博客、维基、论坛、邮件列表、网站和其他工具都可被用来创建在线社区。一些在线社区允许用户灵活地添加功能，比如，设立分组、添加个人网页和日历。一些在线社区鼓励用户创建个人简介，使用即时通讯，以促进相互了解。在线群组的圈子文化，构建在线社区所使用的软件类型，都会影响在线社区整体使用的灵活性。

### 6.2.1 兴趣社区

兴趣社区让拥有共同的兴趣、目标，处于相似生活境况的人可以相聚在一起。兴趣社区有多种形式，包括关注精神病患者的团体、明星粉丝俱乐部、政治讨论组。兴趣社区是一种主要的在线社区类型，能给人们提供多种在线交流方式。

许多社区使用论坛软件来开展在线讨论，而在线论坛通常依附于某一个特定的网站，很多公司以此来吸引人们访问其网站。在线论坛是一个讨论板，用户可以在上面发布给定主题的各种帖子，随后其他人可以通过回帖对该主题发表评论。通常情况下，这些评论都涉及某一主题。因此，其组织方式以回帖涉及的主题，而不是按回帖的日期进行归类。有些在线社区软件可以让用户按讨论主题或发布时间进行归类。许多在线社区软件，往往是免费的，或者是价格低廉，即便是对信息技术了解不深的人，也能用其来构建在线论坛。ForumMatrix（www.forummatrix.org）是一个能帮助用户根据自己的需求选择在线论坛软件的网站。依托该网站提供的大量参数，用户可以方便地对各种在线论坛软件进行全面比较。

通常情况下，论坛涉及的主题多样，一些论坛软件让人们可以很方便地创建新主题。爱特蒙特（Edmunds）网站的 Inside Line 论坛（www.edmunds.com/insideline/do/ForumsLanding）相当出名。该论坛主要讨论汽车的有关问题，内容涉及车辆购买、车辆估值和车辆保养。汽车爱好者、汽车购买者，以及在车辆使用过程中遇到问题的人士，均可以在该论坛上交流。该论坛设有多个按车型和主题分类的讨论版块，每一版块下都有不同讨论的主题，供会员回帖或开贴。有些主题的帖子数超过 10000 条。有汽车方面问题的用户可以在论坛上提问，汽车专家、热心人士或曾经遇到同样问题的车主通常会给予回复。人们用论坛争辩、发表观点、相互支持并讨论感兴趣的话题。Inside Line 论坛创建于 1996 年左右（尽管名字最近被更改），每天都会发布数以千计的帖子。许多汽车公司都安排客服在 Inside Line 论坛为客户提供信息，并接受客户咨询。

除了论坛，博客也是另一种在线社区，这取决于两方面的原因。首先，一些博客很受欢迎，或讨论的话题较受争议，因而能引起激烈的讨论。安阿伯区图书馆（The Ann Arbor District Library）有关游戏锦标赛的博客（www.aadl.org/aadlgt）），已经发展成为年轻读者的在线社区。青年读者通过该博客的讨论区，发表自己的观点，开展广泛的讨论。

博客能成为在线社区的第二个原因，也是人们更为熟悉的原因，那就是，任何人都可以发表博文。Slashdot（slashdot.org，见图 6.1）于 1997 年投入使用，是博客与在线社区集于一体的第一个在线社区，也是最有名的一个典型例子。在 Slashdot 上，人们可以发表摘编的内容、技术新闻报道的摘要。其他人可以对这些帖子发表评论。任何人发表帖子时，都需要事先将内容提交网站编辑审核，以确定能否发表。若审核通过的帖子，一经发布，不管是否为网站的会员，都可以对帖子进行评论。

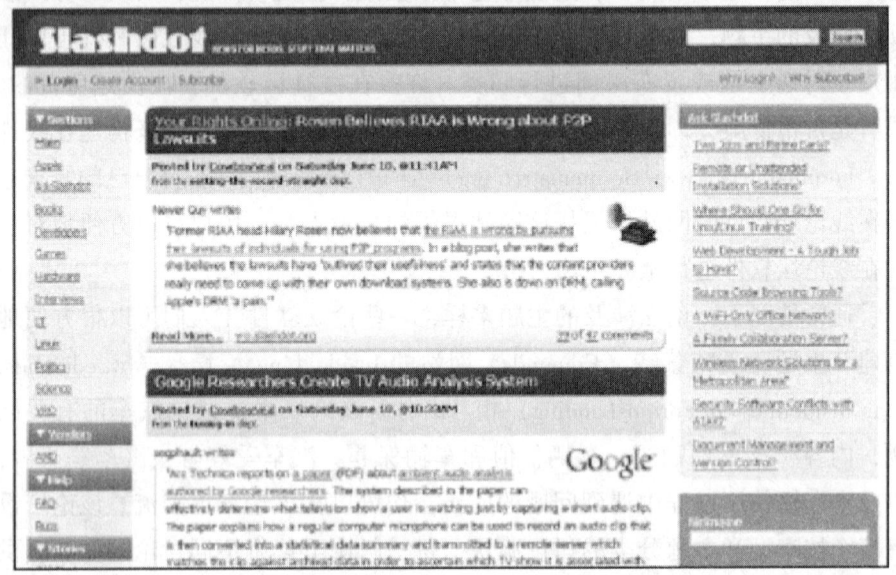

图 6.1　Slashdot 是最流行的在线社区之一（未经允许，不得转载。© 2006 OSTG）

Slashdot 的审核机制还可以删除可能出现在网站中的各种消极的、恶意的评论。审核者采用 5 分制进行打分，以此对各个帖子评级。审核者通常是从拥有良好"业力（karma）"的用户中随机选出，一旦当选，就能有三天的期限可以审核帖子的评论。"业力"是每个用户都有的一个数字，由审核者根据用户已发表的评论来给定。"业力"值较高的用户，就有机会成为审核者。Slashdot 用户可以设定要查看的评论的阈值，低于该阈值的评论将无法显示。

用户也可以设定条件，以查看低于设定阈值的评论。这种模式可以让最值得信赖和深受欢迎的社区成员能够获得最多的关注，也使得其他成员可以根据自身对差评所设定的阈值，个化性自己的 Slashdot。已有许多其他在线社区应用 Slashdot 的软件，或相关代码，比如，报道图书馆相关新闻的 LISNews（lis-news.org）。

　　已有更多的人意识到在一个在线社区中综合使用多种工具的价值。在线社区可以使用论坛开展讨论，借助维基构建知识库，凭借常规网站发表文章、个人简介以促进成员之间的相互了解，利用即时通讯软件进行个人交流，通过博客营造在线个人空间。March of Dimes Share 在线社区（www.shareyourstory.org）综合使用了多种不同的协作工具，创建了一个非常支持个性化使用的站点。在这一在线社区中，早产儿父母可以分享彼此的经历，相互提供帮助。通过提供讨论板、博客和聊天室，该在线社区让这些父母能够以自我感觉舒服的方式开展交流。其中，社区中心版块可以让成员进行自我介绍，讨论社区的各种变化。父母到父母版块主要讨论包括出生缺陷、婴儿营养等话题。进入该版块可以让家长参与到宣传、教育以及与当地有关的话题。除了讨论板，家长也可以在自己的博客上继续分享他们的故事，也可以创建一个"简短故事"来介绍自己的经历。博客为父母提供一个分享自身经历、供他人评论的在线个人空间，而讨论板可以让父母就某一个问题展开讨论。由于这两种工具在在线社区中的功能定位相同，家长们使用起来方便自如。March of Dimes Share 在线社区还开辟有聊天版块，可供相关专家开展较为严谨的讨论，也可让其他成员进行较为随意的聊天。通过综合应用这些工具，该社区为有用户创建了一个畅所欲言的网络空间。

　　在万维网出现之前，电子邮件列表（也称电子邮件讨论列表）就已存在。至今，电子邮件列表依然是一种非常流行的在线社区构建工具。在电子邮件列表中讨论的所有问题，都可以发送邮件列表中所有用户的收件箱中。当人们想要新建一封贴子或回复一封贴子时，往往需要给邮件列表的地址发送邮件，以将该内容在整个社区内发布。用户可以将发送给自己的每封贴子或回复，都作为单独的电子邮件予以接收，也可以另行设置，只接收综合了多封贴子内容的摘要。现在，电子邮件列表已基本具有可检索的、按主题或日期加以组织的 web 记录。电子邮件列表的一个好处就是，用户不需要通过访问网站，就能了解所在的在线社区的话题，因此相关信息是以"推"的方式提供给他们。而其缺点则是，每位列表用户都会收到所有贴子，而不管这些贴子是否与他们有关。同时，它也很难时刻聚焦于同一个话题，因为收到的信息是按照时间进行排序的。PUBLIB（lists.webjunction.org/publib）创建于1992年，是一个主要为公共图书馆馆员提供交流沟通的平台。该平台的成员非常活跃，平均每月发表350到400条信息[2]。图书馆馆员可以在这个平台上，讨论有关图书馆的政策、藏书、趋势、问题和新闻等问题，并提供针对各种咨询的解答，引导人们开展各种讨论。对图书馆馆员来说，电子邮件列表所提及的问题，几乎涵盖了图书馆的方方面面，因而，依然是大家所广为认可的一种交流方式。

### 6.2.2 照片共享社区

数码摄影已经改变了人们拍摄、存储和分享照片的方式。由于在冲印照片之前就可以预览照片，人们会倾向于多拍几张，以求获得哪怕只有一张是最满意的效果。事实上，如果人们可以在电脑上浏览照片，他们往往难以确定到底有多少照片需要冲印。因此，大量的数码照片会被存储在人们的硬盘中，并导致硬盘空间爆满。而这些照片也永远不会被放到相册里，家人和朋友也无法分享。数码摄影的迅猛增长催生了照片共享网站的发展。许多早期的照片共享网站更新缓慢。查看其他用户的相册集时，用户需要事先注册，并获得查看邀请。因此，数码照片相册集的拥有者需要给自己的朋友和家人通过电子邮件发送查看邀请。经过几年的发展，照片共享软件更加方便人们使用，逐步发展成为一个在线社区，而不仅仅只是一个个人的数码照片相册。更为新近出现的照片共享软件允许人们设置照片的隐私性，而在默认情况下，所有人都可以自由查看。照片共享社区使人们能够无缝地与家人和朋友分享照片，并可以与其他照片共享爱好者交流沟通。

Flickr（flickr.com）是最流行的照片共享网站，提供了方便的照片上传和分享。2005年年初，该网站被雅虎公司收购。同年年底，该网站的注册用户约有150万。该网站的流行源于其令人难以置信的易用性。用户在Flickr注册后，即可从计算机或移动设备上上传照片、分享照片。用户可以设置个人照片的访问方式，包括完全公开、仅向朋友和家人公开，或者是完全保密。Flickr采用AJAX接口，每次访问只重新加载Web页面的必要部分，加载时不对照片作旋转处理，也不为照片添加标题和文字说明，也不改变照片的顺序。

用户可以将上传的照片组织成专题相册,以便其他用户分组浏览,或以幻灯片的方式观看(图6.2)。

图6.2 在Flickr这一流行照片共享网站上,用户可以把照片整理成专题相册
(未经许可,不得复制。FLICKR及其标志是Yahoo公司的商标)

　　Flickr的用户可以通过"标签"为照片添加背景描述。标签是用户为特定照片创建的描述性数据。如果用户把所有宠物照片标记为"狗",点击该标签将可以看到任何时候拍摄的所有有关狗的照片。其他用户也可以通过创建标签或发表评论的方式,为其浏览过的照片添加背景介绍。在Flickr网站上,用户可以通过Blog This button将照片发送到自己的博客上。用户只需要将其博客的基本信息提交给Flickr,就可以利用Flickr来创建一篇图文并茂的博文。用户还可以将照片与Flickr网站内的其他群体共享,比如汽车爱好者、园艺爱

81

好者、养猫一族，以及居所相近的群体。如果用户对已经存在的群组不感兴趣，创建一个新的群组也很容易。人们可以通过 RSS 订阅技术跟踪朋友新近更新的照片。这被称为照片流。

对于许多 Flickr 的用户来说，该网站变得更像是一个在线社区，而不是一个简单的照片共享网站。绝大多数人使用 Flickr，是为了与他们的朋友和家人分享照片，而多数人起初只是为了在 Flickr 上查看其他人的照片。生活在某一地区的人们可能会加入该地区在 Flickr 的群组，以方便地查找该地区的照片。通过查找将"狗"作为标签的照片，或者是查找同趣用户，查找照片的高手可以在 Flickr 上快速找到有关狗的各种照片。用户若发现其他用户所发表的照片是自己所喜欢的，可以将其添加为自己的联系人或朋友，以便日后能继续浏览该用户发表的照片。这样，在现实世界中互不相识却都喜欢分享照片的人们，就可以出于某些共同的特点或兴趣，建立起一个在线社区。

无论用户是否想要分享照片，对于那些没有服务器空间的人来说，Flickr 提供了存储照片的最佳去处。每张照片都有单独的 URL，同一张照片不同的尺寸也有不同的 URL，这就使得发布在 Flickr 上的照片，可以很方便地被其他网站链接。Flickr 提供了两种会员制供用户选择：一种是免费帐户，每个月只能上传 20MB 照片，创建相册的功能和照片数量都有限制；另一种是付费帐户，每年需花费 24.95 美元，但是每月可以上传 2GB 照片，而且不限制存储的照片数量，相册创建功能也不受限。这两种帐户都为用户提供多种打印照片的方式。

虽然 Flickr 是最流行的照片共享社区，其他在线社区也为用户提供了大部分与 Flickr 相同但有一些细微差别的功能。Zoto（www.zoto.com）在很多方面都与 Flickr 类似。唯一不同的是，Zoto 免费提供每月 2GB 的照片上传。SmugMug（www.smugmug.com）的照片存储空间费用为每年 39.95 美元，能够为专业品质的照片打印提供多种选择。包括移动用户、专业摄影者在内的各种照片爱好者均可以找到自己喜欢的多种打印设置。

随着越来越多的手机和 PDA 内置照相机的应用，"图片博客"和"移动博客"（通过移动设备发表博客）变得非常流行。许多照片共享服务，如 Flickr，可以让用户上传照片，然后将之发布到博客，但有些服务需要用户通过一些简便的操作，才能把照片或媒体内容上传到博客。Textamerica（www.textamerica.com）提供移动博客服务。用户注册后，就可以通过电子邮件发送照片和文本，并以博客方式发布。这对于尚没有个人博客的用户来说是非常有用的。诺基亚公司提供的 Lifeblog（europe.nokia.com/lifeblog）是面向诺基亚用户的服务，可以将用户的照片及其文字注解自动上传到用户个人的 Lifeblog 上，也能将之直接发布到 TypePad 博客上（www.typepad.com）。

拥有传统博客的用户可能想把自己的照片直接发布在博客上，而不需要为发布照片而另外创建一个博客。借助 Kablog（www.kablog.org）提供的服务，用户可以通过手持设备，直接将照片和博文发布到主要的传统博客平台上。用户还可以通过电子邮件，而无需使用第三方的服务，就可直接将移动博客的内容发送到个人的博客上。

### 6.2.3 怀旧社区

近几十年来，人们的流动性日益增大，绝大多数人都不会一直生活在同一个地方。人们经常到远离他们童年生活的地方去求学或就业，而每次迁徙，他们都会留下一群与自己有过某一美好回忆的朋友。尽管与家人和挚友通过电子邮件保持联系显得很有必要，但如果认识的朋友数量日益庞大，以此种方式联系将多有不便。在线社区提供了与亲友保持联系的绝佳方式。无论是和家人，还是与高中、大学时的朋友，或者是曾经的同事，人们都可以通过在线社区维持联系。

许多高等院校开发了校友管理系统，以方便毕业生联系。这种在线校友社区是学校的最佳资源，可以为学校向校友募集资金提供交流空间。在线校友社区通常含有校友通讯录、留言板以及毕业生就业援助的地区分布等功能模块。这方面最为有名的例子是富布莱特网（Fulbright Web, www.fulbrightweb.org）。该网站为富布莱特学者专门设计，提供了包括电子公告板、聊天室、新闻、终身可用的电子邮件、事件列表以及校友通讯录等功能，是富布莱特学者建立联系、分享经历、交流感情的在线空间。

对高级中学、大专院校和公司企业来说，即使还没有官方的在线校友社区，也可以通过多种渠道来创建。雅虎和 MSN 为用户提供免费、便捷的在线校友社区服务，目前已有多家在线校友社区通过雅虎群（groups.yahoo.com）和 MSN 群（groups.msn.com）得以创建。用户可以在这些在线校友社区上创建讨论组、聊天室、相册、成员通讯录、日历和文件共享区。需要指出的是，雅虎群还为在线校友社区提供电子邮件列表服务，方便人们实时收取最新信息。当然，在线校友社区也可以借助免费软件包来创建电子邮件列表和论坛，但这需要更多的设置和维护。

### 6.2.4 当地社区

人们常常通过网络与当地居民建立联系。一些当地在线社区纯粹成为实体社区的网络版：来自不同教派、中小学和活动群体的人们，通过网络，就可以在网上继续探讨面对面时所讨论的话题。这种方式非常实用，尤其是在人们过于繁忙而没有时间见面的时候。此外，通过在线社区，志趣相投者可以从线上走到线下，进行见面交流。Craigslist（www.craigslist.org）是一个面向世界各地用户提供当地社区在线服务的综合门户。该网站创建于20世纪90年代中期，起初的定位是为旧金山的居民提供一个在线的联系平台，以方便人们查找房子，开展线上交易和交流。目前，该网站的服务范围已覆盖了美国所有的主要大都市，以及美国之外的部分农村和城市[3]。Craigslist为每个账户提供相同的基本服务，包括对网站上的各类信息进行分类，比如：买卖广告、交友信息、招聘信息、房屋租售信息、讨论论坛、社区事件公告和社区活动信息等。在绝大多数地区，用户通过Craigslist发布广告是免费的，但在一些大都市区，发布招聘广告是需要付费的。事实上，与当前其他在线社区相比，Craigslist只是一个简单的电子商务网站。这也是Craigslist的与众不同之处。

人们还可以通过社交活动日程跟踪本地的最新动态。这可以让社区成员知悉本地即将举行的活动和参与人员的情况。如果有人打算去观看演唱会，但又不知道还有哪些人也会参加时，他就可以通过社交活动日程这种方便的方式来了解，或者是打电话邀请其他人一同前往。Upcoming（upcoming.org）是一个可用来创建社交活动日程的网站。用户可通过该网站发布本地即将举行的活动，包括各种聚会、新书签售会和演唱会。该网站允许用户对某项活动发表评论、报名参加某项活动，或者是查看某项活动的参加人员。用户可以为事件添加描述性标签，以方便人们查找。除了可以按事件进行搜索，用户还可以通过成员进行搜索，借此了解朋友的最新动态。2005年，Upcoming被雅虎公司收购。与Upcoming的功能类似，另一个具有社交活动日程创建功能的Web应用程序是Eventful（eventful.com）。该网站提供了更为丰富多样的事件搜索和展示的方式。Eventful之所以知名度高，原因不仅是因为其能够显示成员的个人资料,而且还因为借助该网站人们可以创建个性化的日历,以列出他们将要参加的活动或者即将前往的旅游地点。该网站还可以根据主题来分类各项活动,比如文艺活动、名人见面会和政治活动。

#### 6.2.5 活动社区

活动社区用来帮助人们完成某项行动任务。这类社区主要有本地电子邮件列表,博客,雅虎或 MSN 的讨论群组,或者是大型的、功能齐全的专业网站。活动社区究竟采用哪种形式,主要取决于社区的成员数量、需求与目的。较为知名的、面向大众的在线活动社区是 MoveOn(moveon.org,请参阅图 6.3)。20 世纪 90 年代后期,MoveOn 最初是通过电子邮件的形式,收集人们的请愿,以对总统比尔·克林顿进行弹劾。随后,该网站开始动员表达了前述请愿的人们,采取行动支持国会的各项进步性议题。为此,这些人专门开设了一个网站,以获得支持和动员更多人参与,并在此后要求加入的成员与国会议员建立联系、捐款,挨家挨户作宣传让约翰·克里在 2004 年能当选。自 2004 年总统竞选开始,MoveOn 就开展其草根游说活动,并倡导其成员做出力所能及的贡献。成员可以方便地通过 MoveOn 网站上的表单,就某一问题给国会议员发电邮。也可以捐款,或者是给他们的朋友发电邮,说明支持约翰·克里的理由,包括国会腐败和伊拉克战争。而更加坚信这些理由的成员,可以志愿地参与到 MoveOn 的各项工作中。

MoveOn 之所以成功,其原因之一就是,为人们提供参与各种承诺的机会。国际特赦组织的网站(AmnestyInternational,www.amnestyusa.org)也采取了类似做法,倡议成员提供各种形式的支持,包括发电邮给国会议员、参与捐款,或者成为国际特赦组织(Amnesty International,AI)的一名地方志愿者。与此同时,国际特赦组织开设了各种主题论坛,供人们参与讨论,并主办各种区域性或国际性的活动。

人们上网的原因各有不同,但大量的在线社区可以清楚表明,许多人上网是为了与本地或世界各地的人士取得联系。人们在网上交流思想,找到约会的对象,或结交朋友,给予或接受各种支持,或参与某项活动。网络社区的成员可以通过各种不同的工具来实现这些目标。当然,每种工具各有利弊。任何在线社区的成功均取决于许多因素,包括目标受众、工具使用、管理方式与发展定位。这类在线社区的已有成功案例,可以给当前计划为本机构建

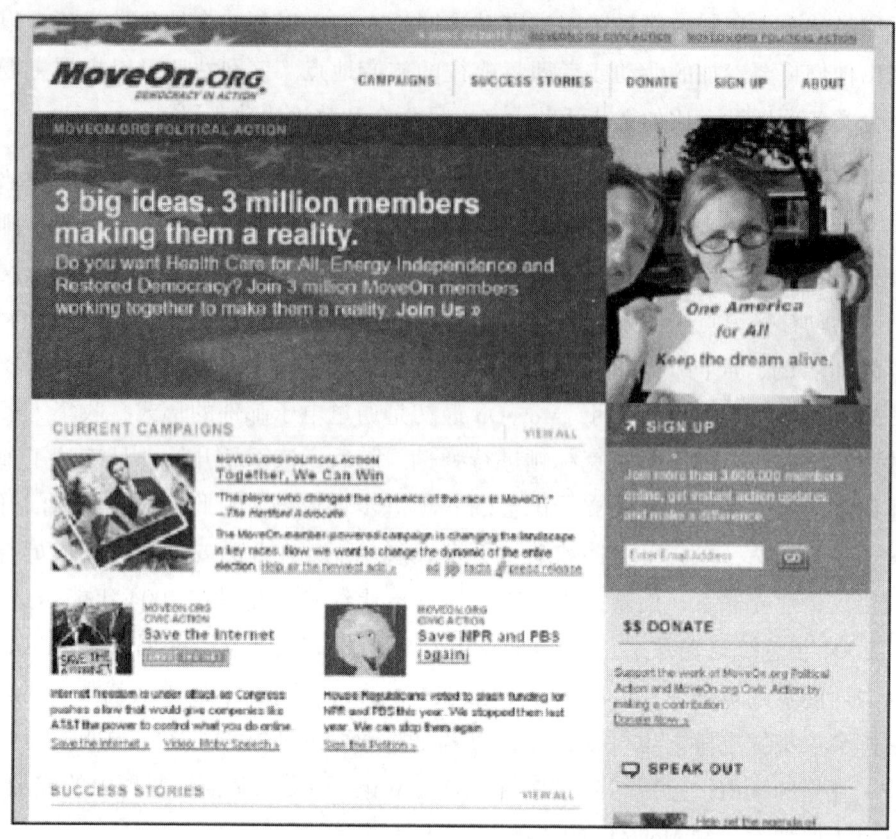

图 6.3　MoveOn 是一个鼓励人们成为网上政治活跃分子的社区
（未经许可，不得转载。© 2006 MoveOn）

立在线社区的图书馆或其他机构，提供许多有益的经验和教训。

## 6.3　图书馆在在线社区中的角色

20 世纪 90 年代初期，随着 Freenet 的发展，许多图书馆组织和图书馆联盟开启了在线社区的建设。类似于 Freenet 的这些地方网络，允许用户通过拨号上网的方式，使用电邮、Telnet、IRC 聊天和 Usenet 新闻组，通常由当地图书馆组织或图书馆联盟所创建并负责维护。其所提供的当地信息包括活动日历表、本地机构列表、教育信息和就业信息。诸如女童子军（Girl Scout troop）或扶轮社（the Rotary Club）的这类地方组织，利用在 Freenet 上开设的网页，给成员和潜在成员提供信息。由于 ISPs（互联网服务提供商）和图形化网页带来的巨大冲击，绝大多数 Freenet 最终都停止了服务。尽管如此，还有一些 Freenet 继续存在，允许人们拨号访问万维网。

由于 20 世纪 90 年代初 Freenet 的快速发展，绝大多数图书馆并不重视建立在线社区。图书馆网站一般由在线馆藏目录、数据库和电子书访问导航、按主题组织的网页链接、事件列表，以及图书馆概况等内容构成。一些图书馆的网站虽然提供的内容略多些，但即便是一些技术实力强大的图书馆，也没有开辟具有在线社区功能的交流版块。一些开通了博客、提供在线评论功能的图书馆，已逐步走向在线交流。但是，绝大多数的图书馆博客，更适合作为一种单向的对外交流媒介。以安娜堡区图书馆（Ann Arbor District Library）的网站为例，图书馆与用户实际开展的在线交流，事实上并不对等，因为图书馆馆员可以发贴，而读者只能跟贴。这使得图书馆错失了成为读者在线交流中心，并通过创建在线空间而为图书馆读者增进福祉、提升图书馆凝聚力的契机。

图书馆可以通过在线社区开展多种活动。通过观察读者的在线行为特点，图书馆可以更好地理解读者的需求。图书馆员可以通过已有的各种读者在线交流平台，推介图书馆的服务。归根结底，图书馆可以为读者提供一个在线公共空间来满足读者的需求。图书馆员也可以利用在线社区与同事交流思想，帮助其提升读者服务水平。图书馆可以充分利用在线社区迅速发展带来的机会，建立一个面向读者的在线公共空间，给读者提供不止于书本借阅的各种服务，扩大图书馆的社会影响力。

### 6.3.1 在读者的聚集处展示图书馆

为了建立知名度、开拓销售市场，企业通常会在潜在客户喜欢光顾的场所进行宣传。同样的道理，图书馆也可以在读者经常访问的在线社区上进行展示。与图书馆官网相比，在线照片共享在促进图书馆与读者交流上有巨大的潜力。Flickr（flickr.com）已拥有庞大的用户群，因此，借助 Flickr，图书馆完全可以在这一读者普遍使用的在线社区中去展现自我。人们不妨这样想像一下：图书馆的读者正在自己经常访问的在线社区中查找照片时，发现了本地图书馆也开通了 Flickr 账号。这将改变一些人对图书馆的认知。在他们看来，图书馆是远离信息技术的。图书馆的新闻照片、馆员照片，甚至是图书馆日常工作的照片，都可以增强图书馆在线社区的凝聚力，提升图书馆的开放程度，拉近图书馆与读者的距离。比如，位于伊利诺伊州的布卢明顿公共图书馆（flickr.com/photos/bloomingtonlibrary）就在 Flickr 平台上，展示了图书馆工作人员、图书馆新闻和图书馆扩建工程有关照片。同样，来自伊利诺伊州的拉格朗日公园图书馆（LaGrange Park Library，网址：flickr.com/photos/60582448@N00）也在 Flickr 上公开了该馆改造项目和社区规划的相关照片。而这些照片若能发布及时，则可成为一种新闻源，帮助人们了解图书馆的近况。照片的灵活使用，提升了这两家图书馆的亲民化水平，更是从视觉上，让读者感受到这些图书馆照片是一种富有活力的在线社区资源。借助 Flickr 这一平台，图书馆可以把那些将在官网上发布的照片进行在线存档。

使用照片共享软件需要考虑到，当把图书馆的内容上传到其他公司的服务器上时可能面临隐私和法律问题。如果图书馆将相关照片上传到其他机构的服务器上，自身将会失去对这些照片的绝对控制权。在上传照片之前，图书馆必须仔细阅读此类服务网站的条款和隐私政策。必须明白其对这些信息的权利内容，以及如果公司倒闭或被出售将如何处理这些信息？服务提供商如何保护图书馆的隐私问题？能否方便从网站上将图书馆已上传的内容下载到本地？如果把读者的照片上传到照片共享平台，必须考虑可能涉及到的法律问题。图书馆需要获得家长的允许，才可以对儿童拍照并将照片上传到网络。图书馆需要根据读者的要求，删除相关照片或其他内容。因此，图书馆在选择服务提供商时，必须确保一旦需要，就可以及时地删除相关内容。

### 6.3.2 建立在线社区

在任何一个本地社区或机构中，图书馆都是最适合建立在线社区的组织，因为图书馆是每位民众都在使用的、为数不多的机构之一。在任何一个社区中，图书馆都是最具有社会包容性的机构。学术界、医院、学生、教师和医生开展研究时，都需要使用图书馆。公共图书馆，其服务对象更是覆盖各个年龄层，从幼儿到老人。专业图书馆和企业图书馆更是为其所属机构的每位成员提供服务。有些图书馆已经把自己定位为一个在线资源。旧金山公共图书馆的网站（http://sflib1.sfpl.org:83）提供了旧金山地区各个社区服务机构的详细信息，并按主题、项目和机构等分组方式提供检索。许多图书馆主办的免费网络，使用专门的页面来介绍各个社区组织。然而，只有极少数图书馆创建了社区成员在线交流的空间。由于完全向民众开放，这种在线交流社区为民众搭建了一个很有价值的公共交流平台。

图书馆创建在线社区的时候，必须考虑这个在线社区的目标是什么。是计划构建一个与读者沟通的空间吗？构建一个人们可以在上面讨论社区事务的空间？还是打算搭建一个人们可以在上面谈论地方事务、体育、音乐和兴趣爱好的主题空间？或者构建一个平台，可以让人们在上面推荐自己喜欢的餐厅、最好的机械师或者最畅销的服装店？人们可以在这个平台上发布广告吗？还是只打算借此构建一个志同道合的在线群组？在设计这种网络空间或向用户介绍这种网络空间的目标时，创建者必须清楚界定其目标与范围。如果你想把社区的功能限定为，人们只能在上面讨论图书馆和当地社区的问题，你可以禁止用户创建讨论主题。如果你想要将这一在线交流平台设计为，用户完全可以自由讨论自身感兴趣的话题，那么，你可以允许用户自行创建话题。当然，这种情况下，你要多加留意，以免用户在上面创建不适宜的讨论话题。

在明确了建立这种在线社区的目标后，你就可以考虑选择哪种软件更为合适了：

（1）如果只打算建立一个在线讨论空间，网上论坛可能是一个很好的选择。理由是，可以在图书馆网站上实时显示讨论的话题，更是可以根据需求创建许多不同主题的论坛。

（2）如果只想讨论某个单一话题，选择论坛、电子邮件列表均合适。但是，如果计划建立一个电子邮件列表进行交流，则需要事先确定参与者，参与者需要明确表态，同意接收来自该邮件列表的相关信息。与此相比，通过网上论坛进行讨论，则不需要参与者事先表态。尽管如此，如果确实存在这样的一些用户，他们非常热心于讨论地方政府问题或当地的其他问题，那么，通过邮件列表进行线上交流，未尝不是一种不错的选择。

（3）如果你希望人们能够提供餐馆、零售商方面的建议或者谈论一些地方话题，维基是一个不错的选择。因为维基可以帮助创建者实现网上社区的创建目标。比如，棒球迷可以借助维基创建专门用于交流棒球的在线空间，素食主义者可以在维基上创建一个素食食谱。尽管如此，为了确保准确性，维基上的内容需要仔细审核。而且维基的价值，主要取决于是否有用户愿意在上面不断添加信息。与网上论坛相比，维基的内容可能会给用户造成困惑。

(4) 如果你的目标是把讨论内容限定在图书馆问题上，博客可能比较适合。图书馆员可以发布讨论主题到博客上，读者可以在博客的评论版块就某一主题展开讨论。然而，由于读者不能主动创建话题，他们往往觉得并不能像图书馆员一样，可以平等地使用这种平台。由于这一原因，有的读者并不喜欢通过博客参与图书馆的话题讨论。

另一种选择是使用免费软件，如雅虎群组和 MSN 群组。在这些群组上，人们可以分享照片，添加当地社区的照片。这有利于提升群组的凝聚力，但人们上传的内容需要进行仔细的审核。安阿伯区图书馆已经成功地在"安阿伯照片项目"（pictureAnnArbor, www. aadl. org/services/products/pictureAnnArbor）中允许参与者上传照片。用户可以把有关安阿伯地区的照片和资料上传给图书馆，由图书馆将之收录到专门用于反映安阿伯居民日常生活的馆藏中。但是，在该项目中，参与者上传的照片是存储在图书馆的服务器，而不是存储到第三方的服务器上。而且这些图片是由馆员提供，而不是普通大众。如果是使用第三方服务器来存储这些照片，那么，图书馆需要仔细阅读其服务条款，知晓服务提供商对这些信息的权利，了解其进行隐私保护的措施，并明确在公司破产或被出售时对这些数据的处理方式。

作为最后一种选择，图书馆也可以组合使用前述的各种在线社区工具。图书馆可以使用博客来传播信息或开展对话，使用在线论坛讨论与图书馆不直接相关的问题。可以创建一个用于讨论的电子邮件列表和用于共享信息的维基。对图书馆员来说，无论是使用哪种媒介，都必须确保其能够满足团队的既定目标，方便图书馆用户使用，且具有合理的权限管理功能。

一旦确定好选用哪种在线工具或工具组合，图书馆就要考虑如何管理在线社区。当然，这取决于在线社区的开放程度。通常情况下，在线社区的自由度越高，意味着创建者需要花费更多的精力进行管理。对公众完全开放的维基，需要创建者加强内容审核，及时删除各种垃圾信息和不当内容。需要使用用户名和密码才能登陆的在线论坛，会对用户的发贴和留言权限进行严格管理。一旦管理员发现有不当内容，则可以快速定位发文者的身份。这使得创建者可以方便地进行内容审核，并对持续触犯在线社区管理规则的用户进行惩罚。当然，在实际应用中，图书馆对在线社区的管理，往往介于严格管理和完全自由这两者之间。比如，图书馆采用密码保护的方式，加强对维基的管理。用户需要向图书馆发送电邮以获得在维基平台上发文的帐户和密码。对于博客的管理，图书馆也可以借鉴 Slashdot 网站的做法。对于在线论坛，图书馆可以允许使用帐户和密码登录的用户进行编辑，而未登陆者只能进行浏览。最为成功的在线社区管理方式是，不要过于严格，但作为创建者的图书馆，需要始终清楚自身的定位，清楚自身在与更大规模的社群进行交流中所扮演的角色。图书馆可以选择提高在线社区的使用限制，也可以考虑降低在线社区的使用限制。前者意味着图书馆可以减少审核投入，后者则需要图书馆投入更多的精力进行审核。如何合理协调这两种管理策略，需要有巧妙的管理艺术。毕竟，图书馆并不希望投入大量精力用于审核在线社区，更不希望自身所建立的在线社区，让用户觉得难以使用而不再参与。

Chrystie Hill 对在线社区的看法

您认为哪些工具软件最适合用于建立在线社区？

我并不会推荐某种工具软件。在线社区的工作经历让我体会到，我们的工作重点不应该在于，究竟应该使用哪种工具软件来建立在线社区，而应关注在线社区所面向的用户群。确切地说，若我在本书中推荐了某款工具软件，等到这本书出版时，可能这款软件已经过时六个月了。各款工具软件都有着各自不同的用途，可被应用于不同的时期和不同的使用情景中。我并不会太在意我个人会多么地讨厌某款工具软件，或许对某些人来说，这款工具软件却是他们的最爱。也就是说，用于创建在线社区的最为优秀的工具软件，都会有一些出色的特性。

一款优秀的社区软件应当具有强大的个性化定制功能，允许用户添加个人喜好的图像、声音，或者文本，以彰显个性，促进用户的相互信任。操作方便也很重要，在需要与社区成员交流时，用户并不希望过多地考虑下一步我该怎么做。一款成功的社区软件应该让用户可以方便地访问社区空间的已有内容，也应该允许用户快捷地访问社区空间的新增内容。在已有内容和新增内容之间建立有效的关联，这一点相当重要。支持去中心化管理，包括协作式的管理决策，分布式的责任承担，每个社区会员可以个人拥有和控制自身分享的内容。当然，社区会员需要感受到来自其他会员的认可与尊重,即社区应该支持透明运作,让大家了解谁正在做什么、为什么要这样做。当社区壮大到一定规模时,引入适当的评级机制有利于促进社区的更好发展。无论如何,社区软件都应该让用户切实感受到相互之间的共享与协作。当用户发现自己对整个社区的贡献远远超过其他用户时,用户将会更加专注于整个社区,由此也能吸引更多的用户加入进来。

建立在线社区时人们可能会犯的最大失误是什么?

人们试图控制在线社区的一切。在线社区并非一朝一夕就可建成,而是需要精心的培育与经营。在这一点上,图书馆员具有职业优势,其职业伦理就提倡访问信息资源不应受到审查或评定。这对建立在线社区很有帮助。如果我们能放弃"我是专家"、"我无所不知"的想法,而仅仅是让社区用户可以在在线社区中相互交流并表达自身的观点(前提是用户必须遵循一定规则),就可以建立一种信任,并形成一种良好的氛围,使得人们愿意在网络上相互分享信息。当然,创建者需要为在线社区制定一定的规则,让所有成员都能共同遵守,即便这种规则并不可能让所有社区成员都喜欢。此外,在线社区创建者容易犯的错误就是急于求成,殊不知合作需要一定时间的磨合。这可能会使那些期望立即着手做事的用户深感沮丧。对此,较为妥当的做法就是,合理协调、平衡在线社区创建者委派的"官方团队领导"和通过长期合作获得成员信任而被视为成员向心力的"民间团队领导"之间的关系。这种平衡有利于推动在线社区成员的合作开展,避免合作的低效率。需要强调的是,人们常常会误以为,某一个在线社区或兴趣小组能够永远存在,但事实并非如此。在某一时期内,在线社区会因某一共同的理念、需求和内容交流的需要而存在,但这种共同的需要并不一定会一直持续下去。

Chrystie Hill 是 WebJunction 公司的在线社区经理,通过其运营的 It Girl Consulting(www.itgirlconsulting.com)网站,帮助图书馆建立在线社区。

## 6.4 开展网络交流

绝大多数图书馆员会出于某种需要而参与某种方式的网络交流。比如，通过邮件列表为即将在所服务的图书馆内开展的某个项目寻求建议，或者是为了在一场与同事之间令人沮丧的交流中获得支持。或者是你正在找工作，并期望通过邮件列表获得招聘信息。不管是出于何种目的，我们需要意识到在线社区对图书馆用户至关重要，而作为专业人员，在线社区对于图书馆员的重要性更为明显。不管我们身处何地，我们的图书馆同行都会通过在线社区分享许多相同的经历。而不管我们是从事什么类型的图书馆工作，比如，参考咨询、网页设计、非书资料编目或者是用户教育，我们都可以从已有这方面经验的网络用户中获得有益的借鉴。

图书馆员通常使用的在线社区工具是邮件列表。图书馆员每天都可以从其订阅的各种邮件列表中接收到电子邮件，内容涵盖馆际互借、编目、网页设计、会议、图书馆学在线学习、馆藏采购、期刊、政府文件等等。这些邮件列表所面向的图书馆员，类型多样，形成了不同类型的在线社区。包括：面向图书馆新入职者的邮件在线列表、面向学校图书馆馆员的邮件在线列表、面向舞蹈领域的图书馆馆员邮件在线列表、面向法律领域的图书馆馆员邮件在线列表、面向医疗领域的图书馆馆员邮件在线列表、面向监狱图书馆的邮件在线列表和面向图书馆行政管理人员的邮件在线列表。也有一些邮件列表，以用户种族、地理位置、性取向和语言等来确定目标用户。除此之外，有些邮件列表以图书馆中从事不同信息技术工作的用户为服务对象，比如，面向图书馆馆际互借系统工作人员的邮件列表、面向数据库选择与推荐人员的邮件列表、面向馆内公共计算机维护人员的邮件列表。这些邮件列表的创建，许多依托于本地图书馆协会、图书馆联盟或全国性专业协会的支持。总体而言，目前网络上已有数以百计的专门面向图书馆馆员的邮件列表。借助于这些邮件列表，无论图书馆员的问题有多么深奥，都可以找到合适的邮件列表来寻求答案。

WebJunction（webjunction.org；see Figure 6.4）是一个面向图书馆的代表性在线社区，在比尔和梅林达盖茨基金会的资助下，于2003年由OCLC、科罗拉多州立图书馆、本顿基金会和TechSoup共同创建。WebJunction的目标是为小型公共图书馆创建一个分享观点和学习技术的在线社区。投入使用后，已在为公共图书馆提供信息和帮助、促进馆员交流和相互帮助等方面，取得预期效果。WebJunction 提供了各种免费的在线课程，还有网络广播、文章、政策案例，并探讨影响公共图书馆发展的热点问题，包括计算机安全问题、外联、募捐。给面临资源获取困难的读者提供帮助、对专业群体提供图书馆服务等等。在 WebJunction 网站上各个人气旺盛的论坛，成员会围绕各个主题展开热烈讨论。论坛管理者创建了论坛，激发成员进行有趣的讨论，并引导所有成员积极发言。由于这些管理者并不仅仅是向成员介绍论坛的使用规则，而是在引导话题的讨论，因此，他们更像是活动主持人，而不是内容审核者。WebJunction 网站上的论坛和其提供的各种信息资源，使得在线社区成为一个令人愉悦的资源平台。在这个平台上，图书馆员可以获得一些日常问题的解决方案。

图 6.4　WebJunction 是一个领先的图书馆在线社区
社区会员可在此平台上阅读文章、上课学习并与同事一起交流思想
（未经许可，不得转载）

一些与传统风格不同的在线社区正在由图书馆员创建或者是专门为图书馆馆员而创建。借助博客，许多图书馆馆员建立了属于自己的各种在线社区。在其个人博客上，图书馆员可以分享自身的专业理念，交流自己在图书馆服务方面的亲身经历。也可以通过其他馆员的博客，进一步讨论已在自身博客上探讨过的相似话题。而没有开通个人博客的图书馆馆员，也可以借助博客的留言版块，就其感兴趣或持有异议的主题或观点，发表看法。当然，围绕某一话题的讨论，往往并不局限于在某一个在线社区上开展，而有可能在许多在线社区同时进行着。比如，在 BlogPulse（blog pulse.com/conversation）和 Technorati（technorati.com）上，人们可能都在谈论某一共同的话题。与此同时，维基也是一种正在被使用的图书馆在线社区工具。比如，"美国图书馆协会芝加哥2005wiki"（ALA Chicago 2005 Wiki（meredith. wolfwater. com/wiki））。该维基提供了一个专门版块，可供用户就会议的有关问题进行提问和回答。维基可以实现在线社区的全部功能，因此，维基可以非常灵活地满足不同社区成员的需求。在由图书馆馆员建立的绝大多数维基中，任何用户都可以提问，也可以作答；没有谁会对这种交流进行控制。

在互联网日益普及的现代社会，无论是为了相互支持还是分享观点，又或者是为了线下会面，与他人在网络上沟通已更加普遍、更易被认同。许多图书馆读者已经或正在加入各种在线社区。如果图书馆不能为读者提供公共的在线空间，图书馆就会错过与读者联系、并帮助读者与他人联系的宝贵机会。图书馆有责任改善其馆舍所在地的社区环境，也应该将这种责任延伸到网络。图书馆可以使自身提供的许多传统服务"网络化"。通过加入读者所参与的在线社区，图书馆可以向读者进一步开展宣传。图书馆通过构建一个信息价值高、安全稳定的在线公共空间，则可以更为实惠地提升在线社区给读者带来的好处。对图书馆而言，创建在线社区需要考虑很多因素。尽管如此，如能运用得当，创建在线社区将给图书馆带来事半功倍的效果。

## 参考文献

[1] John Horrigan, "Internet: The Mainstreaming of Online Life," Pew Internet and American Life Project, January 25, 2005, www.pewinternet.org/pdfs/PIP_Communities_Report.pdf (accessed December 15, 2005).

[2] "Library Lists on WebJunction," WebJunction, November 22, 2005, webjunction.org/do/DisplayContent? id=11245 (accessed December 24, 2005).

[3] "craigslistFacts and Figures," craigslist, www.craigslist.org/about/pr/factsheet.html (accessed December 29, 2005).

# 第 7 章　社交网络

在过去的几年，社交网络受到了越来越多媒体的关注。社交网络一出现就席卷了年青一代，而上一辈人仍然对它感到困惑，不知其为何有如此的吸引力。类似 MySpace 和 Facebook 这样的社交网站比其他任何线上社区都火爆，尽管它们几乎都只在 30 岁以下的人群中流行。在高中和大学，几乎每个学生都在至少一个社交网站上拥有自己的个人首页。这些网站和我们之前讨论的在线社区有所不同。

在大多数社交网站上，以兴趣组建的小组并不重要。用户不会专门使用网站来谈论共同的兴趣。他们利用社交网站展示自己的身份、公开社交关系，并建立新的关系。这表明人们在网上建立身份、认识他人的方式已经发生了变化。许多图书馆读者上网几乎完全流连在社交网站上。因此我们需要了解这一行为的内涵，知道如何据此提供相应的服务。在图书馆以外，图书馆馆员可以利用这些社交网站建立主页，并为聚集在网络空间的年轻图书馆读者提供服务。

## 7.1　社交网络是什么？

在 20 世纪 60 年代中期，斯坦利·米尔格拉姆通过实验确定了社交网络的结构。米尔格拉姆是一名社会心理学家，最为出名的是其有关权威屈从的实验（参与者被引导对看不见的实验对象进行电击）。同时他将网络理论从数学科学带入社会学领域，对网络理论的发展产生了重大影响。在一项研究中，米尔格拉姆将 160 封信随机地寄给内布拉斯加州的居民，这些信最终要到达一个股票经纪人手里。他要求参与者不直接将信寄给该股票经纪人，而是先寄给他们熟悉的某个人，前提是他们认为这个人比起自己更为接近熟悉这位股票经纪人。下一个人收到信后，执行同样的操作。如此继续，最后 29% 的信成功传递给了该股票经纪人，并且都在六次传递之内。令人感到吃惊的是，大部分的信件都是通过该股票经纪人的三位朋友传递到的。米尔格拉姆在接下来的研究中重复了此实验。他让洛杉矶的一位白人从纽约的一位黑人那里获得一封信。在这个看起来如此分离的社会，实验结果竟同其他的"小世界"实验结果相同。米尔格拉姆因此得出结论，世界上每一个人和任何一个陌生人之间所间隔的人不会超过六人[1]。虽然米尔格拉姆的研究受到了质疑，但是小世界理论被广泛接受，其后类似的实验也得出了类似结论。

　　对这一实验的主要质疑在于，看起来大部分人都生活在基于共同活动的同质化社交圈中，而不同的社交圈有着地域、活动内容等差异，世界怎么可能关联得如此紧密？其实这些关系主要通过"联结者"联系在一起，或者通过某一个跟一个庞大而多样的人群有关系的人。这些人似乎认识所有人，并且可以将合得来的人引荐到一起。不少人得以和其他人建立联系，本质上是因为他们都知道同一"联结者"。马尔科姆·格拉德威尔发表在《纽约客》杂志上的《洛伊丝·韦斯伯格六度》一文描述了这一现象。洛伊丝·韦斯伯格是芝加哥的一名女性。她的个人魅力和兴趣加上从事过的多种工作，使她认识从名人到政客到家庭主妇的几乎所有人。作为一个连接其他人的人，她在很多人的生活中起着重要作用。格拉德威尔将社交圈视为金字塔，某一个人通常是人群中大部分任意两人间初次建立联系的原因。这些"联结者"，就如同在前文所述实验中接收了寄给股票经纪人大部分信件的三位关键的"中间人"，在连接不同的小世界中起主要作用[2]。

　　社交网络软件因此出现。社交网络的理论假设是，一个人和其他人之间的联系相比该人的特征来说更为重要。根据这一逻辑，我们可以或多或少地通过一个人的朋友和熟人评价这个人。同理，一个人的社交关系可以帮助他在生活中、爱情及事业上获得成功。社交网络公开呈现一个人的社交关系。网上社区使人们能够交流，为人们提供支持，促进交流活动。而社交网络软件的目标是使用户展示个人身份并发展社交网。这对于建立商业联系、约会或仅仅为了结交新朋友都很有用。对于约会和建立友谊来说，可以假设通过朋友的朋友更可能找到志趣相投的人。因此，通过你的朋友和熟人的社交网，查看他们都认识什么人，更可能发现让你感兴趣的人。

　　在线社区以论坛、讨论版或其他模式开展交流，而社交网络中的活动则以每个参与者的个人主页为中心。个人简介通常包括照片和用户提交的个人信息，包括学校、工作地点及感兴趣的事物等。个人主页也会列出用户所有的朋友，以及这些朋友对用户本人的推荐与评价。从寻找约会对象的角度看，这些留言对于评价一个潜在的约会对象是否真实地描述了自己是很重要的。留言只能由朋友提交，这种设计相当于可以让你从某人的朋友身上获取他自己的信息。并且，通常朋友的添加是相互的，只有在一个人认可你为他的朋友时，你才能添加他为朋友。这样可避免一个人和一大群跟他没有联系的人建立社交网络。

在个人简介之外的交互层次，各个社交网站有所不同，但个人简介是所有这类软件的核心部分，在这里用户能建立网上身份并呈现他们的社交关系网。用户可以谨慎地控制他们希望呈现出来的样子，使他们变得更为有趣并吸引人。他们甚至可以选择只公开让他们看起来更有趣的朋友。虽然社会软件使用户可以更为准确地验证一个人的自我介绍，但仍然具有欺骗的可能性。一些人也正因此被社会软件所吸引。他们可以在工作、生活中呈现一种个性，而在网上以不同的个性去结交一群不同的朋友。

社交网站还有一些共同的功能，包括创建和加入群组。用户能与有相同兴趣但可能不在同一社交网络中的网友建立联系。每一群组通常列出所有成员的头像，有单独的信息发布平台。社交网站通常提供和其他人建立联系的方法，例如论坛、即时通讯和博客。一些人可能利用这些方法积极和其他成员交流，另一些则只是简单地利用网站建立主页，呈现自己的社交关系。用户可以不加入群组。在社交网络中，每个人都可以在社交关系中添加朋友，每个人都有自己独特的朋友圈，它像很多网上社区一样没有明显的界限。正如"社交网络"这个名字所暗示的一样，这些用户背后的结构更像一张网，用户可以从某一节点转向另一节点，发现新的潜在联系。与建立协同关系这一目标相比，社交网络更像是为用户展示个性而建立的。

## 7.2 社交网站的类型

社交网络软件有很多用途。一些人利用它结交新朋友或寻找约会对象。另一些人以它为工具增进商业交流，他们都会让自己的形象看起来很好，并在随后充分利用借此建立起来的关系网。一些人使用社交网联系地理上分散的朋友，还有一些用户的目标很简单——为满足偷窥他人生活的好奇心。不同的社交网站以不同年龄段或具有不同兴趣的人群作为定位。尽管社交网站很多，但只有少部分聚集了高人气。本节将着重介绍一些最受欢迎的社交网站，探究他们的运行方式及用户对他们的需求。

### 7.2.1 X一代的社交网络

社交网络的初始服务对象是X一代（指被遗忘的一代，出生于二十世纪七十年代的美国人。译者注）。目前有数十种社交网络软件服务于这一人群。Friendster（www.friendster.com）是首个社交网站。从2002年起，在不到一年时间中吸引了约100万用户。这个网站最开始是针对25到35岁的都市年轻人，但随着社交网站的扩张，世界各地的用户也开始加入其中。任何人都可以加入Friendster，只需要注册一个账户，建立自己的简介并添加照片即可。用户可以在网络中添加朋友，但需要被添加者也认可他为朋友。这一设计可以阻止用户添加成百上千他们不认识的人为朋友。一旦你拥有了一些朋友，Friendster会给你展示"第二级朋友"，或朋友所列出来的朋友。这主要基于这一假设：相比在传统约会网站或交友活动中随意碰见的一个人，一个人更有可能和朋友的朋友们具有相同点。Friendster提供有留言板，在这里你的朋友可以对你进行评价。在很多情况下，留言板甚至比自我简介更可信。在Friendster上可以创建博客，分享相片及视频，也可将内容放在留言版上，和其他Friendster用户交流。这个网站也可以让人们创建并加入群组。在群组中他们能碰到在社交圈之外但有共同兴趣的成员。通过群组成员的信息进一步完善网站中每个群组成员的个人简介。这也是Friendster的核心目标之一。

### 7.2.2 新世纪的社交网络

2003年，社交网络仅为20到30岁之间的人群服务。然而到了2005年，X一代对于社交网络的狂热已经急速降温。Friendster的使用人数减少了，而很多社交网站也因缺少忠实用户的使用而关闭。令人惊讶的是，在Y一代这一趋势则相反（Y一代指1980年到2000年出生的年轻人。译者注）。以Y一代为目标的社交网站飞速发展。企业和团体组织也利用这一趋势，使用社交网站与潜在的消费者和粉丝建立联系。年轻人认为MySpace（www.myspace.com）和Facebook（www.facebook.com）是专为他们而设计的，在那里他们可以自由地表达自我并和朋友建立联系。

继Friendster之后，在2003年中，MySpace开始运行并已发展了大量用户群。MySpace推出的许多特性和Friendster不同，以此吸收了大量的学生和年轻人。最显著的一个特点是用户可以自己编辑页面。MySpace的用户可以使用HTML和CSS个性化地编辑自己的主页，在主页上添加视频和音频。虽然这可能导致主页过于绚丽,降低可读性,但这也使得用户可以创意地表达自我。几百个外部网站提供服务,帮助MySpace用户编辑个人主页。跟Friendster的功能类似,在MySpace中,成员的朋友也显示在其个人主页中。在MySpace中,博客也作为一个整体存在。每个人都有自己的博客,更新会显示在主页上。因为这些特点,MySpace吸引了喜欢自我表达及对网络感兴趣的人。到2006年6月,已有6100万用户注册MySpace[3],到2006年7月它已成为互联网流量第一的网站[4]。

2004年,MySpace开辟的功能使音乐家能创建网上空间并发布自己的音乐。很多音乐玩家将此视为联系潜在听众的一个重要机会。乐队利用他们的主页和博客吸引并发展了忠实的听众。年轻人也为能够与乐队的成员像朋友一样地交流而感到兴奋。乐队可以添加他们的粉丝为"朋友",加强了和粉丝间的私人联系。2005年10月,《连线》杂志记录了朋克音乐组合霍桑高地不可思议的成功。他们是MySpace上的活跃用户,拥有约30万粉丝。该杂志作者对MySpace一代新的音乐市场营销模式作了如下描述:

"MySpace上的乐队"如同网站的宣传人员所说,以尽可能低的成本发布和推广他们的音乐。他们免费推出最好的两到三首作品提供下载,并利用社交网络和邮件将这些音乐推送给渴望欣赏新音乐的听众们。听众由观望者变为狂热的粉丝,其在音乐会门票、T恤、信封、头巾、大幅海报上的花费给这类乐队带来的利润,往往多于乐队因为CD销量减少而产生的损失。几乎不依靠宣传,这类乐队正成为流行音乐界新的中产阶级:每次发行约5万到50万张唱片,仅通过适量唱片的售卖就可以存活下来[5]。

到2005年末,MySpace上有40万支乐队,水平不一,包括地下乐队到进入美国音乐排行榜的音乐家。电视节目也开始使用MySpace作为和观众交流的途径之一,以此为粉丝讨论节目提供了专区。很多企业,尤其是市场营销的客户群为30岁以下年龄段的企业,已经越来越多地意识到MySpace的影响力。社交网站软件如MySpace,为他们提供了大量潜在用户和反馈意见。MySpace也通过广告投放赚取了大量利润。在2005年9月,鲁伯特·默多克的新闻集团收购了MySpace母公司,明确承认其作为一种营销工具的发展潜力。

新的社交网站打算开拓细分市场。Facebook成立于2004年初(见图7.1),旨在通过网络将大学生联系在一起(尽管Facebook现在的用户也包括中学生和一些公司)。用户要在 Facebook 上创建个人帐户，必须使用所属机构的有效邮箱进行注册。这能防止机构以外的人加入该机构在 Facebook 上的社交圈。当用户注册成功后，就加入了所属学校的网上社交圈。用户仅能看到同一学校同学的主页，除非他添加了其他学校的人为朋友，且那个人也添加他为朋友。Facebook 为用户创造了本地社区在网络上的归属感，而这是 MySpace、Friendster 及其他社交网站所缺少的。和其他所有的社交网站一样，个人主页是 Facebook 的中心：它包括用户的照片，朋友列表以及留言板。用户可以通过二级朋友（即朋友的朋友）的主页认识新人，或搜索上同一堂课

图 7-1　Facebook 个人主页包括用户照片、朋友列表和留言板
（未经许可不得转载）

的同学。Facebook 也可以创建用户群组。Facebook 的目的是在学术社区内建立一个本地社交网络，这样即使在线下人和人之间也能交流。到 2005 年末，该网站吸引了超过 90 万用户。Facebook 通过那些将目标客户锁定为 Facebook 成员的公司获利。比如，允许包括苹果公司、美国艺电公司在内的公司在 Facebook 上创建用户群组，直接与他们的潜在消费者交流[6]。

### 7.2.3 商务社交网络

越来越多的人在网上开展业务。无论是通过电子邮件联系客户或是开展网上业务，各种媒介在和用户建立联系并获利的过程中具有重要作用。前几十年，通过各种组织，商业人士能够建立社交网并保持联系。这种模式很快被网络改变。网络用户可以在网上世界与自己从事相同或有关联工作的商业人士建立网络，并借此提供咨询和帮助，寻找未来企业的潜在合作伙伴。企业在网上的主页相当于免费的广告投放。人们常通过自己所从事的领域或所居住的处所，与他人认识，但现在，企业主和员工可以找到世界上不同地方具有相同想法的人，建立以业务为中心的联系。以图形方式展示自己社交圈的员工也对所属企业有利。企业已经意识到公开员工社交网络的价值，并打算在未来加以利用。

Ryze（www.ryze.com）是当前存在时间最长的社交网站。它于 2001 年面世，以帮助人们建立商业合作网络为目标。用户输入职业、毕业院校、工作地点及兴趣等信息，形成个人简介。一旦拥有了个人简介，就可以添加关系。一些人仅添加现实世界中存在的关系，而另一些人则将未来可能对他们有帮助的所有人都添加到关系圈中。后一种人认为，让潜在的用户或雇主看到他们和越多的人联系越好，尽管这种联系可能不可靠，然而建立的商业社交网可能在未来非常有用。在找工作、寻找新客户或商业合作伙伴时，如果有一份该领域的现成名单将是非常有利的。Ryze 还设置有基于兴趣的、基于专业的、基于地域的社交网及群组，为用户和他所在行业领域的其他人或有相同想法的人提供联系渠道。Ryze 曾经为付费用户提供附加功能，但目前已可免费使用。

LinkedIn（www.linkedin.com）是方便用户建立商业联系的又一社交网站。该网站的初衷是设计为上层管理者服务的社交网络空间，然而现在其用户已逐渐发展到包括从事各级商业事务的人士。你可以通过两种方法添加朋友，既可搜索 LinkedIn 用户，也可通过电邮地址邀请他人加入。LinkedIn 使用户通过 Outlook 或其他网上地址簿轻松地邀请到其他人，并推荐用户加入其可以加入的社交圈。LinkedIn 的真正价值并不只是简单地让你看到你的朋友，而是让你能查看到你的朋友的朋友。如果你的朋友认识某位对你的事业有帮助的人士，你可以让朋友帮忙介绍认识。类似 LinkedIn 和 Ryze 的网站使用户不仅能利用上他们的个人关系，还可利用上第二层甚至第三层的朋友关系。LinkedIn 还允许用户发布工作信息，搜索与用户在同一领域或社交网中能够提供专业服务的人士。因此，LinkedIn 主要面向对网上营销服务感兴趣或正在寻找工作的人群。

### 7.2.4 移动社交网络

目前提到的这些社交网站都有助于人与人之间建立联系，而这些联系为以后的交友、约会及商业活动都做好了铺垫。有一些其他的社交网络软件则致力于促进人们在现实世界中相见。这种软件一般安装在移动终端上，被称为 MoSoSo 或移动社会软件。MoSoSo 并不是让你仅能在网上找到你的朋友，而是还可以通过添加位置和时间信息，让你可以在线下找到你的朋友。MoSoSo 帮助用户在他们的旅途中找到当地的朋友。如果当地有一个派对，或者有个朋友在街头的咖啡馆里，MoSoSo 就能将这些信息传达给使用者。Dodgeball（www.dodgeball.com）自 2005 年由 google 推出，目前是最流行的 MoSoSo 软件，拥有成千上万的用户。手机用户可以通过 Dodgeball，了解以自身所在位置为中心点、半径为 10 个街区的范围内的朋友或朋友的朋友在做什么。用户还可将出行计划提交给 Dodgeball 并将这些信息发送给他的朋友。用户甚至可以利用 Dodgeball 安排聚会，将聚会地点等发送给其他用户。目前 Dodgeball 的服务仅限于 22 个大都会城市，在成员生活紧密联系在一起的地区最为适用。

Socialight（socialight.com）是另一款基于手机的社交网络软件。和 Dodgeball 不同，你可以在任何地方使用它。只需提交有关地点的信息，就可以通过"位置标记"将你所在地点或即将前往的地点的情况告诉你的朋友们。当朋友来到这一地区时，他能收到你对这个地点的描述，可能是一个故事或邀请函。除了文本信息外，用户还可在相应地点上添加多媒体信息，并对能看到"位置标记"的人进行限定。Socialight 还能用于向朋友们推介餐馆，或者组织派对。Socialight 类似一本指南书,但有所不同的是,它的信息都来自于你所信赖的朋友们。

## 7.3 图书馆对社交网络的利用

企业非常看重在 MySpace 和 Facebook 上进行病毒式营销的机会。家长越来越多地关注 MySpace 和 Facebook,以防他们的孩子受到不良影响,或是在网上发布不当内容。图书馆馆员更应该关注社交网络,了解读者在网上的行为。和企业一样,图书馆可以进行病毒式营销,将图书馆整合到读者的社交网络中并推销相关服务。通过审查炒作信息,或是告诉家长保护孩子安全上网的方法,图书馆还能充当教育者的角色,指导家长和青少年安全上网。虽然社交网络在过去几年有负面影响,但图书馆可以正确地加以利用,为读者提供更好的服务。

### 7.3.1 市场调查

对于任何一家图书馆来说,市场调查都是提供有效图书馆服务的关键前提。图书馆应定期进行正式或非正式的调查以确定是否真正满足了读者的需求。要知道,读者群体是在不断变化的。无论这种变化是指,图书馆需要服务更多的外国人、增长的老年群体和更多的单身父母,还是更多玩转科技的年轻人,图书馆都要适应这些服务对象的变化。市场调查的方法之一是前往图书馆之外、读者聚集的地方。例如,前往社区的公共场所和读者随意交流,或访问读者经常使用的网上社区。如果你是中小学图书馆、公共图书馆或高校图书馆的馆员,那么调查学生或年轻读者是否使用 MySpace、Facebook 或其他的社交网站就很容易了。成为这些社交网站的用户可以帮助你深入了解读者的兴趣,需求与希望等。通过这种调查,你或许能发现读者正在使用的其他技术,从而反馈给所在的图书馆,设计未来的图书馆服务。对公共图书馆和科研图书馆来说,用户群体可能更为多样化,读者分属于定位不同的各种在线社区。然而,至少其中的一大部分加入了 Facebook、MySpace、Friendster 及 Flickr 等流行的在线社区。这些在线社区都能帮助你按地区或机构进行成员检索,方便你找到本地居民。注意观察读者在这些网络空间的交流,你会对所服务的社区有深入的了解,而这可能是通过一份调查问卷或其他正式研究工具所不能获得的。

### 7.3.2 在读者的网络空间推介图书馆的服务

《商业周刊》上的一篇文章《MySpace 一代》告诉我们，企业可以将他们的商业活动整合到 MySpace 和 Facebook 等社交网站中，以对网站成员进行营销。很多企业不再进行外部营销了，取而代之的是在这些社交网站上建立群组，进行多渠道的交流[7]。这让用户产生一种印象，觉得该企业已融入到自己的社交网络中，并且真正在乎自己的想法。如果企业都能在这些在线社区上存在，为什么图书馆就不能呢？图书馆可以建立一个主页及相应的社交网，将自己融入到读者的社交圈中。

截至 2005 年，已有多所大学图书馆加入了 Facebook，包括伊利诺伊大学厄巴纳-香槟分校本科生图书馆、密歇根大学克雷奇图书馆、杜克大学帕金斯图书馆。这些图书馆如同所在学校其他 Facebook 成员一样拥有自己的简介性网页，并创建了群组方便学生对图书馆进行问询，或是提出服务建议。在 2006 年秋，Facebook 开始关闭包括图书馆在内的各种组织的主页，并声明主页仅为个体用户设计。一些图书馆馆员以他们自己的名义重新创建了主页，然而，其他形式的图书馆扩展服务却因此项新措施的实行而被停止。以个人名义重新创建图书馆主页的馆员之一是佛蒙特州本宁顿学院克罗塞特图书馆主任欧新娜·威尔逊。在该主页的讨论版模块，她向学生询问希望图书馆采购哪些图书与电影（图 7.2）。尽管在图书馆网站上有采购申请表格，但是，在学生们的网上空间询问，会让他们有一种亲切感，感到自己的观点受到了重视，因此，学生会乐于提出请求。相比其他社交网站，Facebook 提供的各种应用更加贴近现实，因为 Facebook 上学生的社交圈在一定程度上由其所就读的学校决定。

虽然在 MySpace 上很难碰到一个当地图书馆的主页，但在 MySpace 上建立主页，图书馆有更多自我表达和营销的空间。在 MySpace 上，图书馆员可使用 CSS 设计主页，创建与其他图书馆主页具有一致外观的主页。他们可利用博客推介相关资源和活动，为图书馆创建更为亲民的形象。很多图书馆使用即时通讯软件为读者提供参考咨询服务，而 MySpace 在每个用户的主页上内嵌有即时通讯客户端。在兴趣这一栏目，一般用户会列出自己喜欢的图书和电影的名称。图书馆可以将自身在 MySpace 的主页链接放在图书馆的官网主页上，建立起图书馆和 MySpace 之间的联系。丹佛公共图书馆在这方面做

图 7-2 学生可以将其希望图书馆购买的书名和电影名，写在佛蒙特州本宁顿学院克罗塞特图书馆主任威尔逊的 facebook 主页上（未经许可不得转载）

得很好。他们将 MySpace 上图书馆的主页（www.myspace.com/denver_evolver；图 7.3）和该馆为青少年服务的网站 eVolver（teens.denverlibrary.org）整合在一起。两个网页有类似的外观，同时图书馆在 MySpace 上的主页还可以链接到 eVolver 网站上青少年对图书、电影及媒体的评论。很多图书馆已将 MySpace 主页作为图书馆服务的门户网站，将之链接到图书馆目录、虚拟参考

107

咨询服务和远程访问数据库的说明等。如同其他在 MySpace 上建立主页的图书馆，丹佛公共图书馆也有一个朋友列表。这些朋友是相互同意后加为好友的，并且能对图书馆发表评论。这将增加图书馆的显示度，因为其他人会在他们朋友的朋友列表中看到图书馆。

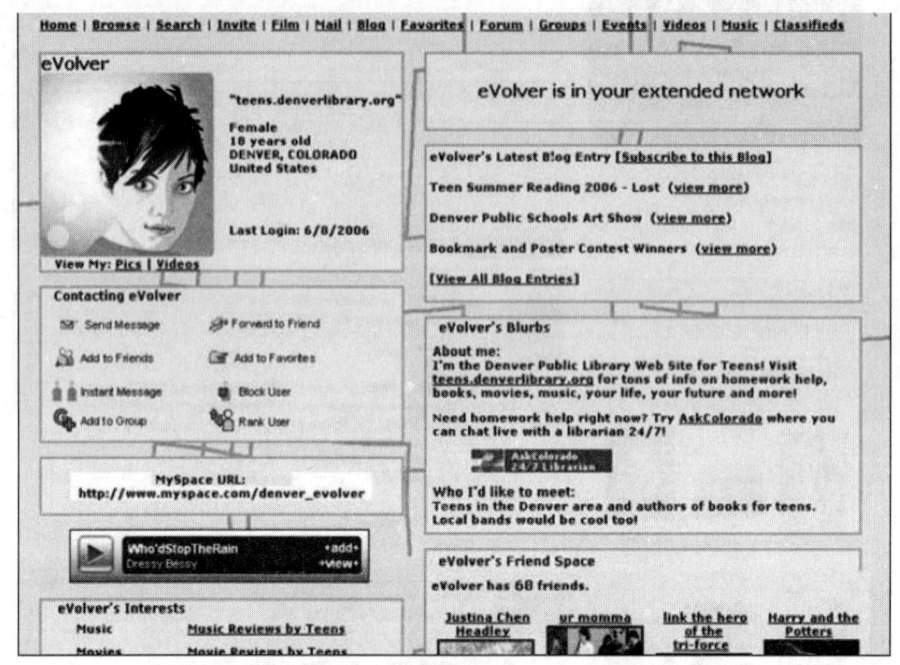

图 7-3　丹佛公共图书馆使用 MySpace 来整合其面向青少年服务的网站 eVolver（未经许可不得转载）

　　在 MySpace 和 Facebook 上建立主页可能出于很多原因，但绝不包括耍酷。仅仅在社交网站上建立主页并不能显得图书馆有多好，或是能借此吸引到更多人。出现在读者所在的社交网站上和在社交网站上为读者服务，两者区别很大。图书馆在社交网站上的主页为用户提供信息，用户才能不断回访它。在 MySpace 和 Facebook 上，图书馆可以获得读者反馈，提供新闻或信息，或者提供图书馆服务的入口。

　　使用其他公司提供的在线社区服务时，要考虑：你将信息提交到这些公司的服务器之后，就可能对信息不再具有控制权。要仔细查看每个网站的服务条款，以确定你对上传的内容拥有什么权利以及服务提供商对你的内容拥有什么权利。注意查看隐私条款并确认以下问题：该公司会不会售卖你的个人信息或在别处发布它？如果公司破产或被其他公司收购，你的个人信息去向如何？当你决定停止使用该服务时，要确保能删除曾经上传的信息。

作为信息专业人士，我们也有义务告诫读者有关网上信息安全的问题。年轻人可能更精通技术，但对网上隐私问题缺乏保护意识。使用 Facebook 的学生可能认为只有其他的学生才能查看他们在 Facebook 上的个人主页，而事实上只要是有效的、邮箱后缀名中含有 edu 的邮箱就可以注册，并查看他们在 Facebook 发布的内容。年轻人还要注意，和网友见面有潜在的危险。隐私信息有时候甚至可能被搜索引擎抓取。读者可能没有意识到，一个潜在的雇主很轻易地就能在网上检索并发现他们所写的东西。读者要能辨别隐私等需要保护的信息和互联网上任何一人都能查看的信息这两者之间的区别。这点很重要。一些网站会从其他网站摘取内容重新发布，因此，读者可能会惊奇地发现自己所写的东西被发布在其他网站上。在教育读者有关信息安全的问题上，图书馆扮演着很重要的角色。他们应该告诉读者将个人信息放在网上的风险，以及参与到在线社区时保护自己的方法。

社交网站是一种新型的在线社区，旨在建立一个创建用户简介、展示朋友和熟人的社交网。社交网站已经在一部分人之间引起了道德恐慌。抛开价值判断标准，图书馆员应该正视这一现象，并思考他们在社交网站怎样发挥教育者的作用。图书馆员还需要另寻在社交网站上提供服务的方法。从 MySpace 和 Facebook 上商业活动的开展程度来看，社交网站的市场潜力是巨大的。一些图书馆读者可能永远不会访问图书馆的网站主页，但是图书馆可以在读者汇聚的社交网站上建立自己的主页并开展服务。图书馆为年轻用户在网站上提供服务的空间，促进了馆员和年轻人在网络上的交流和联系。

## 参考文献

[1] Mark Buchanan, *Small World and the Groundbreaking Theory of Networks*, New York：W. W. Norton and Co.，2002.

[2] Malcolm Gladwell,"The Six Degrees of Lois Weisberg," *New Yorker*, January 11, 1999, www. gladwell. com/1999/1999_ 01_ 11_ a_ weisberg. htm（accessed December 20, 2005）.

[3] Steve Rubel, " MySpace Mania," Micro Persuasion, March 30, 2006, www.micropersuasion.com/2006/03/myspace_mania.html (accessed July 12, 2006).

[4] "MySpace is Amerca's Top Site," CNNMoney.com, July 11, 2006, money.cnn.com/2006/07/11/technology/myspace.reut/index.htm (accessed July 12, 2006).

[5] Jeff Howe, "The Hit Factory," *Wired* 13.11 (2005), November 15, 2005, www.wired.com/wired/archive/13.11/myspace.html.

[6] Jessi Hempel and Paula Lehman, "The MySpace Generation," Business Week Online, December 12, 2005, www.businessweek.com/print/magazine/content/05_50/b3963001.htm?chan=gl (accessed December 18, 2005).

[7] Hempel and Lehman.

# 第8章 社会书签和协同过滤

用户在网上查找资源时，大量不相关信息是其最大的阻碍。网上发布信息的成本越来越低，导致互联网上信息泛滥，任何一个搜索引擎都不可能索引到全部信息。1995年，雅虎通过人工手段建立了网站的分级分类目录体系。然而随着网页数量的增加，它已不可能全面地收集网页。现在，主要由搜索引擎自动地抓取网页并建立索引，用户搜索时根据算法计算网页的相关度并返回相关度较高的结果。Google现在已索引了超过60亿个网页，然而这也只是网上信息的一部分。

互联网资源的丰富性带来了所谓的选择恐惧症。人们面对如此海量的信息，通常很难做出选择。怎样找到最好的网站？怎样找到感兴趣领域最有意义的论文？什么产品是最符合我们需求的？面对这些疑问，搜索引擎能够提供的服务很有限。相关度是由算法而不是由人为决定的。因此，有时搜索结果甚至充斥着完全不相关的信息。开发搜索引擎、电商网站及社交网站的人士也一直在开发各种系统，以充分利用网民在上网过程中留下的各种显性和隐性信息。现在，网上信息的组织已不再由专业人士完成，而是由网民根据自己的理解，为网站标注上自己给出的关键词和描述性词语。推荐系统和社会书签能够综合利用网民表达的各种显性和隐性信息，帮助人们进行更好的信息选择。

## 8.1 信誉系统和推荐系统

信誉系统帮助用户在互联网上做出选择，包括访问什么网站，阅读什么文章或书籍，选择哪家宾馆以及购买何种产品等。通过评分、用户反馈和用户行为等，信誉系统向用户提供其他使用者对某一商品或服务的评价意见。类似的，推荐系统基于用户信息进行偏好预测。两者的主要区别在于信誉系统仅收集并展示用户的评分和评论，而推荐系统则为访问者提供具体建议。很多电商网站都具备了以上两个系统。信誉系统和推荐系统的出现都早于万维网，但万维网使得用户反馈更容易收集。

收集用户反馈时，一些系统要求用户进行特定操作；另一些系统则能分析用户行为并获得潜在的反馈信息。评分系统要求用户对商品、文本或服务做出显式评价。TripAdvisor（www.tripadvisor.com）允许用户对宾馆、景点及餐馆打分并给出评论。评论分多个指标，每个指标分为五个评价等级。其他人就能根据这些评分决定去哪里吃，去哪里住，去哪里玩。用户可以查看被评价对象的总体评级和单个用户对其的评分和评论。

一些系统无需用户操作就能自动生成反馈。排名系统可以量化用户行为并为商品排序。用户行为信息包括购买行为，是否为会员，访问某页面的频率，引用某一文章的频率及链接到某一项目或文件的人数。基于特定的用户行为，电脑能自动生成评分。

《纽约时报》的畅销书排行榜就是以用户购买行为决定排名的一个例子。Google 也有一套排名系统：它的网页排名算法就是基于网页的入链数量。指向某一页面的链接越多，意味着该页面越受欢迎，因此排名就越高。事实上，Google 搜索结果的排序就是根据排名确定的，链接分析算出的最受欢迎的网页排在搜索结果的最前面。遗憾的是，网页开发人员迅速找到了操控排名系统以提高网站排名的方法。这就是有时 Google 的搜索结果中会出现大量不相关的商业网站的原因。利用链接行为、网页浏览量、会员甚至评分来确定排名的系统都可能被人为操控。因此，这类系统开发人员必须经常修改算法，以防止错误数据对排名产生影响。

### 8.1.1　协同过滤

对于学术信息系统和商业信息系统而言，协同过滤的应用有巨大的潜力。它利用人们的观点、偏好及行为对另一些人进行推荐。协同过滤系统的主要机理是，假设两个人有部分相同的爱好，那么，他们对其他东西的爱好可能也相同。例如，如果两个人都喜欢比莉哈乐黛的音乐，其中一个人还喜欢埃灵顿公爵的音乐，那么第二个人很可能也喜欢埃灵顿公爵的音乐。因此，协同过滤系统就会将埃灵顿公爵的音乐推荐给第二个人。然而，像这样的系统迅速变得复杂起来：系统并不是基于某一个用户的一条意见做出推荐，而是基于上百万用户的观点。协同过滤只是将向朋友寻求意见这一过程自动化了。大多数人依赖朋友向他们推荐餐馆、电影、音乐和服务等。如果一个朋友推荐了一部某人喜欢的电影，而另一朋友推荐的电影该人不喜欢，那么下次这个人更可能去找第一位朋友寻求意见，因为他们的品位比较类似。两个人的共同点越多，他们就更有可能喜欢对方喜欢的东西。

协同过滤不仅利用评分和排名的方法，还融合了更多的用户意见。TripAdvisor 和 Google 不考虑个人对某一物品的喜好程度。当不同的人提出相同的请求时，会得到完全相同的结果。但是，协同过滤系统与此不同。这种系统并不只是对某一物品简单给出评分和排名，而是由特定用户的观点及其与他人观点的匹配度来计算相关性。这意味着在进行推荐之前系统需要获取用户的一些信息。有些协同过滤系统会要求新注册的用户对多种物品给出评论意见，并将这些评论意见与其他用户针对同样物品作出的评论意见作比较。基于某个用户给出的初始评论意见，协同过滤系统就可以把那些与该用户所评论的相同物品具有相似评论意见的用户所喜欢的物品，推荐给该用户。也有一些系统基于用户的购买记录和浏览信息来自动概括用户的评论意见，并最终给出推荐。

许多流行的商业网站会同时使用这两种推荐方法。亚马逊网站（amazon.com）记录每个用户的购买行为，并基于购买情况作出推荐。在购买商品后，系统要求用户对商品进行评分，评分等级共有五等。如果用户不评分，系统默认为好评。系统允许用户公开评分与评论，说明他们为什么喜欢或不喜欢某款商品。

系统也会根据用户正在浏览的商品做出推荐。在购买的过程中，亚马逊网站上的"购买过该商品的用户也会买"功能会列出与用户正在浏览的物品最为相关的其他物品。例如，当用户在浏览布鲁斯·斯普林斯汀的专辑《为跑而生：30 周年纪念（3 碟装）》时，他们可以看到购买了这张专辑的人也购买了鲍勃·迪伦、尼尔·杨和滚石乐队的音乐。亚马逊会告诉用户，如果他们喜欢布鲁斯·斯普林斯汀的音乐，他们很可能也会喜欢由系统推荐的前述其他音乐。在这种情况下，除了浏览页面之外，用户没有向网站提交任何其他信息，但是他们仍然能从其他人的购买行为中获益。在一个协同过滤系统中，你的评分和购买等行为帮助系统为你做出推荐，也为其他人做出推荐。从用户身上获取的数据越多，这种互惠互利的系统运行得越好。

Netflix（Netflix.com）提供在线下单的 DVD 租赁服务。只需交纳月租费用，用户就能在网上租用 DVD，随后，DVD 会被寄送到用户的家中。Netflix

113

有大量可供选择的 DVD，并通过协同过滤系统帮助用户决定要租什么 DVD。和亚马逊不同，在 Netflix 上，一张 DVD 被租借了并不代表其被用户喜爱。用户需对所租借 DVD 中的影片作出明确评价，才能获得系统根据其个人喜好而给出的 DVD 推荐。用户评价的影片越多，系统向其推荐的影片也会越多。与亚马逊网站类似，Netflix 用户可以对影片和电视节目进行公开评论，也可以将其他用户添加为朋友，并将其评论设置为只在朋友圈内共享。同样，他们就可以获得由系统根据其朋友圈的评论而提供的推荐影片。与基于大众的评价而作出推荐的机制不同，Netflix 使用户可以根据其认为最可信的朋友评价来获得推荐的影片。

### 8.1.2 推荐系统中的他人评价与信任

信任是某些推荐系统很重要的组成部分，尤其对于不依赖协同过滤机制的系统来说。在协同过滤机制下，与某一用户对相类似物品进行打分的用户，是该用户的"同趣用户"，系统将根据同趣用户的相关行为进行推荐[1]。在常规的评分或排名系统中，一些人可能对一个物品给出五星的评价，但并不代表其他用户会认同这一评论。另外，一些人可能因为既得利益而提交虚假评论。这种情况下，信任机制将发挥一定的作用。在亚马逊和 Netflix 上，用户可以标记某一公开评论是否有用。这能帮助其他用户决定是否信任这条评论。

博客社区 Slashdot（slash.org）引入了两层信任评价机制。根据发文频率及版主对文章的评价，用户可以获得相应的等级评分。社区成员可以选择发文者的个人等级阈值，筛选出符合条件的作者的博文。经常发表博文的人可能有更高的等级评分，但必须有来自他人的正面评价。其他网站也引入了类似的信誉体系，使用户能基于更多信息进行选择。在基于他人评价的系统中，用户根据对其他人的个人简介或先前对某一个人的了解，选择他们希望收到来自哪些人的推荐。让用户选择自己的人员推荐网络，能确保用户所获得的推荐是基于自己所信任的人员。然而，如果没有引入协同过滤机制，即使所获得的推荐是来自某一用户认为可信任的人员，也不能确保这些人员与该用户具有相同的爱好。

### 8.1.3 推荐系统中的问题

推荐系统还存在一些问题：一部分是由计算机引起，另一部分是由人员引起的。协同过滤主要依赖于算法，由算法根据人的偏好给出推荐。然而人的偏好很难用算法来描述。两个人可能同时喜欢系统推荐的五本书，但其中的一个人可能并不喜欢系统推荐给另外一个人的书单上的第六本书。即便不采用算法来做出这样的推荐，现实中也会出现这种情况。我和朋友可能在电影上有相同的品位，但这不代表我们在所有影片上都能达成意见一致。同样，若人们没有明确表露出其对某本书的推荐意见，也可以考虑根据人们的购买行为来作出推荐。但是，一个人购买了某本书，并不意味着他真的喜欢这本书，也不能表明他所购买的图书是为了自己的阅读需要。

同时，人们还可能操控推荐系统。垃圾邮件制造者可以很容易地将他们的网址粘贴到各种网页、博客及维基上，以提高 Google 排名。一家宾馆的老板可能在竞争者的页面留下恶意评价，一本书的作者可能在亚马逊上留下这本书的精彩评论，一个不负责任的用户可能对他一无所知的物品作出虚假评论。一些系统仅允许注册账户对一个物品进行一次评论，然而在很多网站上留下虚假评论仍然很容易。亚马逊、TripAdvisor 及 Netflix 使用户能对评论的有用性进行打分，但其实人们并不能确切知道这些评论本身是真是假。

另外，当同一个账户被多人使用时，推荐也可能出现偏差。通常一家人可能共用一个 Netflix 账号，那么网站的推荐就会综合具有不同爱好的许多家庭成员的浏览信息。Netflix 后来对系统做出了改进，允许一个账号下建立多个子帐号，每个子帐号都有自己的租赁记录和相应的推荐。在亚马逊上，如果一个人为他刚出生的侄子购买了一件礼物，亚马逊可能会给他推荐其他的婴儿用品。用户可以排除部分购买在推荐中的作用，但是这需要用户去评价页面进行勾选操作。但这对具有"购买了此类商品的用户还购买了"功能的推荐系统影响不大，毕竟推荐系统主要基于大量用户的购买数据做出推荐。尽管如此，其他用户的购买行为也会对这类系统的推荐产生干扰。例如学校的购书单就可能对亚马逊网站的推荐产生影响。有部分书实际上是高中和大学推荐书单的一部分，但因为经常被同时购买，因此，推荐系统常把书单上的这些书视为同一类型的书进行推荐。例如，系统可能会向对《杀死一只知更鸟》感兴趣的人推荐《动物农场》这本书，而事实上这两本书的主题完全不同。

尽管推荐系统存在这些潜在的问题，无可否认，他们对用户的选择起了很大作用。这些系统利用用户显式和隐式信息的输入，帮助其他用户方便地做出选择。

## 8.2 社会书签

信息爆炸使得人们很难对感兴趣主题的动态保持了解。在搜索引擎中输入感兴趣的话题时，结果通常是，成千上万不相关信息中混杂着少量有价值的信息。杂志、博客和网站更新的信息远不是一个人能阅读完的。人们怎样从中找到感兴趣话题的最佳内容呢？其中一个办法就是通过社会书签。社会书签使得人们能使用自己熟悉的短语对网上的信息进行分类，同时也方便有类似兴趣爱好的人士找到他们感兴趣的信息。同推荐系统一样，社会书签系统利用一些用户的行为信息帮助其他人更好地做决定。用户使用社会书签标记所使用的文档，将有助于其他用户查找，并间接表明这些文档值得一读。

首个网上书签是基于浏览器的，现在很多人仍然采用这种方式标注网页。作为第一款 Web 浏览器，Mosaic 开发了 Hotlists 系统，用户可以将自身喜爱的网络链接通过该系统以分类层级制的形式收藏，以便日后使用。紧随其后出现的 Netscape 将这一功能命名为书签；而微软开发的 IE 具有类似的功能，并称之为收藏夹。当用户找到他们喜欢的一个网页或一篇论文，并希望之后还能找到它，他们会将链接添加到书签或收藏夹中。在收藏夹中，用户能创建等级文件夹，也可将所有书签归在一类中。前一种操作需要用户自己建立分类，并将链接添加到相应的类别中。然而后一类通常由于列表太长而很难找到所需的链接。

采用书签的方法并不能完全解决问题。随着人们标记网页数量的增加，将某一链接放入等级体系中的某一类别会变得越来越困难，放进去之后下次使用又很难记起链接所在的准确类别。标记一个网站时，用户只能将链接放入收藏夹中的一个类别下，而事实上将链接归入其他的类别也有道理[2]。并且这些书签都和用户浏览器绑定在一起，如果换个浏览器或电脑，这些书签也可能不能直接调用。现在很多人会同时使用多台电脑，家里、学校、工作场所，不同的地方使用不同的电脑。人们需要一种更便捷的解决方案来替代浏览器书签。

为了解决这一问题，约书亚·沙克特想到了一种办法来保存链接。他给一个网页分配"标签"，并用一个文本文件来保存。本质上，标签是描述某一链接的关键词。与固定的分类体系不同，在添加一个链接时，可以随意添加标签。这一方法推生出了 del.icio.us 网站（见图 8.1）。这是首个网上社会书签系统[3]。del.icio.us 使用户能在网上存储他们的书签，并与他人分享。不用提前创建等级文件夹，用户可以使用标签或者关键词来标注收藏夹和对每一个网页的任意描述。用户可使用一个或多个标签对一个链接进行描述，方便之后找到该链接。

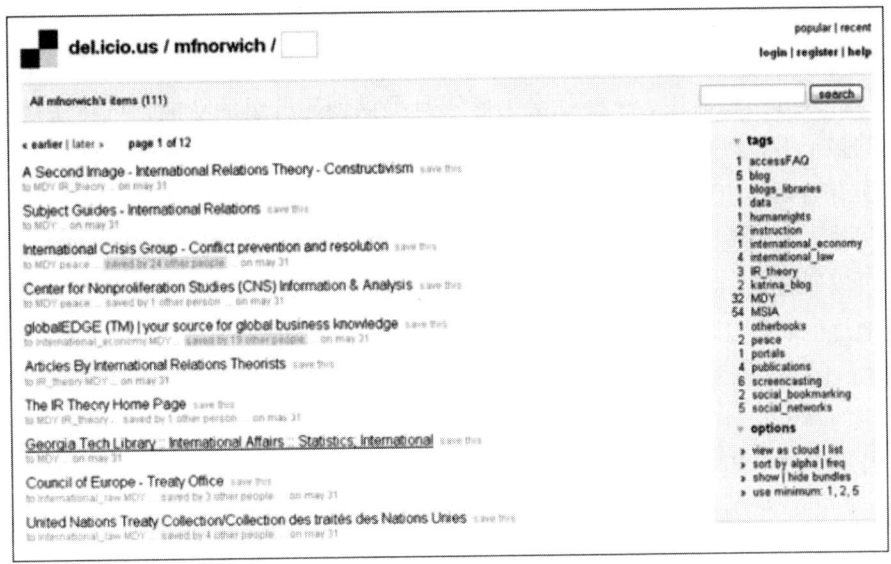

图 8-1　del.icio.us 是第一个社会标签系统

（未经许可不得转载，yahoo 公司拥有 del.icio.us 的商标权）

使用社会书签时，用户首先要在浏览器上安装由 JavaScript 编写的一个"书签"插件。通过该插件，用户可以打开页面或者单击即可完成某项操作。当用户发现一个他们喜欢的网站时，只需点击该插件，就可以为链接添加标签，并将该链接加入到社会标签软件中。虽然为链接添加标签有利于日后的检索，但若用户因过于匆忙而没有添加某一链接的标签，也不影响将该链接添加到社会标签软件中。用户可通过标签、用户名查看或搜索其他用户的书签。当用户标注一个链接时，社会标签软件会统计出已有多少用户对同一链接进行了标注。用户还可查看具体是哪些人对该链接进行了标注，进而通过浏览这些人的书签发现自己感兴趣的其他链接。通过这种方法，社会标签帮助用户找到其他有用的资源。用户通过标签或特定用户的链接，就能方便地发现其他用户认为有意思而值得标注的链接。

2003 年 del.icio.us 面世后，很多免费的社会书签网站也相继出现。新的社会书签工具有很多与 del.icio.us 不同的特征。一些网站不仅能标注链接，还能将整个网页复制下来。如果网址发生了变化或者标注的论文在网上消失了，用户仍然可以查看缓存的页面。用户还可以搜索这些页面的标签、描述甚至是已标注的网页全文。一些网站能够检测被损坏或重定向的链接。对于喜欢主题等级分类的用户，某些软件使他们能同时使用文件夹和标签对书签进行等级分类和描述。一些社会书签工具提供创建群组的功能，可将主题相关的多个书签放在同一个地方。对于合作完成一个项目的人来说，他们可以将所有与项目相关的书签放在一个地方。一些应用提供订阅服务，用户可以订阅他人的书签。如果用户发现他们所订阅的书签的用户有了新的兴趣共享，即可以通过这一功能，跟踪该用户正在标注的内容。订阅他人的书签，相当于通过他们过滤出你所感兴趣领域的相关信息。Connotea（www.connotea.org）和 CiteULike（www.citeulike）是专为那些愿意将已阅读过的论文进行标注和共享的学术和科研人员提供服务的在线社会书签系统。学术和科研人员推出的社会书签，用于论文标注和分享。

社会书签为用户提供了一个更好地收藏和使用自身感兴趣的链接的方法。用户不必将链接放入等级分类的文件夹，只需对链接添加对自己有意义的描述性书签。基于网络的书签管理，用户从互联网的任何电脑和浏览器上都能获取同一书签信息。用户还能通过社会书签从他人的标注中获取有价值的信息。社会书签综合了协同过滤和书签的功能，帮助用户收藏并发现有用的信息。

## 8.3 标签

社会书签只是网民使用标签进行标注的案例之一。在 Flickr（flickr.com）和其他照片分享网站上，标签还用来标注照片。在博客上，人们使用标签标注博文，便于日后查找。LibraryThing 为用户提供书籍在线编目服务，用户可以使用标签对自己喜爱的书籍进行标注。在使用标签进行标注时，用户可以将内容类似的文档放在同一标签下，方便日后查找。例如，用户可以将所有魔幻系列的书籍加上"魔幻"这一标签。如果照片是在佛蒙特拍摄的，可以给这些照片添加标签为"佛蒙特"，今后只要搜索"佛蒙特"就能轻松获取所有以此为标签的照片。用户不仅能更方便地查看他们标注的资源，与其兴趣爱好相同的朋友和陌生人也能利用已用标签标注的资源。这将有利于形成一个围绕特定目标或兴趣而存在的小型社交圈。

用户使用的标签通常能反映他们的动机。一个对象可以从很多角度进行标记，例如与它相关的物体、活动、想法、类别、食物、相关的人群、人物或地点等。用户甚至可将目的作为标签，比如"需要买的"、"以后读的"等。另外，很多人会使用一些对其他人不适用的私人标签词。在LibraryThing上，"读过"是最常使用的标签词之一，而del.icio.us上，"酷"、"免费"是最常使用的标签词；在Flickr上人们经常使用"我"、"人"来标记照片。虽然有的人使用本人才能理解的标签词进行标记，但也有很多人使用便于他人理解的标签进行标注。人们通常用熟悉的主题关键词，如RSS、wikis、JavaScript、播客等来标记。很多人标注一个对象时会使用多个标签，使自己和他人在随后的使用中能方便地找到这些链接。虽然不是每个人都会用"RSS"标记有关RSS的网页或论文，但大部分会使用他人能理解的标签词进行标记。

这种通过标签组织网络信息的方法被称为大众分类法（Folk sonomy）。分类法是等级体系的，从一般到具体，层级累进。而大众分类法则是扁平的。分类法通常由制定标准的组织编制，例如美国国家医学图书馆和美国国会图书馆。编制新的受控词表或是更新旧的受控词表耗时费力，因此，受控词表编制完成时，其收录的主题词可能不是同时期人们所普遍使用的。大众分类法则是由任何愿意参与标记的人一起创建的。分类法使用受控词汇，一个对象或概念仅由单一的术语来表达，每个术语都仅和一个对象或概念建立联系。然而，人们对同一事物通常会使用许多词语进行描述。在受控词表中，会有"motion picture"这样的主题词，而在日常使用中，人们更多的是使用"cinema"、"movies"和"film"这样的一些词语。人们会使用不同的词语描述同一现象。类似地，不同用户在检索同一概念时也会使用不同的词语。大众分类法由民众创造，因此反映了人们日常最常使用的词语。采用分类法描述某一文献时，所用的词汇甚至与该文献中的词语不同。而应用大众分类法时，人们通常使用作者作品中的词语来进行描述。创建分类法时要消除歧义（特别是对多义词），而大众分类法所使用的词语，则是人们对某一对象进行标注时通常使用的表达[4]。

### 8.3.1 标签的更多用处

现在人们使用标签已不仅仅为了保存链接。在社会书签网站上，用户可以通过多种方法浏览标签与被标记的对象，以寻找自己所标注对象之外的信息。用户只需点击标签或用户名，就能发现很多新内容。如果用户对维基感兴趣，点击这一标签，就可查看其他用户使用"维基"进行标注的各种资源。用户同样能通过浏览他人的标签，寻找志同道合的人。通过一个用户的"标签云"，即带权重的标签分布图，就能判断他主要的兴趣在哪里。用户的标签云反映了他所使用的所有标签，使用越频繁的词，字体越大。（图8.2）通过标签云图，你可以了解一个用户最常使用的标签，以此了解其最感兴趣的内容。在某些网站上，用户可以订阅相互之间的标签，或创建群组。这是组建网络兴趣社区的一种好方法。

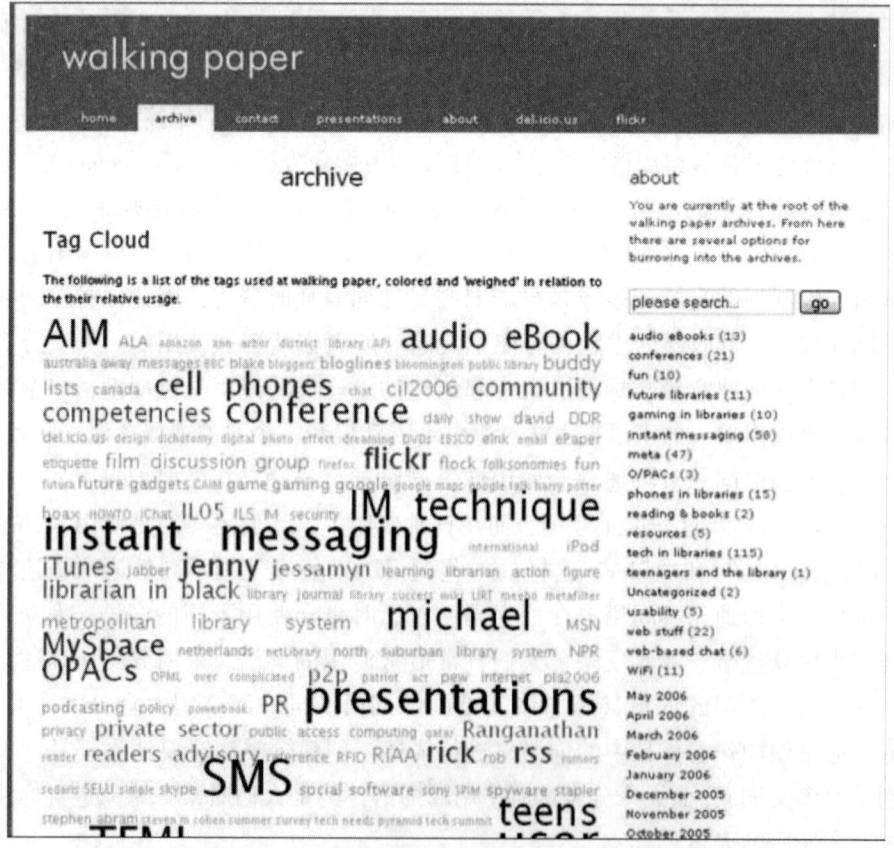

图8-2 The archive for the Walking Paper 博客应用了标签列表或标签云
（未经许可不得转载）

120

用户还可以向他人公开自己的标签，分享他们从网上发现的精彩内容。一些人将他们最新的标签发布在自己的博客或网站上。很多提供标签功能的网站也提供基于标签的 RSS 订阅源。社会标签管理系统通常能够为每个用户创建 RSS 信息源，也能够为单次使用的每一个标签提供 RSS 订阅源，更能为系统中所有用户的每一个标签提供 RSS 订阅源。同时，该系统也能免费为网站用户提供各种 JavaScript 插件，以让用户及时发现自身所标注的网站在 RSS 订阅源方面的更新。如果用户对某一个特定用户标注的内容感兴趣，他们可以订阅这个用户的 RSS 订阅源，或是与感兴趣的内容相关的标签的 RSS 订阅源，以查看其他人用某一词语来标记什么内容。

有些人还会创建"链接日志"，或完全由链接组成的博客。通常情况下，这些链接可自动地从用户的社会标签账号中导入。这类博客有时会对链接进行简短的描述。博客用户还能标注他们的博文，这样其他人就能通过博客搜索引擎如 Technorati（Technorati.com）更方便地找到这些博文。有些博主所使用的博客工具不支持对博文进行分类，只能使用标签来标记，并在支持分类操作的工具或网站中添加描述了这些博文的标签链接。博主可通过为每篇博文添加特定链接的方式，使用能被 Technorati 搜索到的标签来标注博文。标签帮助用户发现信息，分享有价值的论文和网站，同时使用户自己的内容更易于查找。

### 8.3.2 标签标注中的问题及相关解决方法

一些网络专业人士提出，分类法已经不再适用于网络。他们认为，由于标签标注很容易，而且从用户的角度反映了某一对象或现象的特性，因此受到广泛欢迎。然而，大众分类法也有一些主要的缺点，在某些情况下并不完全适用。在分类法的系统中，一个词语代表一个概念。人们通常使用不同的词语表达概念。因此"同义词控制"是所有分类法必须做到的。同义词控制是指将代表同一概念的词语聚集在一个规范化的词语下。在大众分类法的系统中，如果一个用户搜索"cinema"标签，就会错失其他仅被标记为"film"或"movies"的有用信息。而如果用户在图书馆目录中搜索"cinema"，搜索系统会指向"motion picture"（动态图画）这一主题词。这可帮助用户检出所有与电影相关的内容。如果一个用户要搜索先验哲学有关的资料，在大众分类法的系统中搜索就更为困难，因为人们可以用多种词语来表达这一意思。

121

大众分类法对多义词不做区分，例如"mole"可以表示间谍的意思，也可表示化学中的一种计量单位，或是人身体上的痣，也可以表示一种啮齿动物。如果一个人使用"mole"这个标签，我们就不知道其具体使用的是哪一个涵义。因此，传统分类法通常将同一词语的不同涵义划分到不同的子类中以消除多义词歧义。分类法是等级结构的，可以方便地理解不同词语之间的关系。而在大众分类法中，不同标签之间没有明确的关系。

人们在理解同一个事物时有不同的方法。如果一个用户在找有关 JavaScript 的论文，他能在"JavaScript"标签下找到这一主题的所有论文吗？或者是，他需要使用"scripting"、"网页设计"这样一些标签去查找此主题的论文？人们对一事物进行标注的具体程度会有所不同[5]。如果用户浏览标签仅仅为了找到可用的信息，就不会在乎一个标签下是否包括了所有相关信息。但如果用户要找某一主题的最佳论文或所有论文，在大众分类法中就很难实现。大众分类法永远替代不了分类法。在某些情况下，等级分类法具有明显的优势。然而，使用受控词汇标注网上所有的信息是不可能的。目前的检索算法也并不总能返回最佳结果。因此，标签是描述网络信息的实用方法，同时也能帮助人们发现搜索引擎可能发现不到的信息。

系统可以采用多种方法来提高用户标注的一致性。首先，网站可以提供最常用的标签。例如在 Del.icio.us 上，当用户标注某一对象时，系统会提供最常用的标签列表或其他用户已创建的标签供选择，即基于用户标签及其他人标注该对象的情况，向用户推荐相对合适的标签，以此鼓励用户使用他人已使用过的标签标注同一论文或网站。其次，系统可以推荐同义词。当用户标注电影网站时，系统会推荐相应的同义词，比如电影、影片等，用户可以将同义词标签都添加到同一对象中。用户标注某一对象时可能联想不到所有同义词，但如果系统自动列出同义词，他们就很可能把所有的同义词都作为标签来标注该对象。

"聚类"是消除多义词歧义的一种方法。通过用户在标注某一对象时所使用的其他一些附加的标签，就能发现哪些标签是表示同一意思。例如，"美洲虎"可以表示汽车品牌、动物、飞行器或是操作系统。通过用户使用"美洲虎"这一标签时附带的其他标签，系统可将表示不同意思的"美州虎"这一标签聚到相应的类中。Flickr 就有这样的一个聚类系统。对于某一标签，系统可以综合根据用户使用的其他标签将标注某一对象的标签分离到不同的类中。

如果要搜索动物的"美洲虎",相关的"动物园""动物""猫科"及"大猫"等标签,可以帮系统将猫科的"美洲虎"和表达其他涵义的"美洲虎"分离开。聚类便于用户查找相关的内容,避免检索到不相关的内容。

标签相当于用户创建的描述数据,其中的关键问题是通过标签怎样查找到有价值的信息。这可以通过检索、协同过滤和人工浏览来解决。一些社会标签管理系统会对用户已标注的内容进行全文搜索,而大部分社会书签管理系统却只搜索标签。也就是说,当用户检索有关 RSS 的论文时,他只能查找到被标记上"RSS"的论文,而查找不到被标记为"rss2.0""RSS article"或"aggregator"的论文。正如达丽斯伊恩·戴维斯所说:"标签省去了分类的成本,但增加了信息发现的成本[6]。"要满足信息发现的目标,社会标签网站的检索功能还有很大的改进空间。

另一种改进标签功能的方法是引入协同过滤。标签网站可开发一种算法,将标注许多相同对象的用户聚集成一类,并以类内成员的标注进行类内成员之间的推荐。目前,社会标签管理系统 Furl(www.furl.net)已经开发了这一功能,而其他社会标签网站当然也可以利用系统中所有用户创建的这种描述数据为用户提供推荐。用户甚至可以订阅系统推荐的 RSS 订阅源,以定期接收系统发送的推荐信息。用户不用人工去查找同趣用户以发现新信息,协同过滤功能帮助用户自动完成这一过程。

## 8.4 社会标签和协同过滤在图书馆的应用

图书馆已经有大量可利用的用户信息。每天都有读者借阅图书资料。一些读者会反馈给图书管理员说,"我真看不出这本书好在哪里"或是"这是我看过的最棒的一本书"。读者对他们所借阅的资料都会发表一些意见。我们能否请读者对他们借阅过的图书打分呢,类似于 Amazon 的做法?有兴趣的读者可以登录自己的图书馆帐户,浏览已借阅图书或相关资料的列表,进行打分(比如可以给出 1~5 颗星的评价),并将分数提交到推荐系统中。只要有足够的读者评分数据,就能开发出系统的推荐功能。如果两个人喜欢的书中有四本相同,那么其中一个人可能也会喜欢另一个人推荐的书。读者经常到图书馆中寻找好书,但"好"是一个很主观的词。如果读者知道系统会基于他们的喜好进行推荐,可能就更愿意对借到的资料进行评分了。

图书馆还可以引入类似于亚马逊的基于隐式行为的推荐系统。在图书馆目录系统中，每条记录下可以设置"借阅了此资料的读者还借阅了"，以显示与该记录相关的其他借阅记录。算法可利用读者的借阅情况进行推荐。目前，美国很多图书馆为了保护读者隐私，不保存用户的借阅记录。如果删除用户的身份信息，代之以随机生成的 ID 号，就可以解决这一问题。这样就能利用读者的借阅信息，而不必担心侵犯其隐私权。多家图书馆还可合作并共享数据。推荐系统若基于大量的读者借阅行为与评分数据，提出的推荐可能更为准确。

通常读者即使查看图书馆目录也很难了解一本书在讲什么，但读者标注的标签相当于表达了他们对这本书的认知。读者在查看书籍信息时可以查看其他读者标注的标签，以更好地了解这本书的内容。读者在检索时很难用上主题词，那么他们可以点击相关的标签，并查看该标签的所有书籍。例如，读者在查找阿尔茨海默氏症时，可以通过"阿尔茨海默氏"这一标签找到相关的书籍。然而允许用户标注书目时，要注意管理好标签以防过泛过滥。

一些图书馆已经开始在馆藏系统中提供用户标注的功能。亨内平县（明尼苏达州）图书馆是提供这类应用的图书馆之一。读者可以评论图书和其他一些资料。如同亚马逊网站一样，每条记录下有文本框，读者可以输入他们对该资料的观点。这些评论随后会被添加到该记录中，以列表的方式呈现，用户可通过检索该记录来浏览所有评论。安娜堡（密歇根州）地区图书馆提供"虚拟卡片目录"服务，在网上目录系统的每一条记录下，有虚拟的类似于旧式编目卡片的区域，读者可以在上面写下评论。无论评语多简洁，都会以手写体形式显示在卡片的边缘区域。这可能比亨内平县图书馆的服务更有新意，但本质上也是让用户了解其他读者对馆藏图书或其他资料的评论。相比传统的图书馆目录，这些服务为读者提供了更多信息，使读者对同趣用户圈有更充分的了解。

图书馆还可以利用社会书签帮助用户查找论文和网站。为了帮助读者，图书馆可以开设课程，教导读者有关社会标签网站的使用方法。对于学者和商务人员来说，时刻保持对所从事领域最新动态的了解非常重要，因此掌握社会标签的使用方法很有必要。事实上，任何图书馆的读者都应该学会掌握这门技巧。图书馆馆员还可向读者推荐社会标签网站，有些社会书签网站还提供建议服务。类似 LibraryThing 这样的网站，帮助用户对他们阅读过的书籍分类。用户可以查找阅读了同类书的同道中人，查看他们的书单，寻找自己可能感兴趣的书籍。LibraryThing 通过比较用户所描述的书籍和系统中其他人描述的书籍，并做出推荐（见图 8.3）。任何访问网站的人，都能输入书名，获取相关推荐。另一个类似的提供读者读书建议的网站是 What Should I Read Next（www. whatshouldireadnext. next），它收集读者最喜爱书籍的书单，根据用户输入的书名，向读者推荐相关书籍。

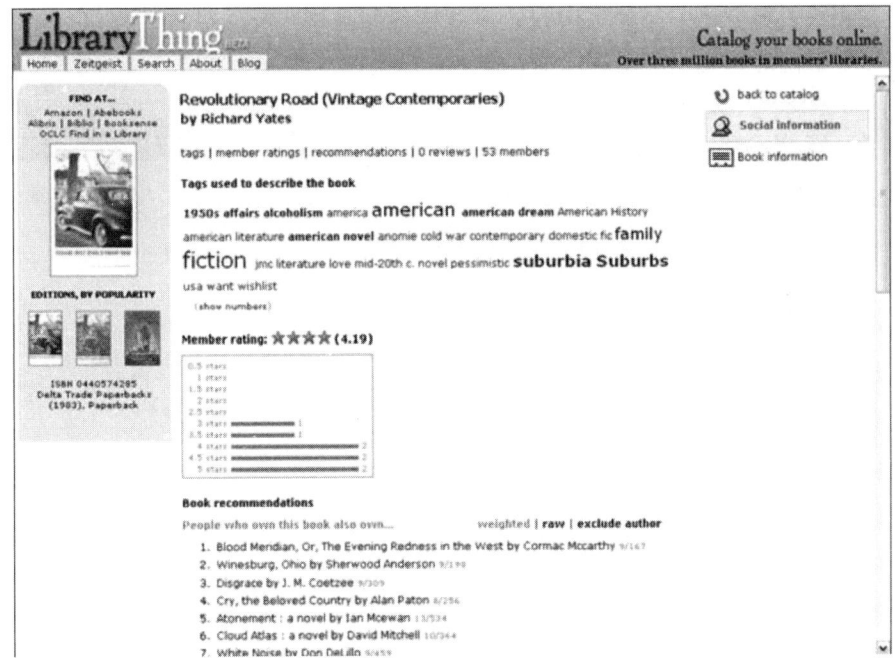

图 8-3　LibraryThing 不仅方便馆员进行图书编目，而且能基于读者本人的喜好和其他读者的标引来给读者推荐图书（未经许可不得转载）

　　图书馆馆员可以利用标签为读者进行标注，还可以利用社会标签建立学科指南，为读者服务。图书馆可以在主页添加新链接的 RSS 订阅源，也可以利用 JavaScript 和 RSS 在图书馆网站添加学科指南。伊利诺伊州兰辛公共图书馆（www. lansing. lib. il. us）利用 del. icio. us 通过标签为用户标注一些有用的网站链接，并将这些链接整合到图书馆主页中。兰辛图书馆的读者可以订阅 RSS 信息源或者访问图书馆主页查看新增的链接。

　　目前部分机构和图书馆正致力于建设自己的社会标签网站，为机构成员或图书馆读者服务。宾夕法尼亚大学图书馆是第一个从头开始构建内部社会标签系统的机构。PennTags（tags.library.upenn.edu，见图 8.4）是服务于学生和教师的社会标签管理系统。用户可以对网上或图书馆馆藏目录上的内容进行标记，每个主页下都有"tag it"的按钮。教员和学生可以使用 PennTags 创建某一对象的书目注释，并保存为个人资料。这种对象可以是某一门课程的阅读资料或者是一个项目所需的资源。宾夕法尼亚大学图书馆已经为特定主题相关资料创建了注释性书目，以此构建同趣用户群，进而使得群内成员可以在群内对相关内容使用标签直接进行标记。

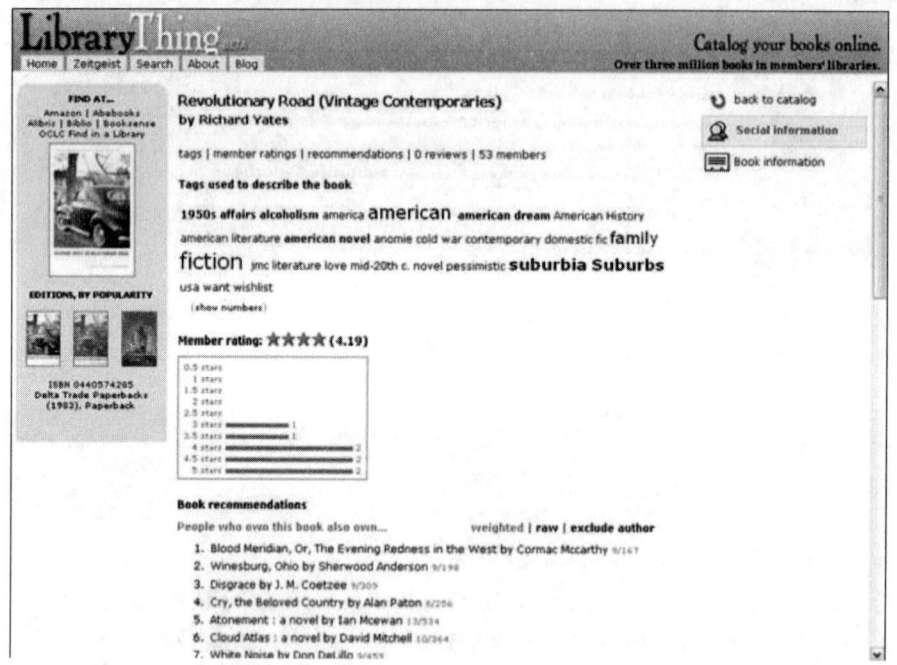

图 8-4　宾夕法尼亚大学图书馆的 PennTag 是第一个从零开始构建的馆级社会标签系统

（未经许可不得转载）

## 劳丽·阿伦谈 PennTags

为什么要建立机构的标签服务系统呢？

一些图书馆已经意识到标签对网上链接的组织非常有效，并开始使用 del.icio.us 和其他一些社会标签网站。然而，很多图书馆资源的链接无法被外部系统调用，包括 OPAC 和期刊论文检索系统中的链接等。同时，我们发现，无需为每个项目设计新的数据模型，这种系统提供了一种简便开发数据库驱动程序的方法。比如，我们可以利用 PennTags 系统的后台帮助图书馆馆员制作研究指南，开发视频评价系统，并将读者的意见整合到书目系统中。

PennTags 和 del.icio.us 这样的社会标签网站有什么区别呢？

最基本的，PennTags 是设定在学术环境下使用，所以两者有很多不同。PennTags 的特点包括：

● 用户能够标注没有固定 URL 的本地资源，例如 OPAC 记录及视频目录的记录。并且我们的设计使用户通过 SFX 链接解析器和代理的电子资源就能方便地标注论文。

● 因为用户通过宾夕法尼亚大学认证系统进行身份验证，所以我们可针对不同的用户设计不同的工具。例如，对于图书馆馆员来说，他们可以使用 PennTags 创建研究指南。

● 我们创建的这一项目，其功能类似于文件夹，用户可以收集并重新组织标签系统外的帖子。目前，这一系统主要被用来创建书目注释和研究指南。在不久的将来可以开发为合作群体公用的工作空间。本系统有用户可以套用的一系列样式，以及不同的导出选项。

学生和老师们是怎样使用 PennTags 的？

到 2006 年夏天，我们还没有对 PennTags 在宾夕法尼亚大学的在线社区上进行宣传，因此它的使用范围非常有限。但是，一位研究电影的教授，在他的所有课程上推广学生使用 PennTags 来完成书目注释作业。在他讲授的课程上，如果哪位学生在某一个项目中，使用 PennTags 收集某一指定电影的资源，进行注释，就会获得额外的平时得分。已有很多学生、老师和研究人员偶然发现了 PennTags，并开始用它来组织项目，跟踪引用，或是把它当成社会标签网站来使用。在没有宣传的情况下，我们很高兴有这么多人愿意使用 PennTags。一位研究人员已收集了他最常用的一些电子期刊，也许他在使用 PennTags 的 RSS 订阅功能。因为 PennTags 是 2005 年秋天才推出的，目前为止，大部分用户还是图书馆馆员。他们发现在课程演示规划，创建研究指南，为特定学生收集资源上，PennTag 都发挥着很大的作用。

劳丽·阿伦是负责社会科学数据的馆员，也是城市研究部的联络员。她一直负责 PennTags 的运行工作。

社会标签也被作为帮助员工保持对本领域动态了解的一种方法。朗讯科技的迈克尔·安吉拉斯发文介绍了其所在的团队开发出供组织内部使用的社会标签系统的方式。为了方便员工标注网上商业数据库的论文，在公司网站中重利用已被标注的内容，朗讯科技设计了这一系统[7]。IBM 同样开发了自己的社会标签系统——dogear。并在《社会化计算》的一篇论文中描述了开发内部标签系统的原因：

共同兴趣（或互补兴趣）的发现有助于在公司内部形成良好的实践团体，并能进一步发现专业领域的高手，帮助解决商业问题[8]。

除了社会标签的功能，dogear 还嵌入了协同过滤机制，向员工推荐他们感兴趣的标签。也有一些学术机构和生物科技组织创建了基于 Connotea（www.connotea.org，开源软件）的供机构内部使用的社会标签系统[9]。这种为专业群体开发的社会标签系统，能帮助这些群体发现专业领域有价值的资源，并加强了机构内部的信息共享。

## 8.5 社会书签帮助图书馆馆员紧跟发展步伐

正如社会标签对读者非常有用一样，它对于图书馆馆员了解前沿知识也非常有用。社会标签使得整理论文、网站变得非常容易，方便用户日后继续使用。浏览他人的标签能够发现有价值的资源，而这可能是只通过搜索引擎查找不到的。有共同兴趣的图书馆馆员可以在社会标签网站上建立群组，并发挥自身的信息筛选作用，结合群组涉及的主题，从不同渠道收集群组成员感兴趣的各种信息资源。在一些具体项目中，如论文写作或网页设计的项目中，基于标签建立的群组，有利于项目组成员之间共享各种链接。每个图书馆馆员至少能发现一些其他人没有发现的资料，因此，社会标签网站能集合所有人的智慧，创建一个本领域有关不同主题的优质资源合集。

选择一个社会标签网站时，有必要对它的功能特点有所了解，以选择出适合自身需求和目标的网站。以下列举了需要考虑的一些方面：

- 打算收集的资源主要是学术论文，还是网站，博客呢？如果只标注学术论文的话，可以考虑使用学术专用的社会标签网站 CiteULike（www.citeulike.org）。

- 标签管理网站是仅保存被标签标注的链接还是保存被标签标注的整个页面呢？保存每个页面的截图可以防止网站内容变化或是网址消失而导致内容丢失。
- 添加新标签的操作是否简单？添加标签应该是快速简便的。如果操作失误，重新编辑标签是否方便？能够删除标签吗？
- 当用户添加标签时，系统是否进行标签推荐呢，是根据系统推荐的基于多数人使用的标签，还是根据用户曾使用的标签推荐？如果不提供标签推荐，那么用户很有可能在标注相同对象时会无意中使用很多不同的标签。
- 导入和导出标签的过程简单吗？如果网站倒闭，但是你不能导出所有的标签的话，收集的所有链接就会白费。因此周期性地备份你的标签很重要。部分网站允许用户以不同的格式导出标签，有些只提供一种格式，需要确保导出的格式是可用的。
- 网站是仅支持对标签进行检索还是支持对标签所标注的网页进行全文检索？如果也支持对标签所标注的网页进行全文检索，检出需要的资料会更容易。
- 查找他人的标签是否容易？网站是否便于浏览？能否检索他人和自己的标签？
- 是否能创建群组，能否保证群组的隐私？如果你正在计划为一个合作项目创建社会标签，那么创建群组是否方便？若是可以，你就不用单独去查看每个参与者的标签列表了。
- 能为每一个标签提供 RSS 订阅源吗？能提供基于搜索式的 RSS 订阅源吗？
- 标签管理系统会推荐其他人已作了标注的网址链接吗？目前少有社会标签网站具有这一功能，但对于已有丰富的标注数据的标签管理系统来说，这一点完全可以实现。
- 如果你准备创建一个链接记录的博客，这些标签能否被容易地导入到博客工具中？

以上这些考虑，有些对你来说可能并不重要，但要确保你选择的社会标签工具能够满足你的所有需求。一旦你开始使用某种社会标签，之后再转变就会很困难。

网络世界和人们对它的感知正在不断发生变化。人们从等级分类法时代进入了搜索引擎全面发展的时代。尽管如此，时至今日，网络用户通过组织各种网络资源，有效地推动了万维网的发展。用户上传到网络的各种自建标签、个人喜好和行为信息，构成了万维网集体智慧的基础。这些信息不仅能帮助人们自身了解各种可以利用的网上资源，也能成为在线知识的一部分，并最终给其他网上用户提供帮助。标签使人们可以方便地组织日后需要继续使用的各种网上资源，并使人们可以通过浏览他人认为有价值并加以标注的各种网上资源，来动态跟踪自己所在领域的最新发展态势。虽然在评价系统和社会标签系统中人们是从自身利益出发去进行评分和标注，但无论如何最终都帮助到了其他人。

图书馆应该意识到读者和他们的行为都隐藏着有价值的信息。收集这类信息有助于图书馆开发协同过滤系统，帮助读者挑选需从图书馆借阅的书籍。图书馆要考虑怎样利用社会标签这一由用户创建描述数据和内容的新趋势，以及社会标签对于图书馆馆员、图书馆和读者的价值。

## 参考文献

［1］ Mimi M. Recker and Andrew Walker, "Supporting 'Word-of-Mouth' Social Networks Through Collaborative Information Filtering," *Journal of Interactive Learning Research* 14. 1（2003）：79-99.

［2］ Tony Hammond, Timo Hannay, Ben Lund, and Joanna Scott, "Social Bookmarking Tools (I): A General Review," *D-Lib Magazine* 11. 4（2005）, dlib. org/dlib/april05/hammond/04hammond. html（accessed December 29, 2005）.

［3］ David Weinberger, "［berkman］Joshua Schachter," Joho the Blog, October 25, 2005, www. hyperorg. com/blogger/mtarchive/berkman_joshua_schachter. html（accessed January 1, 2006）.

［4］ Ellyssa Kroski, "The Hive Mind: Folksonomies and User-Based Tagging," InfoTangle, December 7, 2005, infotangle. blogsome. com/2005/12/07/the-hive-mind-folksonomies-and-user-based-tagging（accessed January 7, 2006）.

［5］ Scott A. Golder and Bernardo A. Huberman, "The Structure of Collaborative Tagging Systems," Information Dynamics Lab, HP Labs 2005, arxiv. org/abs/cs. DL/0508082（accessed January 4, 2006）.

［6］ Ian Davis, "Why Tagging is Expensive," Silkworm Blog, September 7, 2005, blogs.

talis. com/panlibus/archives/2005/09/why_tagging_is. php (accessed January 4, 2006).

[7] Michael Angeles, "Making Libraries More Delicious: Social Bookmarking in the Enterprise," urlgreyhot, June 24, 2005, urlgreyhot. com/personal/node/2463 (accessed January 3, 2006).

[8] David Millen, Jonathan Feinberg, and Bernard Kerr, "Social Bookmarking in the Enterprise," *Social Computing* 3: 9 (2005), acmqueue. com/modules. php? name = Content&pa = printer_ friendly&pid = 344&page = 2 (accessed January 4, 2006).

[9] Timo Hannay, "Tagging for Business and Education," You're It!, November 16, 2005, tagsonomy. com/index. php/tagging-for-businessand-education (accessed December 26, 2005).

# 第 9 章 实时参考咨询工具

  图书馆能够提供各个领域的丰富信息，而且能够引导用户的信息需求，帮助用户查找其所需的各类信息。对馆员来说，向用户提供参考咨询和图书馆使用指导，是一项令其引以为豪的优良传统。通常情况下，图书馆提供的这些公共服务，需要馆员亲自到图书馆的咨询台或学校教室才能开展。随着各种新技术的出现，目前，已有许多图书馆致力于通过远程方式向用户提供服务。在互联网出现之前，图书馆通过电话开展参考咨询服务，这使得用户不需要亲自到馆，在家里或在工作中，通过电话就可以向图书馆的咨询台提问。在互联网出现之前的数十年里，这种服务方式非常有效。在当时，图书馆参考咨询服务对书本的依赖程度还是相当高的。

  随着因特网的普及，越来越多的图书馆开始提供虚拟参考咨询服务。根据美国互联网调查机构"皮尤网络与美国生活"（Pew Internet and American Life）"世代在线"（Generation Online）项目的调查结果显示，在12岁到70岁的人群中，绝大部分人都在使用因特网。在青少年群体中，有87%的人使用因特网；而在四十多岁的人群中，则有75%的人使用因特网[1]。对于大多数人来说，因特网是他们生活中不可或缺的一部分，已渗透到他们的工作、娱乐与社交中。现在许多学生更喜欢通过网络开展调查研究，而不再是去其居住地附近图书馆。鉴于这种趋势，许多图书馆在九十年代开始通过电子邮件提供参考咨询服务。图书馆用户通过电子邮件向咨询台提出问题，参考咨询服务的馆员通过电子邮件回答问题。虽然这种方式使得用户可以随时随地提出问题，但却不能保障用户可以及时获得咨询台的解答。一封在周一下午发送的邮件有可能得到及时的解答，但是，周五发送的邮件就有可能需要等到下个周一才能得到回答。这取决于图书馆的工作机制。这种异步性使得图书馆很难通过电子邮件实现传统参考咨询的实时交互功能，尤其是在读者的问题模糊不清时。

  一些图书馆创建了带有结构化字段的 WEB 表单，以帮助馆员获取用户的参考咨询需求信息。尽管如此，馆员还是需要一些额外的信息来回答读者的问题。如果用户的需求表述十分清晰，馆员会很快地通过邮件作答，比如在几分钟或是几天内。如果读者的问题需要经过深入反复的沟通，这个过程可能需要花费更长的时间。参考咨询问题成功回答的效率取决于馆员和读者双方对问题认识的清晰度和答案的可获得性。

对十多岁、二十来岁的年轻人而言，因特网已成为其与朋友、具有相同爱好的人士进行沟通的重要方式。尽管如此，他们将电子邮件视为"与老年人交流的一种方式"。他们更多地会选择即时通讯进行交流[2]。据统计，四分之三的年轻人在网上使用即时通讯。在浏览网页、打游戏、完成家庭作业和打电话的同时，他们每天会花大量的时间与朋友进行网上交流[3]。他们的即时通讯十分活跃，因为他们基本都在网上。对一些人来说，即时通讯是他们和朋友保持联系的主要方式。即时通讯除了在青少年中十分盛行外，在美国，有5 300万成人（占全部网民的42%）也经常使用即时通讯。作为一种沟通工具，即时通讯并不仅仅用于日常的社会交际：超过一半的即时通讯用户使用即时通讯进行商业交流[4]。网络实时沟通已发展成为人们生活不可或缺的一部分。

基于电子邮件的参考咨询所存在的问题和即时通讯作为一种沟通媒介的持续升温，使得图书馆员和用户对实时沟通工具的需求日益增强。无论向用户提供参考咨询服务，还是图书馆的使用指导，与读者进行实时沟通，都需要馆员能够提供更为人性化和及时性的服务。多个回合的沟通交流，使得馆员可以有效地了解用户需求，以快速给用户提供答案。这也使得从事教学工作的馆员，可以为课程学习人员量身打造课程，并回答学员的各种具体问题。尽管屏幕录像或其他在线教学辅助工具十分有用，且在某种程度上被作为一种通用工具，但对需要在特定时间内进行观看的特定用户而言，这些工具并不能完全满足其需求。目前，可以帮助用户实现在线实时沟通的工具种类繁多，包括商业虚拟参考咨询、即时通讯、协同浏览、网络电话。每种工具都有其自身的优缺点。图书馆对于工具的选择，需要综合考虑本馆的情况，以及图书馆和读者的需求。

## 9.1 商业虚拟参考咨询软件

20世纪90年代末，随着即时通讯使用量的增加，商业供应商开始意识到同步虚拟参考咨询的价值。大多数供应商将图书馆视为产品销售的新市场，并开始向图书馆的技术支持部门提供软件。但是，对图书馆而言，将商业虚拟参考咨询软件进行本地化处理，往往比预想中复杂得多。这导致一些商业公司的产品很快退出了虚拟参考软件市场[5]。直至目前，提供虚拟参考咨询软件的公司正在努力提供图书馆所需要的功能，以帮助图书馆提供更好的参考咨询服务。在图书馆提供同步虚拟参考咨询服务的前五年内，几乎没有图书馆选择自行开发软件，或者是使用免费软件（如一些即时通讯软件），而是通过购买商业虚拟参考咨询软件来提供该项服务。

对图书馆而言，商业虚拟参考咨询软件具有许多吸引人的功能。该类软件可将聊天服务的开始按钮置于图书馆的网站上，读者只需点击该按钮即可打开一个基于 Web 的聊天界面。大多数情况下，馆员和读者可以通过该页面相互发送实时信息，以实现虚拟参考咨询服务，而不必下载任何聊天软件。除了提供聊天界面，大多数商业虚拟参考咨询软件允许馆员与读者"协同浏览"网站，并向读者"推送"网站。向读者推送网站时，馆员可以通过协同浏览功能，打开特定网页，并使其在读者的计算机上同步显示，而无需读者的参与。协同浏览功能通过使馆员和读者同时浏览相同的界面，帮助馆员向用户直观地展示其介绍的具体内容。为了给图书馆提供一个功能齐全的虚拟参考咨询解决方案，许多商业软件甚至集成了基于电子邮件开展参考咨询的功能。

除了上述功能外，对图书馆而言，商业虚拟参考咨询软件还有许多管理功能，可以使图书馆避免遇到其他在线参考咨询方式可能引发的政策问题。商业虚拟参考咨询软件允许多个馆员同时回答读者的问题，并且在馆员的操作界面可以显示其他馆员是否在线。依据读者提问的先后，读者的问题会形成一个列表，馆员按照列表顺序依次回答读者的问题。所有的会话都会被保存。因此，图书馆可以保留所有的在线咨询记录。在许多情况下，会话复制件将会被发送给读者，以确保读者不会忘记馆员向其推荐的资源或者找到资源的方法。如果图书馆想要对其服务效果进行测评，商业虚拟参考咨询软件会自动向读者推送用于评测的界面。在评测界面，读者可对图书馆馆员的服务进行评价。同时，该类软件会生成用户使用统计信息。此外，一些商业虚拟参考咨询软件会生成一个知识库，馆员通过该知识库可以看到其他馆员对相似问题的解答，从而帮助其快速应对非本专业领域的问题。

基于上述管理功能的优点，例如形成读者问题的顺序列表、同时分配多名馆员回答某一参考咨询问题等，商业参考咨询软件有效地促进了图书馆之间开展协作参考咨询服务。通常，地理位置相近的图书馆通过组团，共同分担软件投入成本，协同开展虚拟参考咨询服务。在本馆闭馆时，合作馆的馆员可为本馆的读者提供参考咨询服务，但需要向其支付费用。这意味着，读者向本馆发出服务的请求，可能是由本馆来响应，也可能是由合作馆来满足。采用这种方式，多家图书馆可以使用统一的线上标识，虽然这并不能总让读者满意，毕竟读者无从获知哪家图书馆为其提供服务，但这种方式可以确保图书馆在不需雇佣新馆员的情况下，其虚拟参考咨询服务能够全天候为读者开放。目前，已经有了国家级的联合参考咨询服务和州际范围内的联合参考咨询服务（例如 Maryland AskUsNow!，其网址为 www.askusnow.info。见图9.1）采用这种机制提供参考咨询服务。

图 9.1　Maryland AskUsNow! 是一个由多种类型图书馆联合提供参考咨询服务的典范（未经许可，不得转载）

虽然与其他类型的虚拟参考咨询工具相比，商业虚拟参考咨询软件具有许多优点，但对图书馆而言，仍然存在一些缺点。首先，商业参考咨询软件价格昂贵，许多图书馆的经费无法负担。虽然通过联合参考咨询服务模式合作购买可以减轻每个合作图书馆所负担的成本，但商业参考咨询软件仍然不能与即时通讯和网络电话在价格上进行竞争。此外，也有馆员就某些商业参考咨询软件的操作界面进行了讨论，认为其难以使用，并需要进行大量的使用前培训（许多供应商提供培训，但需要付费）。所以在与虚拟参考咨询软件供应商签约之前，需要确认馆员是否对其软件的操作界面感到满意。如果一款软件需要图书馆花费大量的时间和金钱来培训馆员，那么从长远来看，对图书馆来说是得不偿失的。虚拟参考咨询软件可以将每一条参考咨询服务的记录保存完好，并能随时被馆员调用，但这也意味着馆员必须保证这些记录的安全性。在与虚拟参考咨询软件供应商开展合作时，图书馆务必检查其处理读者数据的政策和程序。保护读者的隐私权是图书馆的一项重要任务，商业参考咨询服务软件通过保存记录为馆员提供方便的同时，也为图书馆增加了一个额外负担，即保护这些记录的安全。

影响用户使用是对商业参考咨询软件最为严重的投诉。商业参考咨询软件的系统复杂性，在某些情况下需要读者的计算机具有较高的配置，而且这些系统也存在不稳定性。例如，虚拟参考咨询软件可能会要求读者使用特定的浏览器和版本；禁用弹出窗口阻止程序；禁用、启用或下载 Java；禁用防火墙。由于浏览器类型和安全软件种类繁多，要求每一位读者的计算机都能完全满足上述这些苛刻的使用条件，往往是不切实际的。此外，即使有时读者的计算机已经完全满足上述要求，但软件仍然会由于某些原因运行失败。如果读者对图书馆的虚拟参考咨询软件的体验不好，很可能不会再次使用该服务。如果把选择权交给读者，许多读者往往倾向于选择那些功能较少但是运行流畅的软件，因为读者仅仅希望可以获得自己想要的答案而已。

协同浏览是在线虚拟参考咨询最具潜在价值的功能，同时也是最可能出现问题的功能。协同浏览是指两个或更多的人通过不同电脑同时浏览相同的网页，用户共享相同的链接并查看相同的内容。如果一个用户点击某一个链接，那么，所有参与协同浏览的用户都可以在各自的计算机查看到该链接打开后的网页。通过一些软件，读者甚至可以查看馆员的鼠标正在滚动的位置、高亮显示的内容和实时填充的表格。协同浏览可以由馆员控制，或馆员与读者交替控制。协同浏览是向读者提供指导或回答读者问题的一种十分有效的工具。例如，如果一位读者想要查找一项专利，馆员只需要告知其该专利的查找信息，或者是通过协同浏览向其演示如何进行专利的在线查找即可。借助协同浏览，馆员可以不必用文字描述如何查找该专利的过程，也不需要只是向读者提供最终的检索结果，而是可以直观地进行检索过程的导引。此外，馆员还可以允许读者自行操作检索过程，仅在读者需要时向其提供反馈和重新指定检索方向即可。借助协同浏览技术，图书馆给用户提供了一种比其他形式的虚拟参考咨询更有意义的动手学习机会。

但是，协同浏览对于读者来说也不是十全十美的。其不足包括冻结了读者的浏览器，禁止了读者的实时聊天，让读者无法了解馆员正在浏览的内容。上述任何一个问题都会使得读者对虚拟参考咨询服务失去使用的兴趣。一些商业参考咨询软件还要求用户安装 MS java（这与目前大多数用户电脑上安装的 Sun java 是不兼容的）来确保协同浏览的实现。然而，上述的有些缺陷是可以避免的。一些参考咨询软件将会扫描读者的计算机来判定其是否支持协同浏览。此外，馆员在协同浏览过程中，也会通过询问的方式，确定双方是否在同一个页面、浏览同样的内容。毕竟，协同浏览有时也会出现意外。

另一个问题是，馆员和读者不能稳定地使用协调浏览功能访问已获授权的数据库。在许多情况下，协同浏览的一方在经过数据库验证后进入数据库，而协同浏览的其他一方或多方则被拦截在数据库的登录界面，无法进一步访问数据库。这是一个很严重的问题，尤其是对于学术图书馆而言，其许多参考咨询服务都需要使用授权的数据库。部分软件在解决这个问题上已经取得了一些进展，但是目前还没有一款此方面的软件与每个数据库都是兼容的。此外，通过协同浏览可能会为没有得到授权的用户提供授权数据库的内容，这将会违背图书馆与数据库商的许可协议。总之，虽然关于协同浏览使用授权数据库的问题可能会在将来得到解决，但是目前还没有实现。

不容置疑的是，协同浏览在馆员对读者进行指导的过程中具有巨大的发展潜力。但是，目前还没有一家公司开发出不需要下载或者满足特定系统要求就能成功浏览所有的授权数据库的协同浏览软件。尽管许多研究表明，协同浏览的故障率仅约为 20%，但因此而可能疏远约 20% 的读者，这一事实能被图书馆接受吗[6]？

商业虚拟参考咨询软件可提供许多其他类型的虚拟参考软件目前所不能提供的功能。特别是对于虚拟参考咨询合作联盟来说，商业虚拟参考咨询软件的管理和排序功能是必不可少的。目前，商业虚拟参考咨询软件是唯一一种可以实现多个馆员同时使用单一身份提供参考咨询服务的软件。但是，对于单家图书馆而言，商业虚拟参考咨询软件费用十分昂贵，而且其附加功能并不值得投资。例如，如果每次只有一名馆员负责在虚拟参考咨询台解答问题，那么该类软件的馆员管理功能则不那么重要。对于多家图书馆联合开展虚拟参考咨询服务而言，管理、排序和提供咨询记录备份的功能使得馆员工作简单化。但是，对于单家图书馆来说，保存咨询记录和统计读者使用数据等本身就比较简单。而对于所有图书馆来说，商业虚拟参考咨询软件最重要的功能是，读者通常不需要下载安装任何程序就可以使用其服务。但是，如果该软件要求读者禁用防火墙、禁用 Java 或关闭弹出窗口拦截才能使用其服务，这可能成为阻碍读者使用的障碍。商业虚拟参考咨询软件用于图书馆已有不到十年的时间，其仍在不断的改进和优化。馆员更期待使用其所在图书馆设计的本地化参考咨询软件，他们认为这些软件能更好地满足单家图书馆的个性化需求。本地化和开源的解决方案会促使软件供应商设计出更轻量级、模块化的解决方案，以满足图书馆合作组织和小型图书馆的需求。

## 9.2 即时通讯（IM）

即时通信是全世界人们进行在线同步通信的主要方式。过去曾被认为是不正式的通信方式，但它现在被应用于许多企业的内部和外部通信中。鉴于许多人都将即时通信作为一种通信工具，图书馆员将这种媒介用于图书馆的参考咨询服务也是合情合理的。即时通讯使得人们可以通过互联网与世界上的任何人实时互动。你向用户发送一条消息，用户马上就能收到；发送信息时，这类软件会弹出一个窗口，让交流双方可以看到彼此输入的内容。电子邮件更像一封传统的信件，是由发信方完整阐述后发出，而由收信方接收后再细加品读。而即时通讯更像大家所熟悉的电话，借助即时通讯，人们可以进行实时交谈。早期的即时通讯服务需要用户下载安装一个客户端，而最新的基于 Web 的即时通讯客户端，已能让用户通过任何电脑直接使用，而不需要事先安装客户端。要想使用即时通讯服务，用户只需向某个知名的即时通讯服务提供商申请一个账号即可。

在线聊天已经持续了 20 多年。即时通讯的先驱是 UNIX 中的"谈话"命令。在 20 世纪 80 年代末、90 年代初图形 Web 出现之前，用户输入指令"谈话"，以及他们想要谈话对象的用户名就可以来回发送信息，而且这些信息也会马上显现在谈话双方的电脑屏幕上。尽管最早的这种交谈方式只能在同一网络环境中的用户之间实现，但是到了 20 世纪 90 年代，随着网络兼容性的提高，来自不同网络的人们也可以借此进行交谈。1996 年，ICQ（www.icq.com）发布了第一个即时通讯客户端，能够作为单独的程序被下载到用户本地。安装后，可让用户同时与多人交谈，并支持创建联系人列表。借助这种列表，用户只需要单击列表中某一好友的图标，就可以与该好友进行交流。联系人列表不仅包含了联系人的姓名，也能揭示每个联系人的在线状态。这样，用户就可以分辨出他们想要交谈的联系人是否在线，或者能否与之进行实时交流。用户可以启用离线功能。一旦启用，在好友的联系人列表中，该用户图标的上方将给予显示。此功能可以告诉其他人，该用户的当前状态，以及该用户当时是否愿意与其他人聊天。

　　1997 年，美国在线（AOL）的即时通信（AIM）投入市场，至今仍十分流行。用户不必成为 AOL 的会员就可以使用 AIM（www.aim.com）；他们可以简单地注册和创建免费账户。注册用户可通过 AOL 即时通信发送即时信息。借助这种多协议的即时通信客户端，用户通过单一界面或基于 web 的 AIM Express，就可使用其账号下的各种服务。通过多协议即时通信客户端，用户可以注册多个即时通信服务账户，并使用一个客户端进行管理。对于部分好友使用 AIM 即时通信而另一部分好友使用其他的即时通信的用户，或者是借助即时通讯提供虚拟参考咨询服务的图书馆而言，这种功能相当实用。其他主要的即时通讯软件包括微软推出的即时通信产品 MSN（MSN，join.msn.com/messenger）、雅虎推出的即时通信产品 Yahoo! Messenger，以及谷歌推出的语音即时通信产品（www.google.com/talk）。

　　在过去的几年里，图书馆已经开始越来越多地探讨将即时通讯应用于图书馆参考咨询服务的方式。使用即时通讯的图书馆数量也在短期内显著增加。这很可能是因为即时通讯使得图书馆提供参考咨询服务变得更加便捷。尽管直到近期，图书馆才开始将即时通讯广泛地应用于参考咨询服务中，但是，有一些图书馆在 90 年代末就已经将其应用于参考咨询服务了。比尔·德鲁（Bill Drew）在《聊天参考：实时虚拟参考咨询服务指南》一书所收录的论文——《用读者习惯的媒介进行交流——AOL 即时通讯》中描述了即时通讯应用于参考咨询服务的计划。该计划是作者与其在纽约莫里斯维尔州立学院的同事于1998年发起的。在"与图书馆员现场对话"（library.morrisville.edu/talk.html）这一项目中，比尔．德鲁等调查了学生所使用的在线通信工具。结果进一步促使他们决定使用AIM来提供虚拟参考咨询服务。大约十年的时间去过了，该学院图书馆依然使用AIM来提供参考咨询服务。

  最近使用即时通信开展参考咨询服务的多家图书馆，在不同即时通信服务提供商中都作了注册，并通过多协议客户端对多个账户进行实时监测。这样一来，不管用户是使用哪款即时通信软件，例如Yahoo！即时通信或MSN即时通信，都可以直接与图书馆员进行联系。基于即时通讯的参考咨询服务现在已被广泛应用于各种类型的图书馆中。从马萨诸塞州审判法庭法律图书馆到印第安纳州的新城堡-亨利县公共图书馆，再到北卡罗莱纳大学教堂山分校图书馆，都在开展这类服务。每个图书馆馆都配备有专职人员开展此类虚拟参考咨询服务，但对于服务时长，各馆并未做出明确规定。在一些小型的公共图书馆，参考咨询馆员每周基于即时通讯工具提供的参考咨询服务只有几个小时，而在一些大型学术机构，参考咨询馆员每周基于即时通讯工具提供的参考咨询多达100个小时。读者可以通过查看联系人列表中的状态，来确认其所在的图书馆参考咨询服务当前是否可用。馆员可以在本馆的网站上插入一段简短的JavaScript代码，以向读者显示是否有馆员可为其提供实时咨询。一些主流的即时通讯客户端也具有这种功能，即根据馆员是否登陆其客户端显示其在线状态。

  在基于即时通讯工具提供的参考咨询服务的图书馆之间，Meebo（meebo.com）这款工具变得越来越流行。该软件是一款基于web的即时通讯多协议客户端。这就意味着无需下载、安装该软件，读者就可以在任何接入互联网的计算机上进行使用。有些软件会受到图书馆技术人员的阻止而无法下载，但是，基于web的客户端则不需要下载，读者完全可以在图书馆馆舍内使用。2006年，Meebo推出了MeeboMe。MeeboMe拥有一个可以嵌入到网页中的、可定制的聊天界面。只要参考馆员登陆到Meebo，读者就可以通过这个工具直接和馆员聊天。这样一来，读者不需要在AOL或MSN即时通信软件中注册账户，也不会再受到台式机或Web客户端带来的困扰。读者只需要进入图书馆网站使用MeeboMe就可以马上开始与参考馆员进行对话。

  即时通讯工具还可以通过其他方式向读者提供即时信息。"Bots"是一款能够为使用即时通讯和使用其他媒介的用户之间提供交流的软件代理。该软件代理可以获取读者提交的信息，并根据这些信息利用其自有的数据库来生成答案。例如，Moviefone bot 允许用户使用即时通讯来查询一部特定的电影，并可以查询该电影是否在本地上映以及何时上映的信息。Bots 能够被编制为程序，以提供图书馆的服务时间或图书馆最新活动的信息，甚至借助 Bots，人们可以通过即时通讯软件来检索图书馆的藏书目录。

即时通讯最大的特点是很容易部署。图书馆在使用即时通讯时不需要花费任何费用，唯一的成本就是，图书馆馆员在学习如何使用即时通讯工具和日后实际操作时需要投入一定的时间。注册即时通讯服务的账户、下载即时通讯客户端以及学习如何使用即时通讯工具都很简单。基本上，想要与他人即时通讯，用户只需要在联系人列表中点击想要联系人的图标，在弹出来的对话框中输入想要说的信息，然后回车就可以。当收到一条信息时，这条信息会立即显示在同一个窗口中。现在，即时通讯客户端还可支持同时与多人聊天、定制离线信息、加密通信、发送文件、甚至进行视频聊天（只要两台电脑都安装了网络摄像头）。一些即时通讯客户端还允许用户保存每次的聊天记录。为使用即时通讯工具而开展培训的必要性很小，毕竟，新用户通常只需要进行一些与他人聊天的简单练习，而不需要掌握软件的更多功能，就可以与他人进行即时交流。因此，应用即时通讯工具对于图书馆来说是一个轻量级的、直观的解决方案。

更重要的是，即时通讯作为一门技术，已经在读者的日常生活中得到了广泛使用。如果读者已经使用了即时通讯，那么，他们会有自己的账户，也会有自己的联系人列表。如果图书馆在他们的联系人列表里，那么读者只需要单击相应的帐户图标就可以与图书馆取得联系。这将图书馆融入了读者的世界，而不再需要读者登录到图书馆的网站并使用一些不熟悉的服务。对于那些以前从来没有使用过即时通讯工具的读者来说，即时通讯工具也是很容易设置和使用的。大多数读者只需要在图书馆网站上接受简单的指导就可以开始使用。

如果你在查找使用即时通讯工具来提供参考咨询服务的图书馆名单，比如 Library Success 维基上的图书馆名单，你会发现，这些图书馆并没有通过即时通讯开展协同式的虚拟参考咨询服务。这有很多原因。首先，图书馆是最近几年才开始将即时通讯用于参考咨询服务的，而多家图书馆之间实现合作是需要时间的；第二，也是最重要的，即时通讯缺乏实现多个图书馆提供联合参考咨询服务的管理工具。即时通讯工具只能实现在同一时间内一个馆员使用一个账户开展参考咨询服务，要想在同一时间内让多名馆员提供服务，那么，每位馆员就需要使用自身的账户名才能与用户进行交流。这就要求读者需要了解在哪个时间段与哪个账户名进行联系。由于即时通讯不能提供常规的排序功能，当读者通过即时通信向特定的账户名提问时，这个问题只会显示在这名馆员的账户名下。如果有10名读者同时向一个账户名提问，而这名馆员又必须回答每名用户的提问，在这种情况下，馆员要么告知读者他将很快给出答案，要么就得向提问的读者推荐其他馆员来解答其问题。这可能会给读者增加等待的时间，同时也给提供咨询的馆员增加了工作量。通过引入人工智能，由程序自动给读者分配合适的在线馆员，这个问题将变得简单得多。但是到目前为止，还没有开发出这一必要技术。尽管开展基于即时通讯工具的协同式虚拟参考咨询服务在未来有可能实现，但这仍是一个不太理想的解决方案。因为商业参考咨询软件是面向机构用户的，而即时通讯工具则是以个体用户为主要服务对象。

  关于为什么即时通讯并不是对所有的图书馆都那么理想，还有一些其他原因。如果大多数读者不使用即时通讯，那么图书馆对其的使用动力就会很小。即时通讯是读者与图书馆通过文本方式来回发送信息的重要媒介，但是，有的时候，一些需要通过协同浏览才能更好帮助读者理解的概念解释，通过即时通讯工具来传播并不具有优势。即时通讯的设计更适用于参考咨询而非指导，尽管一些读者会保存对话的日志，但是，一些特定的数据必须要像保存电话通话内容或面对面咨询那样，通过人工方式来保存。

  安全也是一个十分重要的问题。当没有加密的数据通过网络来回发送时，黑客很容易截取全部的对话内容。保存每段即时通讯对话也意味着图书馆要保障这些数据的隐私权（如果很在意这个问题，读者可以关闭自动日志功能）。就像对待电子邮件一样，馆员必须要留意病毒、恶作剧和垃圾邮件。如果对安全的要求很高，图书馆可以考虑采用那些可以确保企业在线通信安全的企业级即时通讯服务。尽管这些服务很昂贵，但是与商业参考咨询软件相比还是比较便宜的。即时通讯用于图书馆的最大障碍是管理者和IT工作人员的态度。许多图书馆限制读者和馆员访问即时通讯工具的权限，这主要是出于安全考虑，以及认为即时通讯不正式并且会分散注意力。已制定了此类管制即时通讯应用政策的机构，需要大量的游说才能改变其固有观念。

一旦决定在图书馆中开展基于即时通讯的参考咨询服务，图书馆首先需要注册一个或多个主要的即时通讯服务商的账户，然后选择可以同时管理这些账户的客户端。当然，图书馆可以从多种免费的、多协议客户端中进行选择。例如 Gaim（gaim.sourceforge.net；参见图 9.2，Trillian（www.ceruleanstudios.com），Meebo（meebo.com）和 Fire（fire.sourceforge.net）等。在选择客户端时，图书馆可以通过试用来了解每个客户端，以此挑选出具备有所需功能的客户端。如果图书馆只计划通过一种即时通信（像 AIM 或 MSN 即时通信）来提供即时通讯参考咨询，就可以直接使用支持这种即时通信的客户端。然而，由于所有流行的即时通信工具都可以很便捷地提供即时通讯参考咨询，所以只使用一种即时通信提供参考咨询服务并不可行。因此，图书馆同时使用多种即时通信的工具，将可以让用户使用任何一种即时通信工具，都可以很便捷地联系图书馆馆员，而不需为此而注册其他的即时通讯软件。

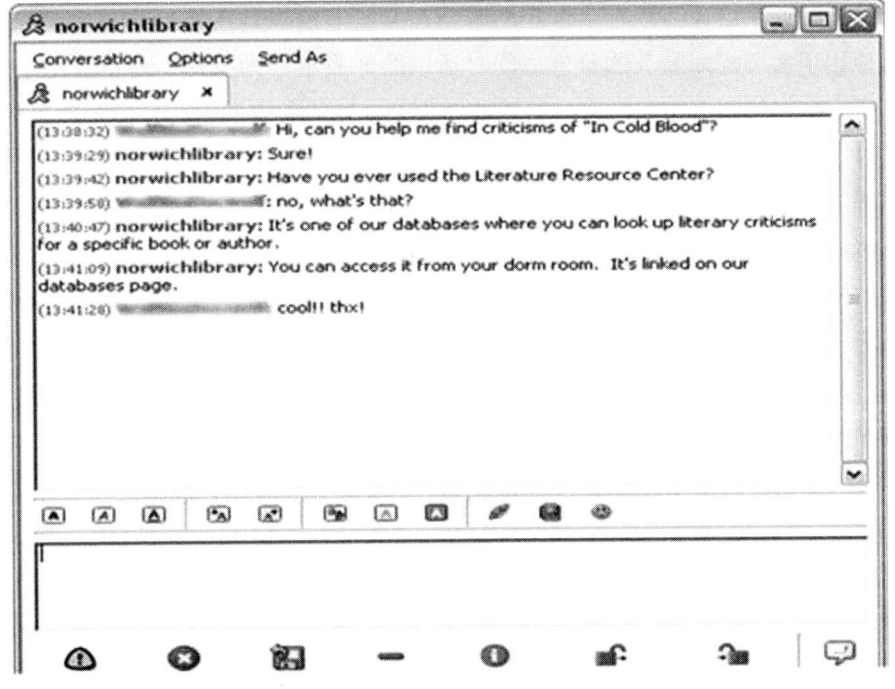

图 9.2　Gaim 是图书馆使用的一款免费即时通讯工具

培训馆员使用即时通讯通常是一个简单的过程，而使馆员熟练掌握即时通讯工具的最好方法是让馆员在同事之间使用即时通讯工具进行交流练习。馆员还要学习如何设置离线信息，在被多个读者同时联系时应如何应对，以及如何理解聊天术语。年轻人在使用即时通讯时有他们自己的缩写形式，馆员提前学习一些关键短语可以帮助其避免交流时的困惑。人们使用即时通讯，往往是出于非正式的交谈需要，因此，馆员要随时做好看到很多缩写和拼写错误的准备。读者通常会不说再见就下线，因此馆员可能等到准备给读者发送另一条消息的时候，才发现读者已经不在线了。从事参考咨询服务的馆员让读者知道自己通常在做什么也是很重要的。如果你在为用户查找资料，要让他们知道你正在做的事情。如果需要一小段时间，要在弹出的对话框中告诉读者你正在为他们检索信息。如果需要很长一段时间，那就需要询问读者的邮箱地址，并告之稍后将检索到的答案进行反馈。每个图书馆在处理这些问题上都要制定适用本机构的基本流程。

即时通讯出现已经有十多年的时间，但图书馆界是在最近几年才发现将其应用于参考咨询服务的价值。即时通讯的低成本和易操作，使得其对于那些资金拮据的图书馆和没有时间学习复杂工具的图书馆员而言是非常理想的。另外，如果图书馆的很多读者都已经使用了即时通讯工具，而图书馆也在为其提供参考咨询服务，那么，图书馆应主动将服务推送给读者，而不是等着读者向图书馆索取，这才是以读者为中心的参考咨询服务。虽然图书馆有充足的理由使用即时通讯工具，但是，即时通讯工具也并不是所有图书馆开展参考咨询服务的最佳工具。图书馆员应该调研读者的需求和行为，以及图书馆自身的需求，然后再决定是否将即时通讯工具引入到本馆的参考咨询服务中。

亚伦·施密特对基于即时通讯工具的参考咨询新手的建议

（1）除了培训员工需要花费时间，使用即时通讯工具是免费的。图书馆可以免费向即时通讯的主要服务商（AOL即时通信、雅虎即时通信、MSN即时通信）申请注册。因为没有成本支出，所以采用即时通讯对图书馆而言，投资回报极高。

（2）目前有数以万计的读者在使用即时通讯。图书馆采用即时通讯工具，提供的是以读者为中心的服务，而不是以图书馆为导向的服务。

（3）不要只使用一种即时通信工具，这样会限制潜在的即时通讯用户。为此，图书馆可以使用诸如基于web的Meboo或Trillian等适用于多网络的即时通讯客户端。

（4）对于图书馆的一些潜在读者而言，没有即时通讯就跟没有电话一样。对年轻人来说，即时通讯是他们主要的沟通方式。一些人甚至觉得没有必要通过电邮与图书馆进行交流。

（5）设置内部练习环节是使图书馆员熟悉即时通讯工具的很好途径。花费一些时间使馆员熟悉即时通讯技术，可以缓解图书馆员对应用即时通讯的恐惧，并能展现即时通讯的功能。

（6）不要惊慌。记住，"即时"对于即时通讯来说，指的是信息来回传递的速度很快，而不是要求馆员的回应速度要快。参考咨询服务的质量不应该受到媒介的影响。

（7）图书馆可以选择开通一个即时通讯帐户，也可以按部门设置开设多个即时通讯帐户。这取决于图书馆的规模和文化。开展参考咨询服务时，如果咨询馆员给读者太多选择，可能会给读者带来困惑。尽管如此，已有一些图书馆根据馆内部门设置，为参考咨询部、视听资源部、青少年服务部，以及流通部分别开设了专门的即时通讯帐户。

亚伦·施密特是伊利诺伊州西泉托马斯·福特纪念图书馆的参考咨询馆员，是Walking Paper博客的作者，经常开展"在图书馆参考咨询服务中使用即时通讯"方面的座谈。

## 9.3 网络电话（VoIP）

到目前为止，我们已经讨论了多种软件产品，但这些产品都不具备通过语音与读者进行交流的功能。虽然即时通讯和协同浏览都是很出色的参考咨询服务工具，但二者都是让读者以文本对话框的方式表达其信息需求。对读者而言，通过这种方式来表达信息需求，要比直接通过语音交谈来表达自身的信息需求，显得更加困难。与馆员远程对话可以使参考咨询变得更加方便，阐述的观点也更加清晰；同时，读者是与真实的馆员进行语音交谈，这使得二者的互动更具有人性化。对于有视觉障碍的读者，以及那些不能使用其他方式获取参考咨询服务的读者来说，语音交谈的服务方式显得更有价值。把可视化功能（如协同浏览或网页推送）与网络电话相结合，将使得网络电话在提供参考咨询服务和读者指导方面成为十分理想的工具。

多年来，VoIP 还被称为网络电话。但是直到现在，它仍缺少成为主流社交工具所应具备的可靠性和声音质量。网络电话意味着会话是通过网络传递而不是通过电话线。借助网络电话，人们可以使用与电脑 USB 连接的耳机或电话在互联网上进行通话，就如使用电话机交流一样，两者具有相似的音质。人们经常使用网络电话与远途的朋友或同事联系。如果对方也使用相同的网络电话服务，那么就不会产生任何费用。几年前，有偿的网络电话服务开始问世，用户可以像使用普通电话那样拨打和接通电话。两者最大的区别就是有偿网络电话服务是通过网络宽带与电话建立连接。有偿网络电话服务允许用户通过 IP 网络来拨打电话，并为其提供可选的附加功能，包括呼叫等待和语音信箱。由于网络电话的费用远低于传统的电话费用，所以，网络电话很快就吸引了大量的消费者。

网络电话是许多价格高昂的网络会议软件和协同浏览软件的一项功能，但同时也是许多免费应用软件的一项基础功能。Skype（www.skype.com）是一个十分流行的点对点 VoIP 网络，给用户提供免费网络电话和即时通讯服务。而这种网络电话功能遵循 Skype 独有的标准，所以用户只能与其它 Skype 会员进行语音联系。Skype 还提供付费服务——SkypeOut 和 SkypeIn，允许用户使用 VoIP 与真实的电话机通话，并为用户创建了常用电话号码列表，以方便用户接听电话。Google Talk（www.google.com/talk）是另一个向用户提供免费语音和即时通讯服务的系统。与 Skype 不同的是，这一系统使用的是开放标准，从而可以与许多其它 VoIP 服务相兼容。这就意味着，使用与 Google Talk 不同的用户，彼此之间也可以进行免费的语音通话。除了前述这些，还有许多其他支持 VoIP 的网络电话产品，有些是开源的，有些并不是开源的。但这都很容易被整合到图书馆的虚拟参考咨询服务中。

许多图书馆，甚至是向远程学习者提供服务的图书馆，都没有向其读者提供一个 1—800 号码（译者注：1—800 号码是美国境内的免费电话号码）。对于那些需要即时帮助的读者而言，还需自费打电话到图书馆参考咨询台。这就影响了读者使用图书馆参考咨询服务的积极性。通过网络电话提供参考咨询服务，可以确保读者无论是在大街上还是在世界的另一端都可以免费联系到馆员。尽管读者可能需要下载一个程序或插件，但只需要下载一次就可以永久在电脑上与馆员进行免费通话。大多数网络电话软件的安装和使用都很容易，并且只需要一个并不昂贵的耳机或 USB 接口电话就可以。如果读者不具备这些必备的设备，其也可以使用大多数网络电话服务都具备的文本聊天功能来代替上述设备。同时，馆员也可以通过使用网络电话或者文本聊天来回答读者的问题。和即时通讯一样，许多网络电话软件也允许用户发送文本信息，这就使馆员可以向读者发送他们感兴趣的资料。由于使用网络电话软件的低廉成本和容易操作，其用户数量正在持续快速增加。将来，读者很有可能像使用即时通讯工具一样，每天都会使用网络电话。

当前，网络电话已被北美的一些图书馆应用到参考咨询服务中，但许多馆员更多的是将其用于和同事的交谈。使用网络电话联系那些共同承担一个项目却远在其他州或其他国家的同事是十分便捷的。此外，网络电话在欧洲、亚洲和澳大利亚也越来越流行。澳大利亚的麦考瑞大学和默多克大学图书馆目前正在使用网络电话来向用户提供参考咨询服务。使用微软的 NetMeeting（www. microsoft. com/windows/netmeeting），馆员可以与读者交谈，并能够共同浏览网页。如果读者不想进行语音联系，馆员和读者也可以选择文本聊天的方式进行交谈[7]。

网络电话还被用于为有视力障碍的人士提供参考咨询服务。InfoEyes（www. infoeyes. org）是一个使用 iVocalize（www. ivocalize. com）软件向有视力障碍的人士提供参考咨询服务的国际组织。iVocalize 包含了协同浏览、聊天和网络电话等功能。通过 iVocalize 软件，读者可以预约参考咨询馆员，然后双方在聊天室内开展参考咨询访谈。有趣的是，InfoEyes 是使用 web 会议软件（这类软件具有协同浏览、文本聊天和语音交流功能）而不是直接的网络电话技术来开展参考咨询服务。尽管一些读者可能喜欢使用语音方式进行沟通，但其他读者可能会更喜欢可视化的沟通方式，因为这可让其查看聊天记录和浏览馆员推荐的网站。所以，馆员以尽可能多的方式向读者提供虚拟参考咨询服务，将可以吸引更为广泛的读者。

与许多其他在线参考咨询服务相比，网络电话带来了一项新特征——语音功能。网络电话是一种价格实惠而易操作的工具，但有一些因素阻碍了其成为一种可以被独立使用的虚拟参考咨询产品。对于大多数的网络电话应用程序来说，读者在进入会话之前都需要加载一些内容。尽管将来大多数图书馆可能会更多地使用网络电话进行沟通和联系，但是目前网络电话仍缺少像即时通讯工具那样的市场份额。另外，一些网络电话的服务提供商，诸如Skype使用的是非开放的标准，所以，如果馆员使用Skype，而读者使用了Google Talk，那么，馆员和读者就不能进行网络对话（如果其中一方没有注册另一方的服务账号和下载另一方的服务应用程序）。长此以往，读者会更倾向于使用即时使用工具，因为即时通讯工具使用单一的标准，或者提供的相关功能可以满足读者的需求。其他支持VOIP的应用程序，包括web会议软件和一些商业虚拟参考咨询软件，都十分昂贵，而且只适用于一些大型图书馆和合作参考咨询联盟。尽管VOIP是与读者在线交流的出色工具，但并不是目前最为实用的工具。

不同的人有着不同的学习风格。有些人通过实际操作学的更好，有些人则通过阅读文本来学习，还有一些人通过音频输入的方式来学习。在传统面对面的参考咨询服务中，读者可以通过多种感官进行感知。他们可以听到馆员说的内容，看到馆员电脑屏幕的内容，并且通常会尝试练习其所学到的内容。人们应该努力整合多种技术使得虚拟参考咨询服务尽可能地接近面对面参考咨询的体验。协同浏览、文本聊天和语音的融合，带来的虚拟参考咨询体验已经很接近面对面参考咨询提供的交互体验。然而，即使整合所有这些工具是不可行的，图书馆依然需要提供适当形式的同步参考咨询服务，以应对远程访问图书馆的读者人数不断增长的发展趋势。因为有属于自己的馆藏和公共服务部门，网络上的图书馆，可以而且也应该被视为实体图书馆的一个分支。年轻的读者已在期待获得与他们的需求相契合的服务。在未来，这种期待将更加强烈。无论图书馆提供什么服务，从一天三个小时的、基于即时通讯工具的参考咨询服务，到作为合作参考咨询联盟的一员而能够提供全天候的虚拟参考咨询服务，都将受到读者的欢迎。

## 参考文献

[1] Susannah Fox and Mary Madden, "Generations Online," Pew Internet and American Life Project, December 2005, www. pewinternet. org/pdfs/PIP_ Generations_ Memo. pdf ( accessed February 12, 2006) .

[2] Amanda Lenhart, Mary Madden, and Paul Hitlin, "Teens and Technology," Pew Internet

and American Life Project, July 27, 2005, 207. 21. 232. 103/pdfs/PIP_ Teens_ Tech_ July2005web. pdf (accessed February 12, 2006).

[3] Eulynn Shiu and Amanda Lenhart, "How Americans Use Instant Messaging," Pew Internet and American Life Project, September 1, 2004, www. pewinternet. org/pdfs/PIP_ Instant-message_ Report. pdf (accessed February 10, 2006).

[4] AOL's Third Annual Instant Messenger Trends Survey, November 10, 2005, www. aim. com/survey (accessed February 10, 2006).

[5] Buff Hirko, "Live, Digital Reference Marketplace," School Library Journal, October 15, 2002, www. schoollibraryjournal. com/index. asp? layout = article&articleid = CA251679 (accessed February 17, 2006).

[6] Caleb Tucker-Raymond, "Is Co-Browsing Dead? 3 Out of 5 Librarians Agree," L-net Staff Information Blog, December 16, 2005, www. oregon libraries. net/staff/? p = 243 (accessed February 14, 2006).

[7] Janet Fletcher, Philippa Hair, and Jean McKay, "Online Librarian—Real Time/Real Talk: An Innovative Collaboration Between Two University Libraries," VALA Conference, 2004, February 20, 2006, www. vala. org. au/vala2004/2004pdfs/20FlHaMc. PDF

# 第 10 章 移动革命

不仅互联网使在地理空间上相互分隔的人们更为方便地联系彼此，手持设备也使人们无论身处何处都能更快捷地连接到互联网。人们不再依赖于他们的家庭或办公电脑，而是可以使用手持设备完成许多过去需要台式电脑才能完成的任务，包括收发电子邮件、短信和即时消息、浏览网络、阅读书籍以及创建视频、照片和文档。无论人们身处何处，只要有来自蜂窝移动网络的信号，即可实现对互联网的访问。购买手持设备，尤其是移动电话的人数正呈指数式增长。许多图书馆用户可能已经使用手持设备浏览网络，或与朋友家人联系。图书馆员应意识到这种趋势，并思考如何为越来越多的移动互联网用户服务。

本章讨论的对象是帮助人们连接到互联网，并可以连接到其他人的手持设备。当然，用户可在诸多手持设备中进行选择，包括 iPod。目前，支持访问互联网的移动设备包括移动电话、电子书阅读器、掌上电脑（personal digital assistants，PDAs）、迷你电脑以及一些手持游戏设备。在移动电话服务应用率高的地区，手持设备等同于无处不在的网络连接。

移动设备不仅支持收发电子邮件，还支持收发短信和即时通讯。使用手持设备，移动用户可以浏览网页、下载并观看电影。他们还可以使用手持设备拍摄照片和视频，并发送到网络服务器或媒体分享网站，或者直接发送到他们的博客。随着手持设备持有人数的增多，"移动博客"，即来自移动设备的博客开始流行起来。移动博客的内容包括发送自移动电话或 PDA 的文本、照片与视频。移动用户可使用多种基于蜂窝移动网络的移动博客服务，如 Nokia Life Blog（europe.nokia.com/lifeblog）和 Textamerica（www.textamerica.com），支持博客的一些插件也使得人们可以直接通过其手持设备发布博文，而无需将博文内容先上传至其个人电脑上。2005 年，当伦敦各地的人们使用其手持设备拍摄恐怖炸弹袭击的照片，并快速上传至其博客时，移动博客获得了高度的关注。在多数情况下，移动博客可早于传统媒体发布现场信息。移动博客赋予人们在事件发生的第一时间发布事件博文、实时地记录个人生活的独特能力。

手持设备亦可用于数字学习。移动革命使学生可在任何时间、任意地点访问在线课程资源，并进行学习研究。内置于手持设备的 Flash 播放器为内容创建者针对移动设备开发多媒体教程带来便利。而针对移动设备设计教程需要考虑许多问题，这与基于个人电脑来设计的教程，在实现方法上有所不同。尽管如此，需要记住的是，到 2007 年，全世界将有约 6 000 万 PDA 用户，他们中的许多人将是此类课程的学生或用户[1]。

## 10.1 使网络可以被手持设备的用户访问

20 世纪 90 年代初，在万维网建立之时，网站被设计为使用台式或笔记本电脑的用户来访问，这在当时是完全合理的。早期，最大的兼容性问题来源于浏览器解析网页开发者的代码的差异，但所有人访问网页所使用设备的屏幕尺寸与图像性能均在一定的范围之内。20 世纪 90 年代中期，使用其他设备也开始可以连接到互联网。越来越多的人使用移动设备访问网页，而随着技术变得更加经济实惠，使用移动设备访问网页的人数有望在未来数年内呈现指数式增长。当前，大部分的网站被设计为在传统的个人电脑屏幕上显示，并通过鼠标或指针设备进行操作。虽然这适用于个人电脑，但却让使用移动电话等手持设备的人群难以实现对网页的浏览，因为他们无法点击一般网页上的链接。而屏幕尺寸与图像性能亦因设备而异。总体而言，使用非传统设备浏览大部分网站仍然非常困难。更多的网站开发人员正关注并开发用于创建可被所有支持网络功能的设备查看的网页技术。

如果您与您的用户保持联系，您就会知道他们是否使用手持设备访问互联网。如果他们确实使用，那么为移动用户设计内容与服务则是明智的选择。这可通过如下方式实现：设计网站时充分考虑设备的独立性、购买可被使用手持设备的用户访问的内容、在用户选择手持设备可访问的内容时发挥教育引导作用。

## 10.2 图书馆网站的内容

设备独立性要求网页可由任意类型的设备查看，包括个人电脑、电视、移动电话、PDA 等。这需要确保使用移动电话或电视浏览网页就像使用个人电脑浏览一样简便。为设备独立性而设计并不意味着，需要为使用个人电接入的用户和使用移动电话接入的用户提供内容完全一致的网页，也不意味着您要为您的网站开发出10个不同的版本。设备独立性需要内容与呈现效果相分离。这可通过使用随访问网页的设备而改变的层叠样式表（Cascading Style Sheets，CSS）来实现。样式表决定了网页的外观，且完全独立于网页的内容信息。其可以是应用于多个网页的完全独立的文件，对其做出的修改将作用于其应用的全部页面。单一的网页可对不同的内容使用多个样式表。当某类设备，如移动电话访问网页时，网页服务器将呈现专为该类设备设计的样式表。首先，访问网页的设备发送其配置文件，包括有关其性能的信息。然后，网页应用基于对该设备的理解来应用样式或仅显示页面设计的某些部分。借助不同的置标和编程语言，设备独立性可通过多种方法实现。

斯坦福大学医学院莱恩医学图书馆（Lane Medical Library，www.lane.standard.edu）网站的大部分页面均设有适用于PDA访问的版本。弗吉尼亚联邦大学（Virginia Commonwealth University）图书馆（www.library.vcu.edu/pda；图10.1）也以适用于PDA查看的格式提供图书馆基本信息、图书馆新闻和健康科学相关资源。许多其他图书馆通过AvantGo（avantgo.com）使其部分在线内容可被访问。因为AvantGo接受来自不同内容提供者的内容，并将其转换为PDA可访问的格式。通过RSS订阅源提供信息的图书馆可将内容与呈现效果相分离，并鼓励使用手持设备的用户通过专门为手持设备设计的聚合器来订阅这些订阅源。Feedalot（www.feedalot.com）与NewsMob（newsmob.com）就是适用于PDA与移动电话接入的两种聚集器。

如果您的一位用户在书店内，想要知道是否能从您的图书馆借到某本图书，她能做些什么呢？如果她有图书馆的电话号码，她可以拨打电话，请图书馆员在馆藏目录中查找这本书。如果她有无线移动设备，由她自行访问图书馆网站并检索图书馆目录，这会不会更好呢？移动搜索允许用户在任意连接至互联网的地点检索图书馆在线目录。您的图书馆所服务的学生是否经常花费时间在书架前寻找某本图书，却发现自己记错了索书号？利用移动设备使这些信息可以紧握在他们手中，帮助他们不必重新返回检索图书馆在线目录。如果他们不能获取到想要的图书，这种方法也可能帮助他们找到类似主题的图书。Innovative Interfaces提供名为AirPAC的移动版Millenium目录（www.iii.com/mill/webopac.shtml#airpac），支持图书馆用户使用大部分品牌的移动电话设备和PDA来访问（Figure 10.2）。越来越多的公共图书馆与高校

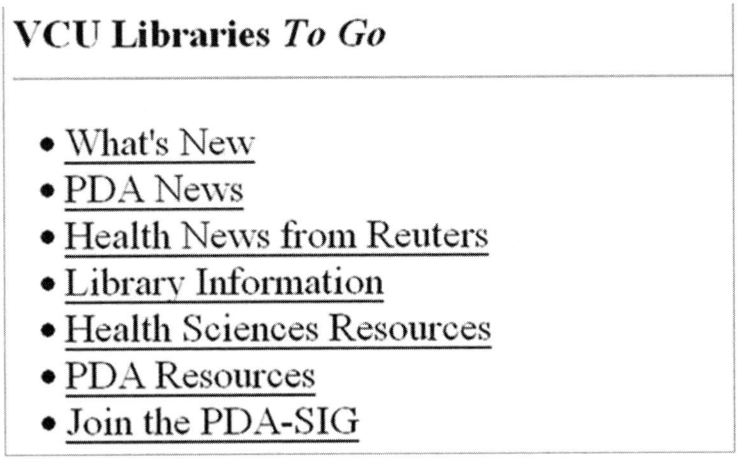

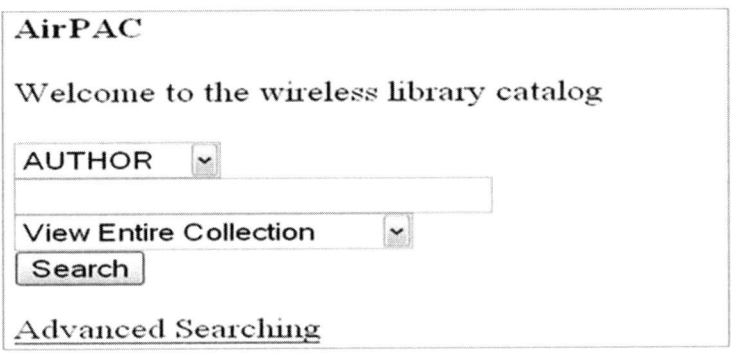

图 10.1　弗吉尼亚联邦大学以 PDA 格式提供图书馆基本信息（未经许可不得转载）

图书馆正在使用 AirPAC，包括位于密歇根州的韦恩州立大学图书馆和位于明尼苏达州的明尼阿波利斯公共图书馆。

图 10.2　Innovative Interfaces 的 AirPAC 允许 PDA 用户检索图书馆目录
（未经许可不得转载。ⓒ2006 Innovative Interfaces）

## 10.3　馆藏

目前，图书馆网站不仅提供本机构的资源目录和详细内容，也嵌入发布一些由数据库供应商提供的信息。这意味着图书馆必须说服数据库供应商提供适用于手持设备的检索界面版本，或是可下载到移动设备，使用户可直接

153

在其手持设备上阅读参考文献和学术期刊文章的版本。

部分数据库供应商开始提供适用于手持设备的版本,在健康科学领域尤其如此,因为 PDA 在医院中被广泛地应用于研究与按需访问医疗记录。美国国家医学图书馆针对手持设备提供可免费访问的 PubMed(pubmed-hh.nlm.nih.gov/nlm),支持用户检索或浏览 PubMed,并阅读文章摘要。Ovid @ Hand(www.ovid.com/site/products/tools/ovidhand/ovidhand.jsp)帮助医学领域专家为其患者做出基于证据的治疗决策。其已经为 PocketPC 与 Palm 手持设备设计的界面,提供期刊文章、药物信息和其他实用的临床决策工具。许多免费或付费下载的软件是面向健康科学领域的手持设备用户所设计的,而许多健康科学领域的图书馆也提供此类面向手持设备的软件供用户下载。对于企业和政府用户,LexisNexis(www.lexisnexis.com/handheld)与 Factiva(www.factiva.com/factivafeedback/wireless.asp)均为黑莓手机用户提供其数据库的可访问版本。

电子书内容亦与手持设备相契合。由于每本电子书均是独立的实体,电子书可以很容易地制作为可供手持设备下载,从而使其像普通图书一样的便于携带。部分手持设备甚至被设计为仅用于阅读电子书。古登堡计划(Project Gutenberg,www.gutenberg.org)拥有超过 17000 本在线的、已过了版权保护有效期的著作,且许多著作都是以基本的文本格式呈现。这使其可在大部分手持设备上阅读。NetLibrary(www.netlibrary.com)正使其更多的电子书可下载至手持设备上阅读。OverDrive Digital Library Reserve(www.dlrinc.com)项目为图书馆用户提供可在手持设备上阅读的电子书下载。在手持设备上阅读电子书的体验也更接近阅读实体书的体验,因为您可以随身携带并在任何地方阅读。

## 10.4 面向手持设备用户的教育与支持

健康科学领域的图书馆长久以来就已认识到手持设备在为临床决策提供按需检索方面的价值。马萨诸塞大学波士顿分校希利图书馆(Healy Library,www.lib.umb.edu/pda/nursing)可出借 PDA 给护理专业学生最多一周的时间。所出借的 PDA 已经预装了健康科学领域的有用的参考文献。耶鲁大学哈维·库欣和约翰·海·惠特尼医学图书馆(Harvey Cushing / John Hay Whitney Medical Library)设立了 PDA 软件接待处,为图书馆用户提供可安装在手持设备上的各类医学软件。纽约大学弗雷德里克·L·埃尔曼 医学图书馆（Frederick L. Ehrman Medical Library, www.library.med.nyu.edu/library/eresources/toolkits/pda.html）则提供了红外端口，用户使用这一功能获取网络上的更新，以同步其手持设备的内容。许多医学图书馆也提供在健康科学领域使用PDA的课程，指导用户下载内容、使用软件。

大量的临床决策软件可下载至手持设备。健康科学领域图书馆的馆员，借助其作为内容推荐者这一传统角色，指导用户在该领域内选择最佳资源。罗切斯特大学医学中心爱德华·G·迈纳图书馆（Edward G. Miner Library, www.urmc.rochester.edu/hslt/miner/selected_topics/pda/pda_resources.cfm）为PDA提供推荐软件列表，包括对每款软件的功能描述，适合安装的设备说明，是否免费下载等信息。面对具有同类功能、数量繁多的各类手持设备软件，该列表可以有效帮助用户选择最适合自身需要的软件。许多其他的图书馆亦提供了类似的指南。正如图书馆员为其用户亲手挑选最佳的图书、数据库和网页一样，确保用户使用最佳的学术与临床软件也非常重要。

## 10.5 图书馆员对手持设备的利用

手持设备可以简化许多与图书馆相关的工作，使图书馆员不被束缚在其办公空间内。通过使用无线移动设备，图书馆员可在图书馆的任意地点提供参考咨询服务，而无需坐在电脑前。图书馆员可在任意支持无线网络连接的地方，甚至是图书馆馆舍之外，使用图书馆在线目录和PDA可访问的其他图书馆资源帮助用户进行检索，提供帮助。这可以将图书馆员从参考咨询台上解放出来，使他们更加接近用户。手持设备也允许流通馆员走出流通服务台。在图书馆馆舍内的任何地点，手持设备都可以帮助流通馆员实时了解图书的借还情况、更新图书状态。如果图书馆员在书架前发现某种图书遗失，那么，他们就可以借助手持设备就地更新图书状态，而不需要记住这一信息并在离开书架后才能进行更新。手持设备可以是实现馆藏管理职能的绝佳工具。在剔除馆藏时，手持设备可扫描每一本书，并提供该书的全部使用记录，这使得图书馆员在图书馆馆舍内的任意地点都可以方便地开展馆藏维护工作。

## 10.6 通过短信服务与用户沟通

移动电话在当今社会几乎无处不在,且将成为世界上最常见的电子设备。Gartner 研究公司预测,到 2009 年,将有 26 亿部移动电话被经常性地使用,10 亿部手机将被出售[2]。即使是现在,许多地方大部分人都已拥有了移动电话,特别是年轻人。2005 年初,NOP 世界科技研究机构(NOP World Technology)的报告指出,美国 44% 的 10-18 岁的青少年拥有移动电话,而其中年龄稍大的青少年拥有移动电话的比例更高:3/4 的 15-17 岁青少年拥有移动电话[3]。青少年使用移动电话不仅仅是聊天。许多青少年使用他们的移动电话来拍照,通过可以在移动电话之间互发的短信服务(Short Message Service)或文本信息与朋友聊天。其通常做法是,用户向移动电话输入短信和收信人的电话号码。在几秒钟后,收信人就可在其移动电话上接收到该条短信。虽然与基于个人电脑的即时短信不同,收信人有时不能即时地接收到信息,但许多青年人依然使用短信来聊天。毕竟,短信往往适合于发送一些简短的、零散性的内容,且可以通过移动电话或许多计算机软件来发送,是一种安静且不唐突的交流方式,尤其适合在不能接听或拨打电话的场合使用。

发送短信的成本需要加以关注。并不像基于电脑上的即时通讯,基于手机端来发送短信通常需要按条计费,而且有时也会有接收时滞。根据不同的手机服务收费套餐,单条短信的发送费用大约在 5-25 美分之间。这看上去似乎并不算多,但用户每日都会发送或接收许多条短信,而发送或接收短信可能都需要付费,这样累积起来,数目就会很多。2005 年,美国用户每月发送大约 50 亿条短信[4],而在 2006 年 1 月,英国的手机用户在一个月内也发送了 50 亿条短信[5]。

虽然一些手机服务收费套餐提供无限条数的免费短信,但这些收费套餐都非常昂贵。通常情况下,这仅对高频使用短信的用户更为划算。此外,每条短信的内容长度也被限制为 160 字符。虽然用户可以发送更长的短信,但这些超过 160 个字符的长短信也会被自动拆分,以满足单条短信的内容长度要求,用户需要为拆分后的所有短信逐条付费。

短信不仅在青年人中广泛流行,许多成年用户也在使用短信。他们通过短信来沟通工作、交流娱乐。在用户因事务繁忙而无法拨打电话或仅想发送一条短信的情况下,短信是一种理想的通信工具,而且短信也是一种向订阅者推送内容的有效方法。人们可以订阅天气预报、财务信息、新闻和其他内容，并通过移动电话以短信方式来接收这些内容。对于持续增长的移动人群而言，在远离电脑时依然需要获取各类信息，通过移动电话传送短信来获取信息，无疑是一种理想的选择。

拥有移动电话的图书馆用户数量正在呈指数增长。虽然许多图书馆目前提供某种形式的虚拟参考咨询服务，但许多这类服务都要求用户通过台式电脑来访问。部分手机服务收费套餐支持人们发送即时通讯信息，但使用移动电话发送即时通讯信息远比发送短信昂贵。部分图书馆已经开始利用移动电话的短信功能来提供虚拟参考咨询服务。商业虚拟参考咨询公司 Altarama（www.altarama.com.au）已经通过手机短信提供参考咨询服务，用户可将咨询内容以短信方式，发送至指定的电话号码。随后，该信息将被发往提供参考咨询服务的电子邮箱。此时，参考咨询馆员就可以通过电子邮件来回复，而回复的电子邮件也将被转换为短信发送至用户的移动电话。基于手机短信的参考咨询服务允许用户在随时随地与图书馆员建立联系。

### 梅根福克斯谈移动设备

图书馆为移动设备用户提供服务的最重要方式是什么？

图书馆需要确定正在到处奔波的用户需要哪些信息？图书馆需要在什么时候通过移动设备为用户提供建议或答案？图书馆需要明确自身如何将信息传递给用户的方法，或者是，如何帮助用户建立其与信息之间的联系。图书馆可以提供本地信息，如其开馆时间，或是帮助用户获取资源，比如，向提出参考咨询请求的用户，提供摘录自百科全书的、适合在小尺寸移动终端屏幕上阅读的现成答案。图书馆员需要帮助用户了解现有的和正在开发中的、面向移动终端使用的资源。图书馆需要不断向用户提供各类可通过移动终端访问或是质量上乘的资源，除此之外，还需要借助移动终端与用户进行交流。10 年前，在个人名片上印上电子邮件似乎显得新奇，而且无关紧要，但时至今天，这种做法已显得不可或缺。当前，图书馆正处于做出选择的"十字路口"：使用手机短信、还是通过电脑的即时通讯，又或者是使用电子邮件来与用户进行沟通。

您认为手机短信是提供参考咨询服务的可行选择吗？原因是？

我并未见到图书馆员借助移动电话为用户提供参考服务的相关标准。尽管如此，越来越多的软件已可将手机短信与日常电子邮件相互转换。图书馆集成系统（Integrated Library System）供应商，如SirsiDynix、Innovative Interfaces 与 Talis，已开发出面向移动终端的文本交流功能，使图书馆可以将借阅或逾期未归还信息，通过手机短信发送给用户。由于收发短信已经迅速成为绝大多数人使用的通信模式，尤其是在千禧年一代和企业用户中，因此，确切地说，图书馆馆员需要"跟随用户的步伐"，通过手机短信与用户交流，并快速提供帮助。当然，手机短信永远都不可能取代需要面对面的、亲手亲为的、专门给重大研究项目提供的、持续一小时的传统参考咨询服务，但很有可能成为需要快速提供参考咨询服务时的备选手段之一。

哪种类型的图书馆绝对应该为手持设备用户提供服务？

事实上，由于各年龄段的用户均期待这种通信方式，任何类型的图书馆都应该考虑整合基于手持设备提供服务的方法。公共图书馆和学校图书馆的年青一代用户是应用移动通讯的主要群体——他们使用手机收发短信，就像用其灵巧的双手操作游戏手柄一样自然、娴熟。大学图书馆也受到手持设备用户的强烈影响。即便较为年长的图书馆员对这种移动通信方式的接受能力较慢，但本科生已成为重要的短信用户，他们几乎离不开 iPod，不时使用 iPod 进行交流。高校图书馆如果想要继续保持其在信息收集、检索与评估领域的权威地位，就必须接纳这种通讯方式。而科研图书馆与企业图书馆所面对的用户，也已经拥有或正在使用如 BlackBerry 或 Treo 等手持设备。如果企业用户需要在路途中开展业务，他们现在不仅可以使用语音邮件或电子邮件，还可以使用网络搜索、内联网、文件记录、内部数据库，以及其他方式。企业图书馆员应该努力使图书馆资源被纳入到前述的可用资源列表中，以供其用户方便地使用。由于可随时随地使用的信息工具将很快远远超越那些通过固定的桌面工作站才能使用的信息工具，任意一家图书馆均不能承担忽略向手持设备用户提供服务所造成的后果。

梅根福克斯，西蒙斯学院图书馆（Simmons College library）网络与电子资源馆员，经常就图书馆手持设备主题发表文章与演讲，并维护有该主题的资源页面（web. simmons. edu/~fox/pda）。

在澳大利亚悉尼与珀斯设有教学点的科廷科技大学，其图书馆（library. curtin. edu. au/contact/sms. html）自 2004 年以来即通过手机短信提供参考咨询服务。在一项针对该项服务的研究中，科廷科技大学发现用户使用短信主要询问一些答案简单的问题，如"图书馆的闭馆时间是几点"。仅 9% 的提问是纯粹意义上的参考咨询提问。在全部提问中，仅 13% 的提问需要因超过 160 字符而被拆分为若干条短信加以回答。大部分提问（87%）是在图书馆开放时间内提出，平均回答用时为 74 分钟。大部分受访者表示该项服务简单易用，并表示将再次使用[6]。尽管手机短信确实可以允许学生在任意地点方便地提问，但问题的答案却可能并不总是以其预想的速度返回，尤其是在参考咨询馆员较忙或提问发出时间是闭馆期间，其反馈速度都会受到影响。

位于哈蒙德的东南路易斯安纳大学拥有路易斯安那州最多的远程教育用户。因此，东南路易斯安纳大学图书馆（www2. selu. edu/Library/Services Dept/referenc/textalibrarian. html）常处于为其用户提供虚拟参考咨询服务的前沿。根据美国国家统计报告，89% 的大学生拥有移动电话，其中的 2/3 使用移动电话收发短信。随后的校园调查也得到了与此非常相近的使用数据。因此，图书馆意识到移动电话作为提供参考咨询服务媒介的潜力。2005 年，图书馆开始引入 Altarama 信息系统公司的产品，通过手机短信提供虚拟参考咨询服务。在使用 Altarama 这家设立在澳大利亚的公司的产品开展参考咨询服务时，用户发送的短信首先会被发往澳大利亚的服务器，转换为电子邮件后再发给图书馆。而图书馆的回复，则会以电子邮件的形式发送到澳大利亚的服务器，由服务器将其转换为短信后，再发送给用户。由于需要将信息经由其在澳大利亚的服务器发送，因此，图书馆需要为内容最多是 160 字符的每条短信支付 25 美分。在图书馆拟发送的内容超出 160 字符时，该款软件将发出提醒，图书馆员因而可以尝试减少回复内容的字符数，以节约开支。在 2005 年末的一份报告中图书馆发现，在一小段时间内，与基于桌面聊天软件或电子邮件的参考咨询相比，基于手机短信的参考咨询服务并未能充分发挥其作用。这可能归因于，基于手机短信的参考咨询服务是一项新服务，又或者跟手机在回答复杂问题时有其固有的局限性有关[7]。

手机短信还可用于向提出请求的用户推送信息。许多人订阅定期向其移动电话发送信息的服务，部分图书馆用户可能也希望通过手机接收信息。免费的在线服务，如 TeleFlip（www.teleflip.com），允许用户通过电子邮件发送短信，而无需知晓用户的手机供应商。虽然这不适用于提供参考咨询服务所必要的双向交流，却适用于图书馆向用户群发信息。用户可以注册以接收其感兴趣的图书馆活动或新畅销书单的短信[8]。图书馆亦可向用户发送预约图书的到馆通知。在高校图书馆，用户可以收到预约借阅图书已归还到馆的短信提醒。尽管对预约借阅图书的需求有时可能较高，且学生的流动性较强，向学生24小时随身携带的手持设备发送信息比留下电话留言或发送电子邮件更具意义。然而，重要的是，这些服务要确保良好的用户针对性，否则，若用户不需要，则图书馆所发送的内容就等同于昂贵的垃圾邮件。图书馆还应设置一些自动推送服务，即，允许用户通过输入特定的指令，即可返回相应的信息，包括图书馆的开馆时间、使用指南或图书馆活动信息。

无论用户身处何地，手机短信都可以在其需要时提供帮助。用户不需要端坐在电脑前，就可以向图书馆发送信息。此外，手机短信还是许多用户可能早已熟悉的一项技术。鉴于拥有移动电话且使用短信功能的青年人数量庞大，手机短信将是高校图书馆的理想工具。然而，手机短信也存在一些缺点。往返发送的短信需要花费学生与图书馆双方的金钱。对通过电话、电子邮件或即时通讯交流完全满意的用户而言，他们可能并不希望花费额外的费用来向图书馆发送短信。图书馆基于手机短信在推送信息给用户时，允许对此感兴趣的用户方便地订阅、同时也允许不再需要该信息的用户可以方便的退订，都非常重要。而且，未曾订阅某一信息的用户，也不应该接收到图书馆推送的信息。与即时通讯不同，短信的收发并非同步进行。与电子邮件相似，用户只有在某图书馆员恰好在手机设备附近、且立马作出回复时才能收到快速的回复。

手机短信的另一主要缺点就是其内容长度的限制。如果图书馆发送的信息超出160字符，信息将被切分为两条或更多，且图书馆与收信人均会被收取相应的费用。因此，应注意发送简短、简明的信息。因此，图书馆员可能需要使用与年轻人同他们的朋友发短信时所使用的简略表达。使用如此受限的媒介，往往难以进行咨询访谈，因此回答必须仅基于用户的提问。这意味着，手机短信并不适合回复在图书馆参考咨询台上所接收到的许多问题，而更适合于简单的、询问事实性的、已有现成答案的参考咨询问题。虽然手机短信存在诸多不足，但其仍是用户随时随地从图书馆获取信息的一种方式。因此，图书馆员需要参与能够提升手机短信使用效率的相关培训。

  我们的社会正成为日益移动的社会。在这里，无论人们身在何处，都可以访问网络并在网络环境中开展交流。这种移动性将要求包括图书馆在内的许多机构做出改变。考虑到用户可能从任意地点以小尺寸屏幕设备访问图书馆的这一事实，图书馆将需要重新考虑自身的服务，可以为这些设备的用户提供相关教育和支持。图书馆还需要意识到，随着收发短信变得更加普遍，用户也可能会通过手机短信与图书馆进行联系。面对电话的发明、个人计算机的诞生和万维网的发展，图书馆都已做出了快速的反应。移动革命仅是科技发展路上的又一新阶段，为此，图书馆需要继续保持思维敏捷，并积极探索、创新。

## 参考文献

[1] Ellen D. Wagner, "Enabling Mobile Learning," *EDUCAUSE Review* 40.3（2005）：41-52.

[2] "Mobiles Head for Sales Milestone," BBC News, July 19, 2005, news.bbc.co.uk/1/hi/technology/4697405.stm（accessed February 10, 2006）.

[3] "Backpacks, Lunch Boxes and Cells?... Nearly Half of U.S. Teens and Tweens Have Cell Phones, According to NOP World mKids Study," GfKNOP, March 9, 2005, www.gfkamerica.com/news/mkidspressrelease.htm（accessed February 10, 2006）.

[4] "Text Messaging Statistics," SMS.ac, corporate.sms.ac/industryresources/text_messaging.htm（accessed July 12, 2006）.

[5] Mike Grenville, "Stats & Research: SMS Hits January Growth Forecast," 160 Characters Association, February 27, 2006, www.160characters.org/news.php?action=view&nid=1960（accessed July 12, 2006）.

[6] Nicola Giles and Sue Grey-Smith, "Txting Librarians @ Curtin," Information Online 2005, conferences.alia.org.au/online2005/papers/a12.pdf（accessed February 10, 2006）.

[7] J. B. Hill, Text a Librarian: Integrating Reference by SMS into Digital Reference, 7th Annual Virtual Reference Desk Conference, November 14, 2005, data.webjunction.org/wj/

documents/12542. pdf ( accessed February 20, 2006) .

[8] Michael Casey, "Easily Pushing Info via Text Message," LibraryCrunch, January 13, 2006, www. librarycrunch. com/2006/01/easily_ pushing_ info_ via_ text_ m. htm ( accessed February 10, 2006) .

# 第 11 章 播客

图书馆一直在寻找与用户在线交流的新方式。博客在信息发布方面具有很多优势，但是博客缺乏直接和人交谈的那种亲和力。在博客里你听不到人的声音，所以很难对博客作者有什么感性认识。还有，不是每个人都喜欢（或者能够）通过屏幕来阅读。播客可以让图书馆直接向用户提供语音形式的新闻和教育内容。播客（Podcasts）这个词来自于"iPod"和"broadcast"，指那些可以在 MP3 播放器上使用的语音内容。播客的制作非常简单，图书馆正开始使用这种技术来吸引年轻用户和鼓励他们的创造性。播客是最新的社会化工具，图书馆已经开始着手使用这种方式来为用户提供更好的服务了。

## 11.1 什么是播客

博客是在 2004 年被谈论最多的社会化工具，而直到 2005 年，播客才开始进入人们的视野，当年"播客（Podcate）"一词成为牛津美国词典（*New Oxford American Dictionary*）的年度词汇[1]。该年许多主流媒体开始使用播客，如 CNN、BBC、NPR 以及《纽约时报》。CEO、教育者、音乐家、喜剧演员等各行各业的人们开始使用播客。不像无线电广播那样只有一部分人能够制作广播内容，任何人都可以制作播客。对于这一点来说，通用汽车公司的高管和缅因州的汽车爱好者的起点是一样的。可以为每一种内容制作播客，从红酒到汽车，从技术到艺术等等。人们可以通过播客向世界传播他们的想法，而任何感兴趣的人都可以订阅收听。因为播客是语音媒体，这使得人们可以用自己的声音来表达自己。通过 MP3 播放器可以把播客带到任何地方、在日常生活中播放。这一点比博客方便很多。

播客是一种整合的音频广播。用户可以订阅播客内容并把它们放到任何可以播放 MP3 文件的播放器上。十多年来，人们一直都在制作可以在线播放的音频文件，这些文件一般是便携式格式或者是流媒体格式。通过流媒体格式，视频或者音频文件可以在播放时被下载到电脑上，但是不能拷贝到便携设备上。人们使用流媒体形式发布音频有时是因为不想让他人复制所发布的内容。在上世纪九十年代，甚至那些用来供下载和拷贝的文件也很少是便携格式，因为那时候数字音频播放器或者 MP3 播放器还没出现。这些文件通常只能在用户的电脑上播放（尽管笔记本电脑的便携性增加不少，但是它们仍然体积太大而不方便随身携带，比如健身和购物的时候）。当时还没有可用的高速网络连接，这使得下载音频文件很费时间。快速发展的宽带和 MP3 播放器的诞生使得数字音频文件的流行程度呈指数式增长。

MP3 播放器使得用户可以将他们的音乐和其他语音内容随身携带——体育馆里、上班途中或者在做家务的时候。MP3 播放器类似于随身听或者 CD 机，只是 MP3 用来播放用户自己下载的数字音频文件。最早的 MP3 播放器在 1997 年就出现了，但直到 2001 年 iPod 被发明以后，它才真正流行起来。无论是因为有效的市场营销手段的轰炸，还是由于它炫酷的造型，抑或是易用性方面的改进，iPod 成了"必备"的科技产品，在青少年中间尤其流行。到 2006 年中期，77%有 MP3 播放器的青少年都拥有 iPod[2]。在全美的科技行业和校园内，iPod 的白色耳塞连接线几乎是随处可见。当 iPod 成为最流行的 MP3 播放器以后，所有 MP3 播放器的市场开始繁荣起来。2006 年 7 月，一项 Ipsos 的调查显示，12 岁以上的美国人中，有五分之一的人拥有一部 MP3 播放器。该调查还发现 MP3 的销售占据全部便携音频播放器销售的 85%[3]。

随着 MP3 播放器市场的巨大繁荣，在线语音内容市场也开始活跃起来——其中播客发展最为迅速。播客明显不同于其他语音内容，因为它经过整合。在 2004 年"播客"这个词被发明之前，对语音内容进行整合的想法就出现了。2000 年，人们开始尝试在 RSS 信息源中嵌入音频附件，就像包含文字内容那样。2003 年"语音博客"开始流行，尽管当时的博客服务很少能够整合语音内容。紧接着，在 2003 年晚一些的时候，前 MTV 的主持亚当·库里（Adam Curry）和凯文·马科斯（Kevin Marks）开发了一种简易的技术，用来下载 RSS 附件并将它们直接放到 iPod 上。到 2004 年中期，播客一词开始出现。当时的软件不仅仅是能够将 RSS 附件传输到 iPod 上，而且能够将其放到所有类型的 MP3 播放器上。播客这个名字，虽然一开始是来自于 iPod，此时已不单单是指用于 iPod 了。

播客是如何工作的？在制作方面，首先使用小型数字音频录音装置录音，比如一台带麦克风的电脑或者耳麦，再加上录音软件，或者借助高科技的录音棚。大部分人使用前一种搭配制作播客。音频录制以后，要么使用数字音频编辑软件对音频文件进行加工，要么直接使用该音频。编辑过的音频文件需要保存为 MP3 格式，随后上传到网络服务器上。然后对音频进行整合，这个过程可以人工完成，也可以使用一些免费的服务（本章稍后将详细说明如何制作播客）。用户可以通过他们的 RSS 聚合器订阅最新的语音内容。有些服务直接把播客内容下载到电脑上，用户可以在他们方便的时候使用。一旦 MP3 文件下载到电脑上，用户就可以直接播放，或者刻录到 CD 上，或者转存到任何 MP3 播放器上。

播客有很多优势，可以作为文字的有效替代或者补充。它可以真正满足人们多样化的需求。人们在驾车、步行或者锻炼的时候就可以使用播客来了解他们感兴趣的内容。由于播客的便携性，用户可以将语音内容带到任何他们所在的地方，并可将其融入到其他活动中去。对于很繁忙的人来说，播客是一种获得日常新闻和娱乐信息的便捷方式。

相对于阅读，有些人通过收听的方式学习的效率会更高。对于这些听觉学习者来说，比起阅读博客或者报纸文章，他们更愿意收听播客。播客对于盲人、有视力障碍者以及有阅读障碍的人士也很有用。与被动式的收音机不同，播客是主动式的：你可以在任何你喜欢的时间收听播客。

但是，播客并不是在任何情况下都是最好的方式。有些内容不适合制成语音形式。对于那些更喜欢快速浏览内容而不是将整篇内容看完的人们来说，播客也可能不是最好的选择。比如，大部分人可能不想收听整个图书馆事务而只是想找某个部分。对于这种内容，快速浏览网页要比先下载再收听的播客来得容易。还有，对于现在还在使用电话线拨号上网的人来说，MP3 文件的下载仍然是一个花时间的事情。"播客抓取器（Podcatchers）"虽然可以帮助自动下载文件，但是带宽不足仍是一个使用障碍。对于那些没有 MP3 或者 CD 播放器的人来说，播客也必须和用户的电脑绑定使用，这样播客最具有吸引力的地方——便携性，便体现不出来。

有人是听觉学习者，而有人是视觉学习者，这些人更愿意通过阅读和直观教具来获取信息。文字内容对于喜欢快速浏览信息的读者更有优势，他们更喜欢按照自己的步调来了解整个内容。而使用播客，每个人都必须按照相同的速度来使用媒体内容，有时这样会很乏味。繁忙的人更愿意阅读或浏览内容，而不会使用播客。所以播客依赖于需求、偏好以及用户对新技术的接纳程度。

## 11.2 图书馆如何使用播客

播客一直以来被个人和机构用来发布新闻、教育以及推广服务。图书馆也可以制作播客来达成这些目的，从而为用户提供获得图书馆传统服务的另一种方式。图书馆在它们的网站上发布了很多文字内容，这对于喜欢文字内容的用户很有用。但是听觉学习者和那些不能在电脑上阅读文字的人来说，这可能不是一种方便的方式。这时候把这些内容的一部分制作成播客将十分有用。乔治亚州弥特学院迪凯特校区图书馆从 2005 年初开始一直制作播客内容，为学生和教员提供图书馆相关的新闻和信息。每次的《Listen Up!》（gp-clibraryradio.blogspot.com）包含图书馆新闻、新书要闻以及音乐选段。一开始这些内容的长度一般为 20~35 分钟不等。这些播客算是时间长的，要求听者要有较大的耐心。现在这些播客的时长更为简短可控，一般时长为 5~12 分钟。《Omnibus》（www.dowling.edu/library/newsblog/podcasts.asp）是位于长岛（在纽约）的道林大学图书馆的播客，每月发布一次，为用户提供图书馆信息和一些本地信息的大杂烩。比如 2005 年 9 月的这期播客里，有档案专家探讨本地一个不同寻常的交通路口的历史，有就计算机安全方面采访某个 IT 主管的内容，以及一个图书馆员播报的图书馆新闻。图书馆员可以在播客开始时说明各部分的具体时间，这样只对某部分内容感兴趣的用户就可以直接跳过不感兴趣的部分。在向公众推广图书馆服务方面，播客是一种很好的方式，但要注意保持播客内容的吸引力和简洁性。在播客中加入一些采访和有关当地的故事可以使播客更有趣，而时长超过 20 分钟的播客就会显得很枯燥乏味。还有，如果学生或用户通过图书馆网站就可以获得到信息，他们未必还需要同样内容的播客。

在培训用户使用可用资源以及为读者提供帮助方面，播客也是一种非常好的方式。因为人们可以将播客内容随身携带，他们可以在驾车上班的路上来学些如何使用 PudMed 的知识，或者在跑步机上找到他们感兴趣的图书。有些听觉学习者在理解以文字形式呈现的说明方面有困难，对他们来说语音形式的指导说明是非常有用的。这些培训内容的播客可以为用户介绍图书馆资源或者指导用户使用这些资源。马萨诸塞州伍斯特理工学院乔治·戈登图书馆的播客名为《Aduio to Go》（www.wpi.edu/Academics/Library/Borrowing/

Podcasts），它就数据库、网站以及搜索工具方面提供帮助信息。其中，每个播客时长在 1 到 3 分钟。每个播客针对一种资源，说明如何使用该资源以及该资源可以用来做什么。该播客还定期结合播客的使用进行一些有奖征答活动，让学生使用某一特定资源并将答案提交到图书馆。这一措施可以鼓励学生亲自使用图书馆的资源，并且让学生们感受到该资源的有用性。

几乎每家公立小学的图书馆都为他们的小读者提供"故事时间"。在"故事时间"中，图书馆员为孩子们读一个故事，有时候还在结束的时候对故事进行讨论。对于那些不去图书馆的孩子以及父母不给他们读故事的孩子，他们会错过这一重要的童年生活时光。孩子们需要大声朗读，这样可以帮助他们扩充词汇量和学习如何阅读。播客故事可以使孩子们在任何时间听故事。这对于那些不会说英语的父母及孩子需要学习英语的父母特别有用。学习阅读的孩子可以跟着播客朗读，这样会很好地明白某个字的发音。通过使用播客，那些有学习障碍的孩子还可以重复学习这些文字。

"故事时间"播客可以仅仅是介绍一位图书馆员阅读一本书，也可以开展讨论，方便父母和孩子一起探讨这些故事。如果所在的图书馆有很多母语不是英语的读者，那么可能需要一个双语的故事播客。位于伊利诺伊州西泉的托马斯福特纪念图书馆发布的《Click-A-Story》（www.fordlibrary.org/clickastory），为公众录制故事。每个故事都由青少年服务部门朗读并制成播客。位于纽约州蒙西的格兰威小学图书馆（www.grandviewlibrary.org），媒体专家莎朗·昌西（SarahChauncey）使用录制的播客故事来促进父母帮助孩子扩充词汇量。在图书馆的播客上，昌西为各个年龄段的孩子列了一个书单。孩子们可将这些故事 CD 带回家大声朗读，并就每一个故事进行讨论[4]。这种方式已经不再是严格意义上的播客——因为不涉及 RSS 信息源，但这提供了一种儿童使用播客的可能。图书馆员可以为公众制作整本书的播客，并针对儿童加入一些讨论话题。因为大声朗读是儿童早期不可分割的一部分，播客非常适合儿童群体。

"故事时间"不仅适合儿童，许多成年人也喜欢参加作者朗诵会以及听有声读物。图书馆员则可以为公众录制阅读材料。通过向公众提供免费的有声读物的形式，可以更好地为用户服务，特别是为盲人和视力障碍者服务。公众播客（Public Domain Podcast）（publicdomainpodcast.blogspot.com）包含了一位女声朗读的经典作品，像欧亨利、路易斯·卡罗尔、儒勒·凡尔纳的作品。类似地，LibriVox（librivox.org）是由志愿者组成的，目标是为公众录制所有的作品。这些志愿者已经录制了许多经典作品，像《旷野的呼唤（The Call of the Wild）》、《地下笔记（Notes form the Underground）》、《特工（The Secret Agent）》等等。

有时候图书馆会举办作者见面会。作家们朗诵他们的作品，回答用户的问题等等。在作者的许可下，可以将这些内容录制下来并制作为播客放到网上。卡罗拉多州的旧封面书店提供巡回签售作家的播客（www.authorsontourlive.com），内容主要涉及该书店召开的作者见面会。有些著名的当代作家到访该书店。这些播客为那些偏远地方的人们提供了一个机会，可以听到他们喜爱的作家的声音。除作者朗诵会以外，图书馆还可以录制一些自己的内容，并将它们作为播客放到网上。伊利诺伊州的兰辛（The Lansing）公共图书馆播客（www.lansing.lib.il.us/podcast.htm），录制了一些技术和资源方面的课程，把它们放到网上以方便那些没能参加这些课程的人们使用。这些内容不仅仅对于兰辛图书馆的用户有用，对于世界各地偶然发现这些内容的人来说同样有用。对于图书馆员自己来说，可以将图书馆会议的内容制作成播客，以方便那些没能参加会议的人。

博物馆经常为它们的藏品录制语音解说，这样当人们参观博物馆时，就可以为参观者提供藏品的背景信息。相比于只是四处简单看看，这种方式可以使参观者了解到更多的知识。传统的现场解说很吵而且要求所有的参观者步调一致，而语音解说没有这些问题。一些图书馆开始制作图书馆语音解说播客，用来对图书馆的布局、藏书以及服务进行自助式介绍。俄亥俄州大学的奥尔登图书馆提供播客解说（www.library.ohiou.edu/vtour/podcast），以作为传统解说的补充。该解说向到访图书馆的学生提供，并且可以全部下载，或者就某一内容介绍单个下载。英国谢菲尔德大学（www.lbasg.group.shef.ac.uk/downloads/index.html）制作了生动的语音讲解，由校园广播名人进行讲解。不必与其他一大群人一起听取现场讲解，通过语音讲解，学生们可以自己决定要去的地方。当他们想要四处逛逛的时候，也可以随时暂停播放。针对那些第一语言不是英语的学生，图书馆为讲解语音制作多语言的版本。语音讲解的主要缺点是不能直接回答学生的问题，不过这可以在参观结束以后，通过将学生引至咨询台来解决。建议鼓励学生直接向咨询台的图书馆员进行提问，这样甚至可以帮助学生克服不愿意咨询的缺点。

一些图书馆开始以娱乐和教育的目的出借 iPod。2005 年，纽约州的南亨廷顿公共图书馆（shpl.suffolk.lib.ny.us）开始出借 iPod Shuffles（内存稍小一些的 iPod），随即受到广泛欢迎。每个播放器预装了特定的某一有声读物或者歌曲集，用户也可以在有声读物列表中选择内容，再由工作人员存放到 iPod 里面。用户的借听期限是两周，到期后图书馆员可以为其他用户装载其他有声读物。通过这种间接下载的有声读物，图书馆可以避免那些由用户自己下载而引起的版权问题。一些大学图书馆开始出借预装有专业课程资料的 iPod，比如音乐和语言方面的课程。2005 年，布朗大学向两个音乐班的学生发放装载有该学期课程的 iPod，使学生可以播放讲座播客和课程要求的音乐[5]。这使得学生可以在他们任何方便的时候播放，也可以不限次数的播放（这对于那些领悟能力低的学生特别有用）。当然图书馆和学术机构可以出借任何类型的 MP3 播放器，但 iPod 是最有吸引力的选择，毕竟很多人熟悉如何操作。

**格雷格·苏瓦茨（Greg Schwartz）关于播客的看法**

播客这种媒体打动你的地方是什么？

起初，我是以使用者的身份接触播客的。那时，我有一个迫切的想法，就是制作一份属于自己的语音报纸。为了使这份语音报纸具有类似于"图书馆"这样的功能，我引入了播客。我想可能有些人会需要这种类型的内容。

图书馆制作播客会有哪些困难？

制作播客的主要困难是时间和人力。得花时间计划、花时间录音、花时间编辑。制作某一播客所需要的时间是其播放时长的三到四倍。

图书馆播客最有潜力的三个应用是什么？

播客最有潜力的应用完全取决于其具体的应用场景，但能立即想到的三个方面是：面向更广泛的用户发布自我设计的内容（in-house programming）；为视力障碍人群提供最新的资讯和服务；促进图书馆的新资料、预期事务以及其他事务的推广。

格雷格·苏瓦茨是路易斯维尔免费公共图书馆电子服务部门的主管，他一直致力于推荐图书馆使用播客。他也是博客和《开架（Open Stacks）》系列播客（openstacks.net/os）的作者。

## 11.3 用户创造内容

学习是双向的。人们不仅通过听取告诉他们怎么做来学习，而且能够自己创造内容。教育应该是对话式的，图书馆员应该通过鼓励用户制作播客内容，从而促进用户终身学习。对于年轻用户来说，播客可以激发创造性以及鼓励自我表达。播客给予人们一个与别人分享爱好的机会。播客也有利于激发儿童的学习积极性，因为这种形式可以使得他们在作业中添加一点点个性[6]。

通过鼓励学生制作评论播客，图书馆能够帮助他们培养批判式思维。无论是评论一本书、一部电影还是一张新唱片，评论的过程可以使学生能够批判性地思考问题。在知道他们会被录音的情况下，学生们也愿意创造更优质的评论。这可以鼓励学生分析所评论的任何事物。两家伊利诺伊州的图书馆，位于西泉的托马斯福特纪念图书馆（www.fordlibrary.org/yareviews）和布卢明顿公共图书馆（feeds.feedburner.com/bplpodcast），帮助当地的青少年制作了图书、电影、音乐和网站的评论播客。聆听这些学生的热情和他们的描述是件很有意思的事情。对于那些青少年向图书馆推荐的播客，也会带动其他青少年借听——谁能比他们的同龄人更适合推荐这些资源呢？

对于低龄用户，为他们早期的朗读制作播客可以提升他们的阅读能力。如果图书馆员为儿童朗读某一本书而制作播客，并且对一些生字的发音提供帮助，儿童在实际的阅读中就能一遍又一遍的播放这些播客。在学习过程中也可以周期性地为儿童录音，以对比检查他们进步的程度。如果孩子们能看到他们自己取得进步，将能够减少常见的在学习朗读时产生的挫折感。这些方式也被用来教导那些将英语作为第二语言的人们学习英语。

## 11.4 教育播客

有些图书馆会提供指导教学，很多图书馆员的工作就是指导教师。对于这些图书馆员来说，播客可以很好地应用于教学。图书馆制作本馆的播客的同时，还可以帮助教育工作者了解播客以及鼓励在课堂中使用播客，从而提供有价值的服务。现在越来越多的人通过网络学习，有时是学习某一堂课，有时是学习整个课程。但是在当前的网络媒体中，教学技术仍在发展。播客作为在线以及面对面课堂教学的补充，可以使学生的学习更加人性化，可以使教员尝试更加互动的教学方式。

过去一年多时间里,越来越多的大学开始使用播客课程。斯坦福大学有自己的 iTunes 页面(itunes. stanford. edu),其中有面向公众的公开课,也有面向某一班级的非公开课程。普渡大学开发了自己的播客服务,称为 BoilerCast (boilercast. itap. purdue. edu:1013/Boilercast/),用户可以录制和上传课程。现在,每个教室为了最佳的声音效果都安装了录音设备。播客得到了学生们热情的评论,他们认为播客使得学习更方便,而且他们如果没能去上某堂课,他们也不会错过重要的内容[7]。

有些教员担心使用播客课程的话,课堂出勤率会变为零,而其他人则把播客视作一个可以改变他们课堂重点的机会。让·克洛德·布拉德利(Jean Claude Bradley)是德雷克赛尔大学的化学教授,他让学生在课外收听课程播客,而利用教学时间去做实验以及一对一地帮助学生解决问题。在一些班级里,为了可以有更多的时间来进行班内活动,他甚至会重复使用上一学期的课件。通过让学生课外收听课程播客,可以使教员有机会使他们的现场讲授更加具有互动性,并能更多地关注学生的学习需要。布拉德利提到的一点很重要:"作为教学工作者,我们应该专注于教学,而不是点名。"[8]

通过帮助那些非传统的学习者更容易地学习,播客可以使教学手段更加丰富。课程播客可以使用户在他们闲暇的时候回放课程内容,实现了学习方式和学习能力的多样化。存在学习障碍的学生可以通过重复收听来更好地学习,有了播客,他们可以回放他们要学的内容。那些非听觉学习者也受益于这种可以回放内容的特点;而播客使得回放变得轻而易举。教员还可以为那些有兴趣的学生提供额外的课程或者语音内容,从而实现因材施教。

最后,播客促进教授和特邀嘉宾的合作。教授可以通过电话采访嘉宾,然后将谈话制成播客,这样嘉宾甚至可以不出家门就完成采访。通过这种方式,教授可以采访到那些著名的可能无法到场的嘉宾。这种情况对于那些繁忙的成功人士来说很常见。教授也可以将这些播客多次使用,一次嘉宾的录音就可以使学生们多年受益。嘉宾播客的形式也可以使课堂时间空出来开展其他活动。教授可以让学生课外收听嘉宾播客,然后在课堂上讨论这些内容。

很多小学教师正在和他们的学生一起制作播客。对于青少年来说,这是一项在他们生活中很常见的技术,因此在课堂中使用播客是种很好的选择。学生们可以制作一周播客秀,用来谈论他们在课堂上的学习内容;他们可以发布书评、实地考察报告以及讨论作业。位于缅因州威尔士的威尔士(Wells)小学

208教室的三年级和四年级的学生一起制作了类似于广播节目的每周播客（bobsprankle.com/blog），内容是关于他们一周内的学习，涉及采访、书评、背景音乐以及日常学习内容。播客可以帮助儿童回顾他们的学习并使得他们更具创造力；还可以增加他们口头表达的经验。在佐治亚州玛丽埃塔的马布里中学（mabryonline.org/podcasts），学生们通过用法文朗诵诗歌和散文来提高他们的语言技巧。该校校长经常与学生会谈，并将会谈内容制成播客。播客为突出强调学校的成功经验提供了一个非同寻常的途径，通过此播客，学生可以知道其他班级的活动，家长可以知道孩子正在学什么。

很多班级要求个人或小组进行口头演讲，这为教师鼓励学生制作播客提供了一个绝好的机会。通过制作演讲播客，学生们可以在他们的演讲内容和内容编辑方面更具创造力，从而取得更好的成绩。由于不需要在上课期间进行口头演讲，学生们可以在上课前收听演讲播客，利用上课时间来讨论这些演讲。对于那些怯场的学生来说，制作演讲播客要比在班级前面演讲来得容易的多；播客可以帮助他们在没有类似压力的情况下多次练习。播客也给家长一个收听其孩子在学校的活动内容，从而更多参与到其孩子的教育活动中的机会。

和其他社会软件应用一样，播客正革命性地改变着教学方式。课程播客可以使教员在课堂上与学生进行对话，而不是照本宣科。播客还使得学生可以根据需要重复课程内容。将制作播客作为学生作业的一部分，可以使他们有机会创造性地表现自己，以及使他们更积极地完成他们的作业。教师和学生一起制作播客，可以让学生们感到他们是学习过程的一部分。除了制作自己的内容，图书馆员可以在帮助教员学习播客方面起到重要作用，使他们意识到在课堂中使用播客的重要性。

## 11.5 播客：现实思考

随着自动播客网站的出现，播客的制作正变得越来越容易。制作播客唯一需要的设备是一台电脑、一个麦克风或者耳麦。也可以使用数字音频录音机来录制音频，然后转存到电脑上。此外，需要一个录制和编辑声音的软件。Audacity（audacity.sourceforge.net）是一款开源软件，也是最流行的录制编辑音频的免费软件。不过，如果要使用Audacity录制音频，还需要下载LAME编码器（lame.sourceforge.net）。该编码器是免费的，可以将录制的文件转成MP3格式。付费录音软件可用于制作专业播客。

MP3 文件制作完成以后，需要将它上传到服务器上。播客制作者可以使用自己的服务器空间，也可以使用某项在线服务来存储播客以及生成 RSS 信息源。OurMedia（ourmedia.org）由互联网档案网（Internet Archive）运营，可以为各种多媒体文件提供免费的存储和带宽，并在用户上传任何 MP3 文件时，自动生成一个 RSS 信息源。也有一些付费网站提供这项服务，使用户可以存储播客并生成 RSS 信息源。如果不使用这些服务，则需要在 RSS 信息源中创建一个音频附件，以整合到 RSS 信息源中。为此，最容易的方法是在博客网页中插入 MP3 文件，然后通过 FeedBurner（www.feedburner.com）生成 RSS 信息源；FeedBurner 的 SmartCast 服务将创建一个播客并同时生成一个播客附件的标签。用户可借助播客聚合器查找并下载播客。有几个最新推出的网站可以完全自动生成播客，但是大部分网站提供的免费服务只有几项。这些网站使得录音制作一步到位。有些网站还可以帮助用户查找并订阅播客，实际上为他们提供了一站式播客服务。

知道如何制作播客还不够，还需要知道如何制作优质播客。时长可能是最重要的考虑因素；大部分人不愿意坐下来花 30 分钟去收听图书馆员讨论图书馆新闻。播客绝对需要简短而且简洁，否则听众将不能集中注意力。如果一个播客时间很长，那么需要包含不同的元素来保持用户的兴趣。图书馆的播客可以将图书馆的内容信息与人物采访、音乐片段、本地事务或者轶事杂谈交错播放。

长时间收听单一声音也很乏味。如果整个过程只有一个叙述者解说，那么务必保证叙述者对他/她所说的内容有真正的热情。此时，背景音乐非常有用，但要注意只能使用没有版权保护的音乐。音乐特区网（music.pod-show.com）为那些可以在播客中使用的音乐提供了一个列表。一定要考虑播客的受众和播客的内容，以保证用户的兴趣。否则用户会走神或者直接关闭播客。

## 11.6 查找播客：现实思考

图书馆员和用户现在有成千上万有用的播客供他们选择。图书馆员可以收听像 Talking with Tails（talk.talis.com）、图书馆在线编程（Online Programming for All Libraries 即 OPAL；www.opalonline.org）、少年图书馆员（Teen Libraries；www.teenlibrarian.com）以及 IT 对话录（www.itconversations.com）之类的播客，这些播客都是关于图书馆和信息技术的。尽管用户可以仅仅是

出于爱好或者兴趣来选择播客，但问题在于如何查找播客。因为播客是音频格式，在以文字为基础的网站上很难被搜索到。

2005年初，播客刚出现时，以目录形式汇聚，并通过排名机制，方便人们查找最热门的播客。播客联盟（Podcast Alley；podcastalley.com）、iTunes（www.apple.com/itunes/podcasts）以及雅虎播客（podcasts.yahoo.com）是至今仍受欢迎的播客目录。这些播客目录使用户可以分类浏览播客，也可以搜索某一具体的播客。但是，分类浏览需要用户仔细收听成千上万的播客，而搜索又只能搜索到标题和内容描述。播客目录虽然可以帮助用户找到最受欢迎的播客，但是对于那些小众的或者主题模糊的播客则没有什么帮助。在只有几百个播客时，分类浏览目录还比较容易。在目前有成千上万播客的情况下，人们希望通过搜索而不是浏览来找到想要的播客。

目前，播客搜索还处于初级阶段。Google可以搜索得到某一网页上的所有文字，但是播客搜索引擎却不能搜索到某一条播客里的所有内容。大部分旧的播客搜索引擎只能搜索像标题、内容描述以及RSS信息源中包含的文字内容。有的网站鼓励播客作者或用户为播客添加相关的描述性数据或者标签。但是就像本书第八章关于社会化书签所讨论的那样，用户添加的标签内容非常个人化，对其他的用户并没有什么帮助。一些新的搜索引擎使用语音识别技术将声音转换为文字，然后再对文字进行搜索。PodZinger（www.podzinger.com）和Podscope（www.podscope.com）都可以搜索到播客中某一特定内容并将该部分播放出来。这种方法可能是最有潜力的播客搜索方式，但是目前还有很高的识别错误率。

一旦找到你感兴趣的播客，有三种方式可以得到它们。一是可以访问播客网站然后手动下载。这通常既费时又费力，特别是那些通过不是很常见的方式制作的播客。二是通过普通聚合器订阅播客RSS信息源，这样，一旦播客创建完成你就可以收到提醒。使用当前大部分的聚合器，仍然需要手动去下载播客的MP3文件。三是可以使用专门为播客设计的聚合器（播客抓取器），来自动下载已订阅的播客。对于想通过常规手段来接收播客的用户来说，这是最简单的办法。由亚当·科利（Adam Currye）开发并一度广为人知的工具——Juice（juicereceiver.sourceforge.net）是最早的播客聚合器。直到2005年中期它都是最受欢迎的聚合器，然后苹果公司发布了iTunes并同时提供播客目录以及播客抓取，它才淡出人们的视野。雅虎播客用户可以使用他们自己的账号来自动下载播客，也可以选择在雅虎网站上收听或者将其下载到自己的电脑上。播客下载以后，用户可以在电脑上收听、刻录到 CD 上或者放到 MP3 播放器上收听。

  2004 年以前，博客在图书馆和教育机构中是最主要的社交工具。目前博客在某些情况和主题中仍然是优先被采用的媒体形式，但播客可以激励人们的创造力，无论是在教学还是信息分享方面。在教育领域，作为教员发布信息和学员创造内容的工具，播客的价值在很多情况下都得到了证明。随着音频录制技术的提高，播客越来越容易被制作并与其他人分享。任何人也都可以通过高速互联网来方便地获取播客。但是图书馆不能仅仅因为它是热门新鲜的事物而去制作播客。只有当某一主题适合语音的形式并对用户有用的时候，才应该考虑使用播客。精心制作的播客，将使信息更具吸引力。

## 参考文献

[1] "Podcast is the Word of the Year," Oxford University Press, December 2005, www.oup.com/us/brochure/NOAD_podcast/? view=usa（accessed January 21, 2006）.

[2] Brad Cook, "Piper Jaffray's Latest Teen Survey Shows Continued iPod Domination," The iPod Observer, April 5, 2006, www.ipodobserver.com/story/26229（accessed July 12, 2006）.

[3] "Portable MP3 Player Ownership Reaches New High," Ipsos Insight, June 29, 2006, www.ipsosinsight.com/pressrelease.aspx? id=3124（accessed July 12, 2006）.

[4] Kathy Ishizuka, "Tell Me a Story," School Library Journal, September 1, 2005, www.schoollibraryjournal.com/article/CA6253062.html（accessed January 10, 2006）.

[5] SimmiAuijla, "iPods on Loan to Students for Coursework in Music," Brown Daily Herald, October 5, 2005, www.browndailyherald.com/media/paper472/news/2005/10/05/CampusNews/Ipods.On.Loan.To.Students.For.Coursework.In.Music-1009716.shtml? norewrite&source domain=www.browndailyherald.com（accessed January 15, 2006）.

[6] Gardner Campbell, "There's Something in the Air: Podcasting in Education," EDUCAUSE Review 40.6（2005），www.educause.edu/ir/library/pdf/erm0561.pdf（accessed January 15, 2006）.

[7] Jodi S. Cohen, "Missed Class? Try a Podcast," Chicago Tribune, October 20, 2005,

www. cs. duke. edu/dept_ info/news/index. php? article = 167 (accessed January 13, 20062006).

[8] Jean-Claude Bradley, "Beyond Lecture Podcasting," Drexel CoAS E-Learning, October 28, 2005, drexel - coas - elearning. blogspot. com/2005/10/beyond - lecture - podcasting. html (accessed January 15, 2006).

# 第 12 章 演客和拍客

尽管教育理论家和心理学家就人们学习方式持有不同意见，但他们都一致认为，人们吸收信息的方式是多种多样的。说到学习方式或者智力水平，被广泛接受的一点是：每个人都有不同的教育需求并且可以在不同的教育环境下有所成就。

但是在多数情况下，教育和信息内容一般只有一种媒体形式。文字或者语音形式的媒体只对其目标用户才真正有用，所以，教育机构和图书馆开始在它们的在线内容中加入了视频。视频内容可以向用户同时提供视觉和听觉信息，从而提高人们终身学习的可能性。"拍客"——或者说是整合视频广播，可以让用户在在线同步的环境下，最大限度地感受现场氛围。对于那些喜爱网络多媒体的年轻用户来说，拍客也是能够吸引他们的最好方式。演客使图书馆员制作各种具吸引力的教育内容，从而最大限度地适应各种不同的学习方式。随着视频内容越来越容易制作和更加方便的网络获取，图书馆开始使用它作为教育和连接其用户的另一途径。

## 12.1 演客

从互联网早期开始，图书馆员就开始意识到演客作为教育媒体的潜力。大部分图书馆在他们开始提供网络内容时就一直使用在线指导手册。而这些在线指导手册很多一开始只是简单的以文字为主的 HTML 文档或者 PDF 文档，主要是就如何搜索/使用数据库或者其他在线工具，提供使用说明。虽然这些指导手册为用户提供有价值的内容介绍，但很多人都认为这种文字形式的介绍不易学习。

随后，图书馆员开始在这些使用指南中加入多媒体和交互活动。用户可以点击不同的选项或者必须回答某个小测试的问题。动作和交互可以使用户集中精神，但是这些指南仍然是以文字为主的形式。对于这种在屏幕上阅读资料的方式，有些人不太习惯。他们喜欢语音内容；比起坐在桌边读一本书，他们更愿意去听现场演讲。还有些人需要亲眼看到如何做某事才能明白如何操作。而有些人需要练习他们所学的内容才能真正明白操作要领。

对于如何完成某一特定任务，许多图书馆指南缺少真正有效的演示。在面对面解说的情况下，用户可以实时操作数据库的每一步骤，很多情况下还可以练习他们正在学习的东西，在线指南在这些方面根本无法与演客相比。相比之下，演客具备面对面解说的很多元素。通过加入语音、视频、文字、演示以及交互内容，演客是最接近手把手解说的形式，而又不需要面对面的解说。

通常情况下，演客拍下电脑屏幕所有活动。演客软件可以记录电脑动作，包括鼠标移动、文字键入、屏幕滚动以及页面跳转。这些软件要么抓取某些屏幕图像和屏幕页面之间的操作，要么完整记录所有桌面的活动。对每一个桌面动作都可以有一个活动视频。有些软件还提供编辑功能，可以对录制的视频进行编辑。可以删除不正确的动作、失误以及不必要的图像。相对于屏幕截图，大部分的演客软件还可以添加语音，用来说明正在进行的操作。演客还可以插入提示说明、高亮文字以及使用其他工具，用来突出屏幕上的某一元素。

有些功能完备的软件包还可以使用户参与到演客中来，比如，图书馆可以创建一个场景，用户需要先进行某个搜索、点击某一按键或者其他动作，否则不能进行下一步。有的还可以制作一些交互测试，用户可以对自己给出的答案得到直接的反馈。说明文字可以吸引那些擅长文本阅读的学习者；语音内容能够吸引那些喜欢语音的学习者；视频演示可以吸引通过实例演示才能学习的视觉学习者。总之，对于那些需要练习他们所学内容的用户，通过某些必需的反馈，演客中的交互元素使他们参与其中，从而非常具有吸引力。对于有着多种多样学习方式的用户来说，演客可能是最具潜力的在线学习工具。

演客的概念形成于 2004 年末，当时技术专栏作家乔·乌德尔（Jon Udell）开始使用屏幕抓取技术来演示各种以网络为基础的工具和技术。乌德尔向他的用户征集名称，用来表达"为软件操作制作视频"的概念[1]。在他收到的建议中，演客（Screencast）一词是最具吸引力的。他对演客软件的支持，使得作为演示技术和提供在线教育工具的演客变得越来越具有知名度。

相对于演客这个相对较新的概念，屏幕抓取软件已经存在十多年了。早在上世纪 90 年代中期，Lotus ScreenCam 成为第一个投放市场的产品。但是 Lotus ScreenCam 使用起来非常不便，而且必须要求在某一特定播放器上才能观看。1999 年末，TechSmith 引入了 Camtasia（www.techsmith.com/camtasia.asp），Qarbon 则建立了 ViewBuilder（www.qarbon.com/presentation-software/viewletbuilder）。二者的出现，使得人们制作的视频标准化。

甚至在屏幕抓取软件可以较容易地被应用于制作在线指南手册之前，开发者就已经使用许多工具手动制作多种格式的说明指南，比如 Flash 和 QuickTime 格式。在那时，由于高昂的软件成本，还有需要大量的时间和专业的技术，使得只有专业人员才能制作具有专业水准的教程说明演客。现在像 Camtasia、ViewletBuilder 以及 Adobe Captivate（www.adobe.com/products/captivate）之类软件的出现，使得即使是一个新手，制作教程说明的演客也很容易。由于这些软件变得越来越便宜，而且易于使用，现在各行各业的人们都在使用。

目前，演客主要应用在信息技术和教育领域。在软件行业，演客是产品演示的最佳方式。相对于只是简单罗列一些产品特性，演客可以向用户展示功能内容和该软件的工作原理。在咨询台，演客用来演示如何解决某些一般性的技术问题。这相对于传统的问答形式是一个很好的补充。演客还可以用作软件测评或者比较不同产品的特性。相对于为你的观众进行演示，还能有什么比这更好的测评方式呢？

在教育领域，演客主要用来制作在线讲座。通过综合使用幻灯片、网站以及语音描述，教授们可以制作视频讲座。德雷克赛尔大学英语教授斯科特·沃诺克（Scott Warnock）利用演客来评论其学生的论文。这种方式使得他可以做更深入的评论，学生也更能从中受益[2]。在同时需要语音和视频的情形下，或者需要演示某一操作时，演客是一项很好的选择。

## 12.2 图书馆和演客

由于相关的软件最近才变得便宜和易于使用，图书馆也刚开始使用演客。多数图书馆制作的演客都是在这几年的事。但是越来越多的用户，包括国际远程访问的用户和那些更愿意在家获取图书馆资源的用户借助网络来获取图书馆的服务，其对图书馆网站的使用说明和技术支持日益依赖。为了能够实现这种支持，图书馆要么提供 7X24 小时的参考服务，要么制作一些用户必需的使用指南。许多图书馆现在开始转向使用演客来提供非实时的使用说明。当前最主要的演客使用者是学术机构，因为它们需要提供一些远程教育课程，但有些公共图书馆也开始使用演客来为用户提供使用指南。

演客在图书馆中的应用主要是演示如何使用图书馆资源。因为可以记录每个鼠标移动和文字输入，通过逐步操作，演客非常容易地向学生展示如何使用数据库或者馆藏目录。位于肯特堡（Fort Kent）的缅因大学布莱克图书馆（www.umfk.maine.edu/infoserv/library/resources/tutorials）为馆藏目录制作了一些简短的演客。每个演客只有几分钟，用来演示某一目录的特定操作，比如关键词搜索或者主题搜索。将这些操作说明使用演客分割成简短的独立小段，可以维持用户的注意力。这些演客并不包含语音内容，但是有文字提示。每个演客也都有 PDF 版本，以方便那些不想看演客或者希望打印文字提示的用户。卡尔加里大学图书馆（library.ucalgary.ca/services/libraryconnection/tutorials.php）专门为那些使用在线图书馆的远程用户制作了演客指南。这些指南包括如何使用链接解析软件、访问数据库时如何进行身份认证，以及如何使用文献借阅表单。其中有些指南包含语音叙述，而有些只有文字描述。伯克利大学洛杉矶分校图书馆的多媒体指南《科研之路》（《Road to Research》）（www.sscnet.ucla.edu/library/tutorial.php），就如何使用图书馆资源提供了一系列演客。其中的一部分还有多语言版本，以满足该校多样化的用户需求。由于这些演客都不包含文字说明，图书馆只需要改变解说语言就可适合不同语种用户使用。

除了指导用户如何使用图书馆资源，演客也可用来教授一些有价值的技能。卡尔加里公共图书馆（calgarypubliclibrary.com/library/tutorials.htm）制作了一系列的演客，用来教授基本的电脑和网络技能。每个演客时长 2~12 分钟不等，演示从如何使用鼠标搜索网页到创建电子邮箱。这些演客也包含有交互设计，讲述者要求用户进行某一特定操作，然后才能继续播放演客。如果操作错误，用户会收到反馈。这可以使得用户在他们学习的时候就加以练习、强化。为了方便用户使用不同的学习方式，演客既包含了文字内容，也包含了语音内容。

这些例子都说明演客可以用来演示某一具体使用，除此之外，演客还可以用来帮助学生拓展信息素质方面的技能，比如设计一个研究课题，获知、评估某一资源。在信息素质培训课堂上，图书馆员通过向学生演示不同来源（比如同行评议期刊、互联网以及政府网站）的信息资料，教授如何评估资源。接着向学生展示在一篇文献中，哪些内容决定了资源的质量和可信度。用演客来完成这些工作非常方便。为了说明如何开发一个研究课题，图书馆员可以创建一个演客实例。在示例中，图书馆员可以带领学生了解开发和完善某一课题的整个过程。如何教导学生开展研究代表了应用在线媒体的一项挑战，图书馆员可以通过演客来展示具体的例子，从而培养学生的信息素质技能。

### 12.3 演客的优点

当前图书馆用户越来越习惯于使用在线服务，所以通过演客来进行说明讲解就成了一种非常好的方式。用户 7×24 小时地访问图书馆资源，但大部分图书馆不能提供 7×24 小时的帮助，在线使用指南就成了一个可实现 7×24 小时帮助的且合理的替代方式。不像其他类型的使用指南，演客可以清楚地向用户展示具体界面和使用方式。大部分演客还提供暂停和回放功能；这使得用户可以按照自己的速度来学习，新手用户可以回放那些他们感到不明白的部分，熟练用户则可以跳过已掌握的信息。对于远程学习者和没能参加线下课程的用户来说，演客也是一个很有用的工具。每个图书馆都会有一些不喜欢咨询的和不愿意参加培训的用户，他们可能更愿意在家里观看 Flash 形式的使用指南。

大部分的演客软件非常容易使用，几乎不需要操作培训。价格方面，制作演客的成本非常低廉，从免费到几百美元不等。但是，投入的资金越多，软件提供的功能就越多。演客在向用户展示某一项目、动作或想法的同时可以加以解说，这样就与在线同步的课堂非常接近。演客本身就是专门用来吸引各种不同学习方式的用户的媒介，所以用户可以读、看、听以及练习他们所学的东西。演客一旦制作完成，便可以在多个场合再次使用。演客的可复用性可以节省大量的人力资源，而且可供每个在线用户使用。

### 12.4 演客的缺点

以上是图书馆为什么需要使用演客的理由，现在说一下演客有哪些不足。无论你如何进行压缩，视频文件都不可避免地占用较大的存储空间。现在越来越多的用户在家里和工作中使用的是宽带连接，但是仍然有很多人使用的是电话线拨号上网，他们下载一个三分钟的演客可能需要花很长时间。对于这些用户来说，这是其使用演客的主要障碍；同时这也是图书馆应用演客而需要克服的一大不足。但是随着宽带的普及和上网成本的下降，这一问题将逐渐得到解决。这些较大容量的文件也需要消耗服务器存储空间，用户下载它们也需要大量的带宽。如果开发多个演客，可能需要额外的服务器空间。这可能需要一定的资金投入（有些在线存储网站提供免费的服务，但其一般在下载速度和可靠性方面不太理想。而下载速度和内容可靠性又是用户最需要的）。

演客的另一问题涉及 Web 界面的改变，特别是第三方的产品。你可能费力地制作了一个演客，准备进行学术研究培训，但是发现 EBSCO 重新设计了 Web 界面，这样该演客就只能报废了，需要重新制作。最基本的演客可能很容易制作，但是要制作一个综合了语音、视频以及文字的优质演客，还需要大量的时间投入。

### 保罗·皮瓦儿（Paul Pival）关于演客的建议

你认为演客在图书馆网站最佳的应用是什么？

在我看来，针对具体问题的使用演示是最好的应用。比如，当一个学生在远程身份认证方面碰到问题，图书馆可在访问出错的页面上增加一个演客链接，指引该学生正确操作的方法。这样对于学生和图书馆来说，都可以节省很多时间。

制作演客最需要考虑哪些要素？

演客的时长是最重要的。用户可据此确定他们需要花费多长时间才能观赏完毕。尽量保持简短——三分钟以内——否则大部分人可能会失去耐心观看。如果包含语音（推荐使用），要在开头的时候告知用户，否则他们可能因为没有意识到此演客包含语音内容，从而错过很多重要的信息。

图书馆网站使用视频的障碍有哪些？

带宽可能是个问题。大多数加拿大用户使用的是宽带，但不是每个地方都是这样。因此尽量确保文件的大小以便于下载，以及选择像 Flash 这样的格式传送非常重要。另一个使用障碍是，对那些有视力障碍的用户，要他们看屏幕上的信息会有困难。理想的做法是，同时提供内容相同的语音信息。

保罗·皮瓦尔是加拿大阿尔伯塔省卡尔加里大学负责远程教育的图书馆员。他也是远程教育播客（distlib.blogs.com）的作者，该播客为在线学习馆员提供开展图书馆服务的各种技术和技巧。

## 12.5 准备制作演客：现实思考

一旦决定在图书馆服务中应用演客，就需要选择演客软件。所有的演客软件都不尽相同，一般都各有长短。好在很多产品都提供免费的试用，所以可以进行比较选择。以下是选择演客软件的一些考虑因素：

- 抓取方式——如果软件只能提供屏幕抓取功能，你可能需要特别指定所要抓取的页面。这意味着你可能错过一些重要动作，从而要完全重新来过。
- 屏幕尺寸——是全屏进行录制还是保持较小的屏幕尺寸？较小的屏幕尺寸意味着最终文件所需的存储空间也较小。
- 编辑——编辑界面需要多精密？可以将某部分内容慢放，或者在某部分不显示光标吗？编辑界面越精密，就越能保证最终成品和最初的想法一致。
- 语音——可以添加语音吗？是否能在制作过程中和后期添加语音？语音编辑界面是什么样的？语音与图像同步是否方便？
- 注释——是否能添加文字说明、链接以及高亮文字？是否能只聚焦在屏幕的某一部分？是否能为较长的内容创建菜单和索引？
- 交互性——播放过程中能否有一些停顿、在这些停顿的地方需要用户进行某步操作才能继续下去？可以加入互动小测验吗？
- 压缩性——可将演客文件压缩到多大程度？
- 易用性——该软件易于使用吗？响应是否迅速？许多旧的屏幕抓取软件由于占用系统资源过多而反应迟缓，但现在多数软件都没有这个问题了。
- 输出格式——该软件输出的文件是什么格式？是开放的还是专有的格式？这些格式是否必须使用用户可能没有的播放器来播放？
- 最终制作的问题——用户可以暂停或者跳转到其他部分吗？语音和图像是否同步？（有些情况下，语音和图像可能不太同步，这会给用户造成很大困扰。）
- 价格——该软件价格高吗？现在不花钱就能制作演客，但如果能够购买那些功能更好的付费软件，也是物有所值。

下一步就是制作演客了。需要花些时间计划以保证演客质量。选定主题以后，需要将它分成几个较小的模块。人们的注意力一般都很短，所以要将演客时长控制在三到五分钟之内。在开始录制前要先计划录制的内容；甚至可以事先撰写一个逐步录制的大纲，明确列出想要向用户展示的内容展示方式。如果要在录制的同时加入语音，需要提前为用于语音解释的内容撰写一个脚本。长远来看，预先计划更能节省时间。因为一旦出错，必需推倒重来。

演客录制完成以后，下一步是编辑。有些演客可能不需要任何编辑，但很多人选择在录制结束以后添加文字说明或者其他元素。可以考虑添加一些额外的元素，但要注意，每步添加都会增大最终文件的存储空间。把重点放在那些重要的元素上，像文字说明和高亮显示。在必要的地方增添一些交互环节，但要注意过犹不及——如果总是需要用户操作，可能会使他们感到烦躁。需要在吸引用户关注和强制用户操作之间选择一个舒适的平衡点。最后，要使演客尽可能的小，这可以通过压缩和其他办法来完成。在减小显示窗口的同时，要考虑到那些视力较弱的用户需求，这样可以有效地降低最终文件的大小。

## 12.6 拍客

更多的服务器空间、更宽的带宽以及更易操作的视频编辑工具等等，使得人们开始创建在线视频内容。无论是制作完整内容的电影、发布一个"视客（视频博客）"、拍摄一个演出还是录制婴儿学步视频，越来越多的人开始使用视频，用来娱乐、教育以及与其他用户在线交流。和博客、播客一样，拍客一度只在少数技术熟练的发烧友中流行，现在开始在每个使用数码摄像机和网络摄像头的用户之间盛行。过去两年中，在线视频数量急剧增长；现在观众可以很容易地找到成千上万的一次性拍摄的视频，这些视频被称为"拍客"，或是视频播客。比起只有语音或者文字内容，视频内容更能抓住人们的注意力。根据双重编码理论，如果将涉及的信息进行双重（口头和视觉）渠道的加工处理，学习效果将更好[3]。不像博客和播客，拍客要传播的内容辅以讲解者的形象，使其更具人性化。当前拍客还较少用在图书馆网站上，但这将是一个市场营销和教育培训有力的工具。

拍客是一个视频博客，它经过内容整合，以方便用户订阅并可以将其在电脑或者便携多媒体设备上播放。人们以前张贴一些在线的视频内容，但直到现在他们才开始制作和整合情景式视频。2004年，史蒂夫·加菲（Steve Garfield）开始使用视频博客，引起人们对这一媒体的关注。当时他通过两个途径，一个是他的拍客（stevegarfield.blogs.com/videoblog）；另一个是卡洛尔史蒂夫视频秀，是个情景式的"真正的真人秀"，由他和他的夫人共同制作。自卡洛尔史蒂夫视频秀开播以后，各路视频博客纷纷登上舞台。这些博客作者还组成了一个强大的在线社区。在加菲开始其拍客不久，"火箭帮（Rocketboom）"（www.rocketboom.com/vlog）也发布了面向主流观众群体的第一个拍客。这个由纽约州的乔安妮·柯蓝（Joanne Colan）和安德鲁·拜伦（Andrew Baron）制作的每日拍客时长三分钟，用来播报新闻，并很快由于其精良的制作和插科打诨式的幽默脱颖而出。火箭帮的流行提高了拍客的可观赏性，2004年以后诸多幽默的、具有电视节目风格的拍客开始大量涌现。

2005年，苹果公司发布了第一款视频iPod，推动了拍客的发展。现在用户可以下载视频到他们的iPod上，视频商店在iTunes操作界面上的位置紧挨着音频文件。刚刚过去的几年，涌现了大量的可以免费发布视频内容的网站，其中最著名的是YouTube（www.youtube.com）。YouTube不只是一个存储空间，而是发展成为一个支持社会化行为的平台。人们可以通过YouTube记录他们的生活、成为业余的记者或者分享自己的创意视频。在YouTube上几乎可以找到任何信息，从爆笑短剧到名人糗事，从博客式的自述到孩子们在自家后院玩耍的记录。YouTube已经创造了很多网络红人，比如一位79岁的英国老人讲述自己的人生故事，以及一个上传了自己创意音乐视频的摇滚乐队。还有很多其他可以张贴共享视频的网站，但没有一个能够发展成为YouTube那样的规模。2006年末，YouTube被Google收购，现在由Google提供视频分享服务，即Google视频（video.google.com）。

大学拍客或者其他视频播客被用于教育培训和市场宣传。萨凡纳艺术设计学院（SCAD）发布了SACD On Demand（www.scadon-demand.com），用来发布一些与学院生活相关的流媒体视频。在每周视频部分，SCAD On Demand提供了学生生活的场景介绍，比如，艺术家访谈和校园活动。学术机构一直以来都在制作宣传营销的DVD，现在可以向更大的在线用户免费提供。学校也在一直提供讲座和学校事务相关的播客。普林斯顿大学频道（uc.princeton.edu）就提供该大学的讲座以及兴趣讨论小组的音频和视频内容。

## 12.7 图书馆拍客

图书馆尚未赶上这波拍客变革。很多图书馆还在使用播客，仅有少数曾涉及在线视频内容。在本书讨论的所有社会化技术中，拍客是最新的但尚未流行起来的一项技术。图书馆可以用视频进行市场宣传、开展教育以及与用户交流。就像使用播客一样，图书馆可以使用拍客达成很多目的。此过程只需要加入视频内容即可。图书馆可以使用数字摄像机记录会谈、事务以及培训活动，然后将其放到网上播放。错过这些课程的人们可以通过网络来学习，世界各地的人们也将受益于这些图书馆课程。通过将信息技能培训课程制成视频，远程用户也将受益，通过网络收看视频，就像他们亲自参加这些课程一样。视频形式的"故事时间"，不仅可以让孩子们听故事，还可以让他们看到图像。

以网络为基础的视频也被用来宣传图书馆及其服务。大学可以创建宣传视频，图书馆也可以。图书馆可以使用已拍摄的活动视频剪辑，以及图书馆日常生活的拍摄片段，向潜在的用户展示图书馆是个令人愉悦的地方。图书馆也可以创建视频博客，使员工经常可以张贴一些关于图书馆的特色视频，如有关图书馆的服务、员工、事务以及馆藏。就像制作解说播客一样，图书馆也可以制作解说拍客，这样，用户在自己家里就可以对图书馆进行更多的了解。

青少年服务部的图书馆员可以开发一些项目，用来帮助年轻用户搜集、创建娱乐视频内容，比如新闻秀，音乐视频，视频评论，或者滑稽短剧。创建此类视频非常有用，可以让年轻用户建设性地展示他们的创造活力。由于青少年可能对在线视频内容有更深的了解，甚至可以将他们召集起来制作图书馆宣传视频。图书馆启动这些项目非常容易，只要有一部数字录像设备和视频编辑软件即可。相对于语音或文字，视频向用户展示的是一种完全不同的形式，使图书馆可以向用户展示更加人性化的内容。

拍客和演客一样也有很多缺点。视频文件即使经过压缩，其占用的存储空间也是比较大的。视频文件可通过流媒体技术使用户可以边下载边观看，与需要将视频文件完整下载才能观看相比，这种方式更加方便用户访问。尽管如此，非宽带用户访问用这种技术提供的视频，仍有困难。如果图书馆打算制作拍客，需要有额外的服务器空间来满足越来越高的带宽和存储需求。

视频编辑也是件很耗时间的工作，特别是要制作一个高质量的视频。制作一分钟高质量的视频，估计可能需要一小时或者更长的时间进行编辑。拍客还需要一部数码摄像机，而较高质量的设备可能需要近1000美元，这对于预算紧张的图书馆可能不太现实。

## 12.8 开始准备拍客：现实思考

首先要拍摄素材。如果打算进行编辑，则在拍摄的时候不必太过担心错误。如果有什么失误，只要继续进行拍摄，而后在编辑的时候将错误剔除即可。其次是编辑。目前已有一系列的编辑软件可供选择，从业余用户使用的开源软件到价格高昂的专业视频编辑软件。Windows Movie Maker 和 iMovie 是两款很好的入门视频编辑软件，分别适用于 Windows 系统和苹果系统，其中 iMovie 也可以作为 iLife 的组件来购买。如果打算对视频进行编辑并为视频增加一些元素，比如标题、演职员表、渐变以及背景解说，可能需要为相应的编辑软件花费60到130美元。常用的入门级视频编辑软件有 UleadVideoStudio (www.ulead.com/vs)、Pinnacle Studio Plus (www.pinnaclesys.com) 以及 MuveeautoProducer (www.muvee.com)。视频编辑软件可以提供多种方式来剪切视频，并可以将不同时间拍摄的视频合成在一起。

视频编辑完成以后，还需要进行压缩保存。视频编辑软件一般有内置的压缩工具，也可以使用第三方工具。接着为视频选择文件格式。如果选择 Windows Media Format (.wmv)、QucikTime (.mov) 或者 Flash (.swf) 格式，用户就需要某个插件或者播放器才能观看这些视频。现在很多的新购电脑预装了 Flash 插件，使得 Flash 格式更加常用。MPEG4 (.mp4) 是一种开源的格式，可以在任何播放器上播放。这使得其成为最流行的视频格式。

视频经过压缩成为某种合适的格式后，需要将之上传到网络上。如果有自己的服务器空间，可以将其上传到服务器上。如果没有，有些公司提供免费的在线存储，但是下载速度很慢，像 YouTube 这样的网站，视频播放时窗口就非常小。上传视频以后，就可以在自己的网站或者博客上添加该视频的链接。如果打算为新上传的视频创建一个 RSS 信息源的附件标签，可以通过 FeedBurner (www.feedburner.com) 来实现。FeedBurner 的 SmartCast 服务可以在创建拍客的同时，为用户创建一个 RSS 信息源的附件标签，使得新上传的拍客能够为订阅者发现并下载。已经有一些网站开始初步提供视频编辑、压缩和整合的一条龙自动服务，用户只需一键点击，就可以将视频添加到自己的博客或网站上[4]。选择哪家网站提供的服务，通常可从价格、特色、存储空间可靠性、下载速度等角度作综合考虑。对拍客新手而言，使用自动服务更为适合。

在过去，只有专业设计人员和视频制作者才能在网络上制作视频内容。而十年之前，演客的制作还需聘请第三方的开发人员，这使得大多数图书馆不能采用演示技术。同时也没有容易或者自动的方式来编辑、压缩视频并将其放到网络上。还有，当时人们很少使用宽带，这使得网站上的视频内容变得毫无意义。现在，每年使用宽带连接网络的用户越来越多，视频下载变得很容易。制作、编辑、压缩演客的各种应用技术的成本日益降低，而且这些技术也更方便使用。一度只面向专业使用的工具现在专门面向业余用户。随着制作视频内容障碍越来越少，图书馆开始考虑利用视频来与用户沟通、宣传图书馆以及提供教育资源。使用视频的一些缺点仍然存在，但随着宽带的普及以及在线存储成本的降低，这些越来越不成为问题。视频可以很快抓住人们的注意力并且适合多种学习方式。

## 参考文献

[1] Jon Udell, "Name That Genre," InfoWorld, November 15, 2004, weblog.infoworld.com/udell/2004/11/15.html#a1114 (accessed February 3, 2006).

[2] Laura Blankenship, "Technology as a Liberal Art," Inside Higher Ed., December 29, 2005, insidehighered.com/views/2005/12/29/Blankenship (accessed February 4, 2006).

[3] Daniel Yi Xiao, Barbara A. Pietraszewski and Susan P. Goodwin, "Full Stream Ahead: Database Instruction Through Online Videos," *Library Hi Tech* 22.4 (2004): 366-374.

[4] Michael Arrington, "Comparing the Flickrs of Video," TechCrunch, November 6, 2005, www.techcrunch.com/2005/11/06/the-flickrs-ofvideo (accessed February 4, 2006).

# 第 13 章　游戏

对很多儿童来讲，图书馆是一个非常重要的机构：因为家长们经常带他们来图书馆找书和参加故事活动。很多公共图书馆为孩子们准备了很好的活动项目，以期通过这样的活动促进孩子们长期利用图书馆的资源。图书馆曾经是青少年撰写班级报道时最先停留的地方。在网络还没有出现之时，图书馆是查找资料的唯一去处，在学生心中的地位是不可撼动的。然而，随着网络的出现，图书馆的这种地位已有所削弱，因为即使不用图书馆资源，年轻人还是可以通过网络在线做研究。OCLC 针对图书馆和信息资源的认知所做的调查显示，在 14 岁到 17 岁的年轻人中，近 50%年轻人将搜索引擎看作是查找资料的最好地方；而只有 17%的年轻人认为图书馆是最好的选择[1]。既然年轻人可以舒适地在家里通过 Google 查询资料，他们怎么可能会选择大费周折地去图书馆呢？

大部分青少年都认为图书馆提供的资料太少了。在许多情况下，他们的说法是正确的。许多图书馆既不提供针对青少年的服务项目，也没有提供他们可以汇集在一起的专属空间。图书馆服务在青春期和成人期之间有一个明显的缺口。这也难怪有 16%的青少年从来不去公共图书馆或者学校图书馆，能够经常使用图书馆的人只占一小部分[2]。图书馆正以很快的速度丧失它的受欢迎程度，这个现象让我们反思一个问题：这些少年成年后还会回到图书馆吗？

十年内，现在大部分的青少年会成为图书馆的未来用户。如果他们少年时期的记忆让他们觉得图书馆是与他们不相干的或者说被淘汰的，他们或许就不会认为图书馆是值得纳税人纳税的设施，这确实成为图书馆需要引起青少年读者关注的原因之一。资料的查询曾经是图书馆吸引年轻读者的亮点。现在，图书馆需要一个新的视角。为了吸引年轻人读者，图书馆能做什么呢？

游戏是最为普遍的青少年活动项目。95%的男孩以及 67%的女孩会玩电子游戏[3]。相较于其他休闲活动，青少年会将更多的时间花在电脑或者单机游戏上。虽然游戏曾被视为对青少年有害，但当下研究表明游戏也有教育价值，游戏可以教给孩子们解决问题的能力。之前许多人认为游戏是少年们在自己的秘密基地里独自玩耍的东西，然而，游戏玩家的特征已经有了很大变化：游戏玩家的平均年龄接近 30 岁并且 40% 的玩家是女性。正是因为这种变化，许多新的游戏被开发出来。这些游戏是针对多样化的玩家，并且玩家们可以来自世界各地，通过网络一起玩游戏。所以这些游戏通常都是相当社交化的。既然游戏已经发展成为一个价值 110 亿美元的产业，也是图书馆该关注游戏的时候了。

一个世纪多以来，图书馆在馆藏建设和服务提供方面，一直在高雅与通俗之间做着选择。图书馆员曾经通过书的知识价值来壮大图书馆的馆藏，认为他们的使命就是向读者提供有价值的书籍而不是读者需要的书籍。然而，这种态度已经发生了改变：现在图书馆的使命就是满足读者对书籍既要有知识又要具有娱乐性的需求。20 世纪 70 年代，许多图书馆反对视频资源的流通。由于视频资源被认为仅仅具有娱乐价值，很多图书馆多年之后才提供视频资源的流通。现在，随着游戏在各年龄层玩家中的广泛参与，图书馆考虑怎样为游戏玩家提供服务是有意义的。通过有目的地发展馆藏和开发服务项目，游戏可以转变为图书馆亟需用来吸引青少年和年轻人的亮点。如果图书馆能够将这种最不愿进入图书馆的年龄层的人吸引过来，那么或许就可以培养出永久的图书馆使用者了。

## 13.1　游戏：包含了哪些内容？

游戏包括了许多种类：从扑克牌、跳房子到大富翁等等。本章主要讲电子游戏。电子游戏，可以在个人电脑上操作，也可以连接在电视上的游戏设备或者手柄来操作。电子游戏可以粗略地分为电脑游戏和电动游戏。可以选择个人同电脑对弈的模式进行，也可以是几个不同的玩家以竞争对手的身份来完成。我们根本不用理会那些说电脑游戏是一个新现象的说法，因为电子游戏已经传播了 40 多年了。早在 1962 年，为了更好地探索麻省理工学院电脑的功能，一位名叫拉塞尔·史蒂夫的研究生开发了第一款电脑游戏：星际飞行（Spacewar），其中两架宇宙飞船是通过电脑上的两个开关控制的，通过这些按键，宇宙飞船只能扔鱼雷和向四周旋转，史蒂夫的一些同学为该游戏又添加了星座图和重力因素[4]。然而，和现在的游戏相比，"星际飞行"是相当简单的。星际飞行是一种互动强，很有竞争性的游戏，这与现代游戏还是非常相似的，追溯到 20 世纪 60 年代，玩电脑游戏的主要人群是一些专业学者，因为他们是少数可以接触到电脑的人。

乒乓是一款两位玩家模拟乒乓对垒的过关游戏。作为第一款街机游戏，乒乓在 1972 年初次和玩家们见面。乒乓在酒吧和那些初燃电子游戏狂热之火的娱乐场所十分受欢迎。游戏控制设备是一种用于玩单机游戏并且需要插入电视机来显示画面的一种设备。1972 年后期，第一台电视游戏控制设备——商米罗华公司的奥德赛（Magnavox Odyssey）可以在家庭使用。然而，由于奥德赛价位高而游戏种类稀少，虽独具创造性，但最终还是以失败告终。20 世纪 80 年代，其他游戏控制设备如雅达利 2600（Atari 2600），克莱克（ColecoVision）和英特尔（Intellivision）逐渐开始流行，这些系统掀起了电视游戏控制机的第一波巨浪，同时给用户带来了可供选择的成百上千品种的游戏。

1985 年，随着任天堂（Nintendo）娱乐系统的诞生，电视（手动）游戏有了一个巨大的突破。任天堂提供较之以前版本更为清晰的画面，更为优质的声音和更大的存储空间，故事情节和战斗画面也更具想象力。任天堂公司不断地带给人们许多非常好的游戏，如《大金刚》、《超级玛丽》和《塞尔达传奇》。从此，电视游戏发展迅速，令人眼花缭乱，游戏也变得更加的复杂和逼真。像任天堂 DS Lite 和索尼 PSP 这样的手持游戏系统更方便玩家们随时随地玩游戏。

20 世纪 60 年代以来，人们见证了电脑游戏的惊人发展。20 世纪 70 年代中期，随着像苹果二代那样富有创新性的机器的产生，电脑的使用也完成了从学术到家用的飞跃，游戏成为电脑使用频率最高的应用之一。个人电脑相较于游戏控制设备和其他用户接口，具有更强大的储存能力和运算能力，同时还具有更易传达信息的用户界面，促进了游戏的发展。相较于同时代的电视控制系统中的游戏，电脑里的游戏更为复杂。然而，在 20 世纪 90 年代，电视和个人电脑之间的鸿沟逐渐被填补。20 世纪的后十年，许多电视控制机都安装上了曾经只在电脑上使用的一些设备，如硬盘驱动，键盘和网络接口，游戏公司也在为专用控制器和个人电脑上发行名称相同的同款游戏。

电子游戏已经催生了一个全新的产业。这个产业销售包括游戏攻略指导和提高游戏技巧的杂志在内的产品。游戏狂热者们会加入一些网页论坛并创建游戏粉丝网站；许多玩家会创建与自己所喜爱的游戏有关的网络小说，维基百科和自己撰写的游戏攻略；像《古墓丽影》（Tomb Raider）、《毁灭战士》（Doom）、《超级玛丽》（Super Mario Brothers）、《洛克人》（Mega Man）这样的流行游戏都会有衍生作品，比如相关的书籍，动画和电影；许多连环画和电影也曾被改编为电子游戏。对大多数人而言，游戏已不仅仅是游戏，而是一种文化。

## 13.2 游戏的类型

凭借其繁多的种类，游戏可以吸引不同人群。热爱游戏的第一批人群是广大男士：

- 格斗游戏，以真人快打和街头霸王2为例，玩家通常都会一次对抗一个敌人，要么和电脑激战要么和另外一个玩家对打。玩家会一直和能力不断增强的敌人对抗直到自己被打败。这种类型的游戏中情节一般很少，动作会占很大份额。

- 第一人称视角射击游戏的玩法是玩家需要用武器清理掉坏人。为了创造一个可视的第一人称视角，只有武器和人物的手是可见的，就像大家在半条命和魔域幻境之浴血战场游戏里所见的那样。

- 第三人称视角射击游戏允许玩家看到他们所操纵的角色，正如古墓丽影（Tomb Raider）和侠盗猎车手（Grand Theft Auto）之类的游戏。与第一人称视角射击游戏相比，这种游戏故事情节更加丰富（特别科幻和充满幻想）并且需要更长的时间（数日或数周）来完成。

- 战略游戏通常是立足于战争的，玩家可使用战术策略来有序地部署一场战斗。这些游戏包括魔兽争霸和罗马帝国，需要数周时间来完成，并且游戏的复杂程度取决于其情节所处的历史时代。

- 飞行模拟机允许玩家模拟操控飞机的场景，也可以模拟空中大战。类似游戏有微软飞行模拟器和F16战隼战斗机。过去的二十年里，飞行模拟游戏变得越来越逼真，如飞行模拟软件X-plane已经获得美国联邦航空管理局的批准，可以用来训练飞行员。合格者可籍此获得商业飞行证。

- 竞速游戏允许玩家模拟驾驶赛车和其他赛车手竞争，这方面的游戏如马里奥赛车和顶尖车手。GT赛车游戏广受美国游戏玩家喜爱。该游戏中的车型，一经斯巴鲁和三菱出售到美国，即引起美国消费者的狂热追棒[5]。

- 体育游戏允许玩家在各种各样的运动中相互竞争并且完善赢得游戏的

战略。体育游戏的种类曾经非常丰富，包括 NBA 嘉年华和疯狂橄榄球。但是近年来体育游戏发生了重大的改变，随着游戏制作成本的提高和不同体育联盟的高价许可证，一些小型的软件制作公司已经被挤出了这一市场。

下列游戏通常具有更为广泛的用户群。从 40 岁的中年妇女到 15 岁的小男孩都可能在并肩玩游戏。前三种游戏是目前最受欢迎的游戏：

• 角色扮演游戏经常会有一个虚构的故事情节。玩家通常需要不停地提高技能，搜集游戏币来购买魔法或者武器，在数字领域该类游戏达到了像龙与地下城（Dungeons & Dragons）等纸类游戏的水准。例如，博德之门和新冰城传奇。

• 大型多人在线角色扮演游戏是由来自世界各地的人群在线操作的角色扮演游戏。大部分人使用的在线角色是基于想象的，虽然射击游戏、模拟游戏和科幻游戏都发展得不错，但是，对于大型多人在线角色扮演游戏来讲，其特色在于玩家进入的是一个共享的虚拟世界，并且努力地开发自己所扮演角色的属性，比如说天堂，模拟人生，第二人生和魔兽争霸。这些游戏通常没有分数的上限，游戏的意义就是可以让角色进化或者提升他们的居住环境。

• 模拟游戏，如上帝游戏、模拟经济学游戏和城市建设游戏等。在这些游戏里，玩家们可以通过建设或操控人类，使城市商业尽可能的变得成功，例如铁路大亨和模拟城市。模拟游戏接近真实生活，具有高度的教育价值。

• 冒险游戏和角色扮演游戏很相似，但是它更注重于解决一个具体的问题或者谜团，如迷雾之岛和猴子岛。

• 平台游戏是动作游戏的一种，在游戏里，主角必须跑、跳以及从一个平台到另一个平台的攀爬。这些游戏在 20 世纪 80 年代特别流行，但是随着情节更为复杂和具有 3D 图像的游戏的发展，这类游戏逐渐不再热门。以超级玛丽和大金刚为代表。

• 电子弹珠游戏是通过电脑或游戏控制设备来操作的游戏。

• 聚会游戏专为多样化的玩家设计，通常包括不同种类的竞赛以保持游戏的趣味性。较为流行的此类游戏是马里奥聚会系列游戏。

下列游戏是专为年轻人设计的：

• 教育类游戏会在游戏过程中教给玩家特定的教育能力。比如怪盗卡门在哪里和俄勒冈小道。

- 舞蹈类游戏要求玩家按照屏幕上给出的指导依特定顺序舞动。如热舞革命。

下列游戏通常不是资深玩家玩的，而大多数情况下是给女人和老人玩。这类游戏通常专为个人电脑设计，玩家们也都是在线和来自世界各地的玩伴竞赛；另外的共同点是它们并不需要玩家保持一定的紧张度（即此类游戏并不要求玩家有快速的反应能力）。

- 益智类游戏，如俄罗斯方块和扫雷，通常不会有情节，此类游戏主要是让玩家去解决一些逻辑上的问题。
- 电子棋牌游戏和纸牌游戏仅仅只是传统游戏在计算机上的实现，如电子围棋、扑克和麻将，但是因特网的出现给这些经典的游戏注入了新的活力。如今，想要在地球村上找到一个和你技能相近并且愿意在一天的任意时间在线玩这类游戏的人容易得多了。

### 13.3 游戏的益处

近年来，游戏也可以变得有益处的观点正开始获得较多的支持。以前，电子游戏通常被认为只有害处。游戏曾一度因为内容暴力而受到大众的抨击。一些研究者认为暴力电子游戏会让人变得咄咄逼人和惯于使用暴力；许多团体也将社会上不断增长的暴力事件归咎于电子游戏。这些反对的声音催生了一些针对特定游戏暴力程度的评级系统和全面的审查制度；游戏甚至还因一些特殊的犯罪现象而被问责，比如科拜伦校园枪击事件；更被大众所批判的是，人们认为游戏会妨碍年轻人正常社交能力的发展。持这种观点的人觉得游戏是孤立的，是逃避现实者才玩的，而年轻人应该更多地和其他年轻人互动而不是成天面对电脑。虽然很多的研究都是针对游戏的危害，但是这些研究很大一部分都忽视了游戏文化和游戏在学习和社交方面的积极影响。和电视一样，对于年轻人来说，游戏将会继续成为一种流行的娱乐媒体。人们可以通过审查或者使用游戏，使其为年轻人带来正能量。

尽管存在着消极关注，游戏也是具有教育意义的。游戏本身是一个学习的媒介，因为在游戏里玩家们必须学会怎样赢得游戏：弹珠游戏只要求玩家学会怎样操作控制器，但在策略游戏和角色扮演游戏里，需要学习的是缜密的思维。在游戏中，用户们会得到新的技能并且找到解决问题的不同策略。青年图书管理员凯瑟琳（Catherine Delneo）认为"玩家们都有他们独特的方法，通过反复试验，在玩游戏的过程中找到解决问题的办法"[6]；詹姆斯（James Paul Gee）在他的书中向我们描述了电子游戏里包含的学习法则：为了激发孩子们的学习热情，必须要给予他们回报。为了说服玩家在解决问题的时候要付出正面的努力，游戏经常会设置一些挑战来区分用户的技能水平。有了这些挑战，不同技能水平的学生会在自己的能力范围内获得该有的成功。就像不同的学习过程一样，游戏中能力的提高也依赖于已有的学习技能。只有当玩家们注意提前培养自己潜在的学习技能的时候，他们才能在稍后的游戏中成功[7]。

面对孩子们喜欢玩游戏的习惯，许多家长都会惋惜地说道，"我真希望她能够把她用在电脑游戏上的精力用在家庭作业上。"如果说游戏本身就是一种学习呢？随着最初玩游戏的那一代人成长为老师或游戏开创者或教育家，他们也在不停地探索游戏在教育环境中的作用。教育类的游戏已经存在超过20年，这就足以让嵌在游戏中的课程具有教育价值。玩游戏的时候，孩子们致力于赢得胜利和获得快乐。事实上，一些有价值的技能也在同时被孩子们学会了：孩子们会钻研《世界年鉴》（《the World Almanac》）来寻找怪盗卡门在世界的哪个地方，当在《线索追踪数学冒险9—12》（《Cluefinders Math Adventure 9—12》）中寻找喜马拉雅山脉中古老珍宝的时候，也需要回答一些数学问题；甚至是像铁路大亨和文明这样的游戏，即使不是为了具有教育意义而刻意地去设计，它们也可以教给玩家们一些历史、经济和帝国主义方面的知识；同现实中具体的战役有关的战争类游戏可以带给学生一个生动逼真的战争场面；在游戏创造的环境中，学生们可以将自己沉浸在历史中，得到一个对那段历史更为感性和丰富的认知。如果他们确实很享受这个游戏，那么他们的好奇心和热情将激励他们学习更多的历史知识。

游戏也可以是优秀的教育工具，因为它们能促使孩子们带着积极心态来学习。年轻人在玩电子游戏的时候，他们忘我投入的同时也在练习着新的技能。互动对学习是很重要的。在20世纪60年代，经典的"金字塔学习效应"研究发现，一个人在听讲座时只会记住所听到的5%的内容，然而当他们改用阅读的方式就会记住10%的内容。当听觉和视觉兼用的时候，这个比例会上升到20%，观看示范会记住30%的内容，当在团体中学习的时候，人们会记住50%的内容。然而，当学习者们练习自己所学内容的时候他们会记住的内容比例相当惊人，达到75%[8]！正如詹姆斯（James Paul Gee）所说，"学习需要积极主动,需要用不同的方式来感受这个世界……积极学习必须要塑造良好的人际关系"。[9]在游戏这种独特的沉浸式环境中,人们有了可以练习所学内容的机会,因此提高了他们能记住更多所学内容的可能性。

　　游戏也对身体有益。从任天堂游戏系统开创了使用游戏辅助设备来跑、跳和跳舞以后,一些游戏相继提供了此类功能。现代游戏要求人们在快速的步调中跟上节拍和保持正确性来和对手竞争,比如说热舞革命。玩家们必须根据屏幕上的指导站在游戏辅助设备上移动舞步,这样就会形成身体快速移动,加快心跳频率。年轻人或许没有意识到当他们在比赛和尽情玩乐的时候他们也在锻炼身体。在这样一个儿童肥胖率升高的时代,任何可以让运动有趣味性的东西都是值得推广的。2006年,西弗吉利亚州的中学开启将热舞革命引入体育课堂的计划。有关热舞革命对健康的影响的研究发现,某位参与者通过玩这个游戏竟然真的甩掉了20磅的赘肉[10]。

　　最初的电子游戏主要是个人的争先赛。当街机游戏和游戏控制机诞生后,多人游戏开始流行。20世纪80年代,年轻人经常会去朋友家或者游戏厅一起玩游戏,这就是一种社会化的游戏。现在,一些游戏可以同时由4个或者更多的玩家玩,通过局域网电脑和控制机也可以相互连接,这样一来即使人数超过12个,也可以一起玩游戏。"局域网盛宴"在青少年和相似的成年玩家中已经变得非常流行。在局域网派对中,无论玩家们身在何方,少至几人,多至上百人,都可以通过局域网设备连接电脑一起玩多人动作游戏。由于局域网等待时间短,人们非常热衷于参加,一旦连上局域网,相较于普通的因特网来说,玩那些画面密集的游戏时会有更好的视觉体验,局域网派对也给了那些狂热的电脑玩家们一个炫耀和提升技能的机会。局域网不仅仅是关于电脑游戏的派对平台,也是人们可以相识和开展社交活动的派对平台,参与者对游戏的热情是将他们团结在一起的纽带。虽然游戏可以是单人的活动,但是它也会被用作发展和培养社会人脉的工具,尤其对于年轻的男孩而言。

　　当玩家们在网上玩游戏时,通过和其他玩家的互动,游戏也可以变得社交化。许多人都会在网上和别人比赛棋类游戏、牌类游戏和益智类游戏。Pogo、EA Nation、Yahoo和MSN等网站使得用户玩互动游戏成为可能。在这些网站上,用户可以玩象棋、扑克,甚至是幸运转盘(Wheel of Fortune),而大部分网站都会提供一些单独的聊天室以便于社交活动。这样,在游戏过程中,有共同爱好的人就可以逐渐地了解对方。不同的游戏会形成不同的社团,促进不同的联赛和其他在线的社交活动。

人们还可以通过玩大型的多人在线游戏（MMOGS）来形成在线游戏社区。这种游戏允许成千上万的人在虚拟世界里在线互动。与游戏控制机不一样，即便某些玩家未联网，虚拟世界也不会进入休眠状态，而会随着世界上的其他参与者采取的行动而不断地更新。在MMOGS中，玩家们设计他们自己的头像或在线标志。他们会在游戏中使用头像，持续数月乃至数年（许多游戏不会有一个具体的结束时间，一些游戏可以无休止地持续下去）；一些游戏要求个人必须一直玩下去或者属于那种在两个团队之间关于"好与坏"的作战。这些游戏通常是合作性质的，因为玩家们需要结合成为一个队伍去消灭共同的敌人。然而，想要进入一个队伍并不是随随便便就可以的，必须要有能力并且能够融入团队。随着玩家们在游戏中积累经验，他们的等级不断提高，从而拥有更多的游戏特权。这类游戏是真正的精英管理的游戏。为了在游戏中成功，用户们需要购买或者交换一些必要的装备。在一些游戏中，装备或相关物品是通过真实世界的货币购买所得的，这就给游戏带来了一条经济链。比如说，整个游戏家族中有四百万的玩家，他们之间的经济交易数甚至比一些小国家还要多！

虚拟世界内外都存在着交流和社区。在虚拟世界里，玩家们使用公共和私人聊天工具或网络电话来交流信息并计划下一步动作。在虚拟世界外，人们也会使用许多我们先前在本书中已经提到过的社会软件工具来交流。

> 玩家们决定游戏中的各自的角色，招聘新的成员，针对冲突进行谈判（比如关于所占领地的归属权问题的竞争），建立合作事件的标准（比如狩猎和围城），推导游戏原理（比如说什么地方是狩猎的最好去处）和听取报告。在游戏世界外，他们讲述游戏中的故事，张贴游戏里关于射击的截屏，写诗，查找数据库，张贴提示和游戏攻略，总之就是"吐槽和讨论"游戏中的各个方面[11]。

对一些游戏来说，虚拟世界外的活动和虚拟世界中的活动是一样生动的。与其说虚拟人生这款游戏（secondlife.com）是传统的游戏，不如说是一个结局开放的虚拟世界。它有在线报纸，维基百科，博客，论坛和提供给虚拟人物买卖虚拟物品的网站（图13.1）。"文明"是一款人们可以建立完善的文明体制的游戏。这款游戏有一个教授不同游戏攻略课程的虚拟大学即Apolyton

大学（apolyton.net/civgroups/news.php？civgroupid=56），许多 MMOGS 的玩家通过使用虚拟大学中已经保存好的游戏文档和截屏来分析以前的游戏并制定下一步计划。大部分反应、策略和辩论都在这些游戏社区里面进行。

图 13.1　用户在虚拟人生世界里进行社交
（未经许可，不得转载。图片来自@ 2006linden research，lic）

在虚拟世界里，人们被评价的是他们在虚拟世界里的能力，而不是如现实世界中的年龄，性别或者是其他一些因素。因此，无论老少，任何人都喜欢参与到无论是线上还是线下的虚拟社区中。

### 13.4　图书馆应该怎样利用游戏

五十年来，许多城市都失去了它们的"第三地点"。第三地点是社区成员们除了工作室和家园以外可以去参加社交的地方，其实也就是一个类似于《欢乐酒店》里的酒吧或者是《老友记》里转角处的咖啡店之类的地方。第三地点创造了一种轻松的氛围，来自不同社区的成员可以在这里放松自己，进行社交活动。对青少年来说这样的第三地点尤其缺乏。在大多数地区，青少年只有极少几个可以进行社交活动的公共场所。相反，许多青少年会登陆像"My Space"和"Facebook"这样的社交网站，在这里他们可以轻松自然地和朋友们聊天。图书馆就是一个可以填补"第三地点"真空状态的理想的社区机构，它可以为年轻的新一代创造一个真实的第三地点。现在，可以说，年轻的新一代人群是抛弃了图书馆的一代，同时图书馆也在很大程度上抛弃了他们，游戏或许可以吸引青少年们回到图书馆。图书馆需要通过馆藏和服务项目向年轻一代展现他们可以在图书馆中获取的内容。

## 13.5 项目：局域网派对和游戏之夜

用游戏项目吸引读者到图书馆来是一种非常有效的方法。一般来讲，人际圈子中大部分人都是游戏玩家，免费的游戏项目可以让玩家玩游戏的同时与朋友相聚，这是很难抗拒的诱惑。青少年可以聚集在一起并且玩电子游戏的地方是很少的，这就是图书馆应该填补的市场。许多公共图书馆已经开始为青少年读者提供局域网聚会的服务了，并且大部分还获得巨大成功。

图书馆在构想一个游戏项目的时候必须要做一些初步的准备。第一，确定应该提供游戏机游戏还是电脑游戏。电脑游戏的一个益处就是当人们不玩游戏的时候，它还可以被用来做其他的事情。游戏机游戏的益处就是它们花费较少（相较电脑花费1000美元，它们可以低至99美元）并且占地面积小。如果图书馆空间有限，最好不要再去添置控制台或者演示屏。如果已经具备联网机房，则可以直接用这些电脑来实施游戏项目以节省开支。当然，这些电脑具备良好的显卡和较快的网速是很重要的。

下一个考虑点就是组织游戏之夜的活动。这个项目需要考虑是开放式还是比赛的方式。开放式游戏可以给技术上稍有欠缺的玩家更多游戏时间；排名赛则更加有组织性，对图书馆关注频率较低的年轻观众而言更适合，毕竟比赛可以让他们更加集中到一起。最完美的解决方法是开放式和比赛相结合。因为比赛奖金对年轻人是很有吸引力的。游戏玩家分属不同年龄段，图书馆需要考虑游戏项目中的相关限制设定。小孩子和青少年之间比赛会导致冲突，因为7岁大的孩子是不可能打赢17岁的少年的；如果可以，图书馆应该将小孩子和青少年的游戏比赛分开。

安娜堡地区图书馆（Ann Arbor District Library）游戏锦标赛很有可能是最有名的图书馆游戏项目的成功案例。这个图书馆创造的游戏锦标赛已经成为其他图书馆的典范，这主要归功于该地区资金和技术的支持。这个项目发端于五个月举办一次的一系列电子游戏锦标赛。在这项赛事中，青少年比赛马

199

里奥赛车双重冲击，这属于赛跑和射击类游戏，每个人都可以凭借个人能力获得 A 到 E 的等级。青少年将通过《马里奥赛车双重冲击!!》这款集竞速与射击于一体的、适合大众参与的游戏展开 66 赛。被选为锦标赛游戏的首要原因是 16 个玩家可以同时玩这款游戏。在局域网模式里，八个任天堂视频游戏机可以轻松地联网，安娜堡地区图书馆可以一次性使很多人一起玩这款游戏。同时，锦标赛中有很多的游戏项目，包括单人游戏和团队游戏。有组织的锦标赛可以让处在不同技术水平的玩家们在使用控制器的时候达到最佳的体验。为了让游戏更加激动人心，每轮比赛之后，游戏的过程概要和结果会展示到巨大的显示屏上。此外，组织者还为锦标赛的冠军颁奖，奖品有 iPods 和其他游戏系统[12]。

安娜堡地区图书馆注重培养工作人员对该馆博客的品牌认知度和凝聚度。正如我们在第三章中提到的，AXIS 博客网站（www.aadl.org/axis）为青少年创造了一个讨论即将到来的锦标赛和其他青少年项目的单独空间，有助于创造在线社区并让青少年在锦标赛中进行社交活动。

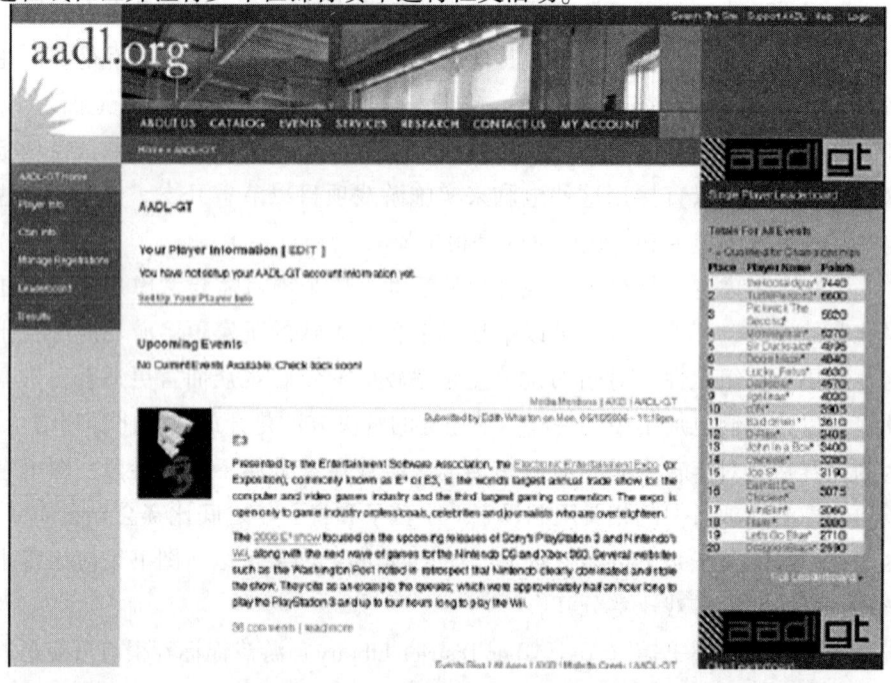

图 13.2　AADL-GT 博客让 AADL 的游戏玩家们在各项锦标赛中尽情交流
（未经许可，不得转载）

安娜堡地区图书馆激励青少年在锦标赛计划初期表达自己的观点，这会让他们有一开始就参与到其中的感觉。从 2004 年第一季锦标赛开始，图书馆大规模扩充了游戏项目。安娜堡地区图书馆现在也开始提供通过五选一来进行分级的锦标赛，热舞革命和 Karaoke Revolution 锦标赛也包含在其中；图书馆也基于青少年的兴趣来提供更多的游戏项目，比如 Super Smash Brothers 和 Duck Hunt。安娜堡地区图书馆项目已经获得了巨大的成功，因为图书馆通过这些项目向青少年传达了欢迎他们加入的态度，使他们能够融入到图书馆中。

图书馆也可以通过举办局域网派对来充实电子游戏项目。举办局域网派对需要很多通过网络连接起来的电脑，其实在很多图书馆的机房都有这个条件。如果条件满足，派对主要费用就是游戏软件的购买，即必须购买游戏软件然后安装在每一台电脑上。加利福尼亚州的圣塔莫尼卡公共图书馆（www.smpl.org）是第一批举办游戏派对的图书馆之一，其青少年咨询委员会收到了举办游戏派对的建议。正是以满足读者需求为出发点，圣塔莫尼卡公共图书馆将 30 台电脑连成了一个小型局域网，并且安装了时下流行的第一人称射击游戏——反恐精英，这样就使得孩子们能够举办游戏派对了。与之前图书馆推出的青少年项目不同的是，局域网游戏派对一经举办便获得了广泛的认可，其受欢迎程度使得青少年们需要提前在馆外排队才能进馆参加游戏派对[13]；同时，图书馆也利用游戏派对的成功、同游戏程序设计师的交流来开展其他青少年项目。由于游戏本身的特点，这个项目基本上都是男孩子专场；同样的现象也出现在那些提供射击类或者格斗类游戏的图书馆里，这也未必就是一件坏事。众所周知，男孩们是最不容易到图书馆看书的人群，如果游戏参与者开始认为图书馆是他们可以逗留的地方，那么图书馆员就有可能让这些玩家成为读者。正如安娜堡地区图书馆所做的那样，让孩子们享有对图书馆服务项目的发言权，从而获得巨大的成功。这样的游戏项目也让圣塔莫尼卡公共图书馆将自身定位为年轻人的第三去处。

伊斯诺州的布鲁明顿公共图书馆（BPL）已经尝试了很多的游戏项目，以期找到能够最完美满足其社区成员要求的项目。最初，该馆的游戏节（现在被称为布鲁明顿常规游戏节 www.bngamefest.com）是由局域网派对组成的，参与者可以操作一款二战时的射击游戏：《战地风云 1942》。决定举办游戏派对是因为该馆刚刚建成了一个有 17 台电脑互联的新机房，际此之外，游戏软件、奖金和食物是全部的花销。为吸引更为广泛的人群，图书馆随后又添置了任天堂游戏方块和劲舞革命。到目前为止，图书馆提供的游戏已经集劲舞革命、玛丽奥双重冲击赛车、战地风云1942三个游戏于一身。充分考虑到等待玩电子游戏的孩子们的期待，图书馆员还为他们准备了棋牌类游戏。布鲁明顿公共图书馆的前技术服务经理马特（Matt Gullet）解释道："我们喜欢提供各种游戏服务，使得正在玩游戏或等待玩游戏的50个以上的孩子心情愉悦。[14]"该馆听取了玩家建议并且做出相应的改变，这样的灵活性让这个项目非常成功，以致远在20英里外的家长都会主动驱车将孩子送来图书馆参加游戏之夜的活动。为了获得项目资金，该馆图书馆员向社区或者与青少年游戏玩家统计相关的商家筹集资金；同时该馆在2006年开始同诺默尔公共图书馆合作，也与学校和其他社区机构合作，不定期地在图书馆外举办活动。

　　提供游戏服务项目的主要障碍是巨大的设备成本。根据图书馆选择的游戏和已经拥有的设备，筹办费用可控制在几千美元以内。安娜堡地区图书馆添置八台控制机、电视机、宽带适配器和储存卡的基本建设费是3000美元。对一家有着合理预算的图书馆来说，这或许是一笔合理的开销，但是并非每家图书馆都能承担这样的预算。不过，图书馆仍然可以选择缩减开支来筹措资金以开展游戏服务项目；也可以从游戏商、电子运营商和漫画书店这些依靠青少年市场发展的商店或企业那里谋求赞助。毕竟，获得当地青少年的关注，商家开展广告将更有效果。图书馆可以利用这种方式来购买打折的商品、获得免费礼品卡以奖励游戏玩家；也可以同当地其他社区机构或那些与年轻人打交道的组织合作来获取项目启动资金。随着图书馆游戏项目人气的日益增长，获取赞助资金的可能性也越来越大。当然，并不是开展此类游戏服务的图书馆，都得跟资金雄厚的图书馆一样，提供全套游戏设备给玩家，而是可以让玩家自带游戏控制设备或电脑，甚至是游戏软件。因此，图书馆只需提供网络服务，玩家也能在图书馆开展局域网游戏派对。在新泽西州的北亨特顿和沃利斯地方高中举办了一项游戏锦标赛，青少年们需要自带笔记本电脑和游戏系统，学校会提供显示游戏进程的设备。这种不用购买游戏系统的方式为举办方大幅度地缩减开支[15]。

　　图书馆传统服务项目与游戏项目区别较大，使图书馆董事会和管理部门对上述游戏项目认可是比较有难度的。为说服他们，需要采取以下行动：参加最有说服力的会议，寻找关于青少年使用图书馆，电子游戏普遍传播和游戏积极影响的研究；在图书馆中阐明你想做的事情，并且附上其他图书馆在游戏项目方面的成功例子；在社区中调查孩子家长，就图书馆提供给孩子们玩耍并且进行社交活动的安全场地的事情寻求他们的看法。提供的支持开展游戏服务项目的数据越具体，就越可能成功。许多图书馆会抱怨让孩子们参加青少年咨询委员会和图书馆项目是有多么的困难。但是，如果想吸引孩子们来到图书馆并对图书馆的将来发表意见，图书馆就应该考虑开展游戏项目这种神奇的方式。

### 虚拟人生图书馆 2.0

当许多图书馆使用游戏来吸引社区成员进入图书馆的时候，实际上，一个在游戏环境中提供图书馆服务项目的团体也在运作。2006 年年初，伊利诺伊州的图书馆系统联盟（ALS）在伊利诺伊州（www.alliancelibrarysysten.com）带头在虚拟人生这款大型多人在线虚拟游戏中建立图书馆。该联盟具有创新意识的罗莉（Lori Bell）主席与 OPAL（www.opal-online.org）、具有奉献精神的图书馆员以及志愿者一起工作。她在游戏中购买了一座岛屿（用真实货币），并在上面建造了一所图书馆，开始为虚拟人生中的居民们提供服务。

因其创新性，虚拟人生图书馆已经开创了许多项目，包括图书交流、在虚拟人生中实现图书馆检索教学和听课。实际上，人们可以通过游戏里的虚拟人物来听课，就如同人们自己参加图书馆定期举办的线下培训项目一样。ALS 和它的同伴们也在为图书馆员开设课程并且和一些对在虚拟世界里提供教育服务有兴趣的非营利机构合作。图书馆馆藏是由可以自由连接到互联网资源的链接组成的，这些链接汇聚起来就像常规图书馆的书库一样。访问图书馆的居民还可以在里面找到游戏的参考帮助。

拥有超过 20 万参与者的虚拟人生电子游戏日渐发展。由 ALS 和它的合作伙伴提供的服务正在挑战着人们对图书馆在网络上地位的认知，向外界传达着新的理念。这表明在虚拟世界里服务和教育可以两得。将来，许多图书馆很有可能会尝试在游戏环境里向读者提供服务。如果读者喜欢待在虚拟世界里，那么图书馆就应该考虑在这种环境中提供力所能及的服务。

### 13.6 空间：开辟一个专属的游戏区

游戏项目可以将年轻人吸引到图书馆，一个固定的游戏区可以让他们经常光顾。如果图书馆内有专为青少年准备的空间，那么，他们会更有可能到图书馆来。要么和同学一起来玩游戏，要么做自己的家庭作业。他们或许还会发现图书馆有他们想要借阅的书籍材料。大部分图书馆都有成人区和儿童区，但是唯独缺少一个为青少年准备的专属区。然而，一些图书馆也一直都在为开辟青少年专属区而努力，他们设想青少年可以在这里尽情地享受快乐，并且不会打扰他人。一个理想的青少年专属区应该有舒适的椅子、电脑、可以为笔记本电脑充电的插座、书籍和青少年喜欢看的读物，有可以听音乐和有声读物的位置，有游戏系统。像电子商店中的试听唱片固定在货架上一样，游戏系统及其装备也应该固定在图书馆特定的位置上，这样就不会被偷。玩游戏的时候，青少年玩家可以戴上头戴式耳机，这样就可以控制噪音。

为了给青少年在图书馆内开辟专属区，图书馆必须将它和图书馆中那些安静的区域分开。当孩子们在玩游戏或者一群人在玩的时候，他们很有可能会情不自禁地发出声音。如果青少年专属区和图书馆的其他区域是相连的话，他们很有可能会打扰到其他人。图书馆员也需要耗费大量的精力来让他们保持安静，这又会让青少年觉得图书馆并不适合他们。不幸的是，许多图书馆恰恰就没有可供青少年们使用的单独空间，必须利用有限的空间来做这件事。在创建青少年专属区的时候，图书馆需要考虑将孩子们最常使用的东西整合在这个区域里。

### 13.7 馆藏发展和读者咨询：使游戏玩家成为读者

将游戏玩家发展为常规的图书馆读者可能是一件困难的事情。游戏项目或许可以将孩子们吸引到图书馆，但是他们也不会瞬间就对图书馆里的书籍感兴趣。对这部分青少年，即使他们也许从来不会借一本书，图书馆也可以成为他们的第三去处。一旦图书馆员将这些年轻的读者吸引到图书馆来，在巧妙的市场营销和优秀藏书的诱惑下，他们很有可能就会借阅一些书籍。

许多青少年喜欢游戏，增加一些和游戏相关的藏书也是有必要的。首先，图书馆可以收藏含有游戏技巧和秘籍的策略指南书，以帮助读者在相应的游戏中玩得更好。青少年喜欢阅读这些书，因为他们可以在游戏中表现得更好甚至击败他们的朋友,虽然这些游戏指南书并非是很好的文学作品,但是也需要花费时间来阅读。考虑到让男孩读书是一件很困难的事情,图书馆收藏他们感兴趣的书籍也是非常必要的。许多流行的游戏都已经出版了相应的连载书籍,比如《毁灭战士》、《最后一站》和《迷雾之岛》。基于电子游戏的漫画书也很火爆;许多小说也将玩家塑造为主要人物。如果青少年读者同这些人物有某种共同点,那么这些书将会吸引他们的眼球。对游戏开发感兴趣的年轻人也会喜欢介绍流行游戏制作过程的书籍。许多图书会将采访游戏开发者的内容作为特色并且会跟踪报道一个特定游戏从开发的初级阶段到流行的过程。图书馆也可以添置一些关于游戏设计的书籍,尤其是那些专为青少年撰写的书籍。拥有一个包含与游戏相关的阅读材料的馆藏或许只是将热情于游戏的年轻玩家们转变为热情高昂的读者的第一步。

为了将年轻人吸引到书架旁,图书馆可以将游戏光盘流通起来。鉴于高雅文化与低俗文化的冲突,许多图书馆多年来一直都提供教育性光盘的借阅,很少有图书馆会收藏娱乐用途的游戏光盘。管理员需要自问,在发展图书馆馆藏时,是应该基于物品的内在价值还是基于读者的意愿。如果跟着读者的想法走,那么一些公共图书馆考虑引入与游戏相关的馆藏的想法是有意义的。将游戏资源优先加入到图书馆馆藏比添加其他内容的DVD和CD要复杂得多。游戏一般都只能在专门设计的特定的游戏平台上运行。如今游戏平台有很多,比如个人电脑、游戏机、任天堂游戏机和微软视频游戏机。管理员需要决定应该收藏适应一种系统还是多种系统结构的游戏资源,其实两种选择都有弊端。如果只收藏适应一种系统的游戏,那些使用其他系统的玩家就不能从图书馆外借该游戏的光盘了。但是如果图书馆收藏了适应多种系统的游戏光盘,就必须做出一个抉择,要么多花钱在收藏上,要么适应每一个系统的游戏光盘都少收藏一点。正如电子游戏图书馆员的专栏作家约翰(John Scalzo)所言:"因为图书馆都喜欢收藏统一格式的游戏版本,更多的问题随之而来。[16]"许多图书馆都只收藏适应一个系统的游戏,但是也有一些图书馆收集了时下流行的适应各种系统的游戏版本。

一些图书馆基于一些原因而不支持游戏光盘的借阅。因为这些游戏光盘通常价格昂贵(每种从20美元到60美元不等),并且那些最新和最流行的游戏光盘(那些读者需求最多的游戏)通常会耗费差不多50美元。如果图书馆在游戏面市几个月后购买的话,它们就很有可能降价。在这种情况下,图书馆就会在游戏服务方面滞后于玩家需求几个月之久。好处是，他们可以用购买一款新游戏的钱购买两款旧游戏。然而，当图书馆购买到游戏的时候，读者或许已经喜欢玩其他游戏了。另一个问题就是运行游戏的操作系统可能隔几年就会更新，除非新的操作系统能运行旧版本的游戏，否则，图书馆就需要购买同款游戏的最新版本，以在新的操作系统上运行。还有一些反对收藏游戏光盘的观点，比如游戏光盘很有可能受损或者被偷。然而，这样的理由也适用于反对其他的内容DVD的收藏，但是当下很多图书馆都储藏了DVD。其实，收藏游戏光盘最大的阻碍是价格；资金短缺的图书馆或许需要寻找创新性的方式来为这个项目筹措资金。对大部分图书馆而言，为读者们建立一个大小合适的游戏光盘收藏是件日积月累的事情，并非一蹴而就。

当管理员在开展读者咨询的时候，他们通常会询问读者喜欢什么类型的书籍。儿童和青少年会觉得这个问题很难回答，因为他们还没有弄明白自己究竟喜欢什么方面的书籍。西区图书馆（Metrowest）馆员贝丝（Beth Gallaway）认为询问年轻人他们喜欢使用的媒体诸如电视、电影和游戏会比询问他们喜欢看什么书更有意义。可以尝试询问年轻人最喜欢的游戏是什么，因为可以根据喜欢的游戏类别推测出他们喜欢的书籍类型。因此，了解年轻人喜爱的游戏可以帮助图书馆员做出有效的图书推荐。如果读者喜欢情节虚幻的游戏，比如《天堂》和《魔兽世界》，那么他们很有可能喜欢玄幻书籍；喜欢后世界末日和第一人称射击游戏比如《生化危机》和《半条命》的读者，他们会比较喜欢恐怖小说或者科幻小说；对于喜欢像《罗马：全面战争和文明》这样历史性游戏的玩家来说，他们会喜欢历史学文献和历史小说；对于那些喜欢玩像《迷雾之岛和圣地亚哥在哪里》这种类型的推理游戏或者智力游戏的人来说，他们可能会喜欢推理小说和惊险小说。大部分游戏都可以被归类到一个特定的流派，而通常情况下图书馆员都能够找到相应流派的书籍[17]。研究年轻人在非阅读时间所从事的活动，图书馆员可以了解到很多东西，这就彰显了图书馆员跟上年轻人文化的重要性。如果图书馆不了解流行的游戏、电影和其他多媒体，那么图书馆向青年人提供的咨询服务就没有那么准确。

图书馆正在以一个令人担忧的速度失去新一代的读者，这是显而易见的。在儿童和成年读者之间，大多数图书馆都会有一个严重的服务对象缺口：青少年读者。如果青少年读者觉得图书馆和他们没有关系，就自己的兴趣和需求而言，当地的连锁书店比图书馆与他们关系更为密切，那么，随着他们年龄的不断增长，心智不断成熟，他们对图书馆也会一直保持轻视的态度。图书馆员在制定吸引青少年到馆计划时，应该试着提供一些特别的服务和项目，更好地增加这些服务和项目的价值，而不是与商业机构开展竞争。

游戏之夜对青少年来说是一项在社区的其他地方无法找到的活动。这些项目对那些正在寻找一个可以和同龄人出去消遣的第三去处的青少年而言，是非常有吸引力的。正因为图书馆为青少年相聚提供了一个安全的第三去处，家长们也会觉得这些项目是有魅力的。游戏"使青少年对图书馆进行了重新定位，使图书馆员能够深入了解年轻人的文化，使图书馆被归类为一个高科技和公共的第三去处。在这里，人们可以进行日常的社交联系[18]。"游戏给了图书馆一个吸引青少年的切入点，那就使用馆藏尤其是那些以某种方式和游戏相关的馆藏来将玩家们培养为读者吧。一旦馆藏和青少年的联系变得紧密，那么图书馆很快就会发现，成为青少年生活中的一部分变得容易得多了，因此，公共图书馆的未来也有了保证。

## 参考文献

[1] Cathy De Rosa, et al., *Perceptions of Libraries and Information Resources* [J], OCLC, 2005.

[2] Brian Kenney and Lauren Barack, Libraries Losing Teens [J], *School Library Journal*, 2006 (1).

[3] Video Game Makers Missing Opportunities [J], *Silicon Valley/San JoseBusiness Journal*, 2003 (4).

[4] J. C. Herz, *Gaming the System, What Higher Education Can Learn FromMultiplayer Online Worlds* [J], The Internet and the University, 2001.

[5] Paul Bryant, Gran Turismo Sends Japan's Sports Cars Abroad [J], *GamingAge*, 2002 (11).

[6] Catherine Delneo, Gaming for Tech-Savvy Teens [J], *YALS* 2005 (3): 34.

[7] James Paul Gee, *What Video Games Have to Teach Us About Learningand Literacy* [J], New York: Palgrave Macmillan, 2003.

[8] Nick DeKanter, Gaming Redefines Interactivity for Learning [J], *TechTrends* 2005 (3): 27.

[9] Gee, 39.

[10] Cliff Edwards, Class Take Out Your Games [J], Business Week Online, 2005 (2).

[11] Kurt Squire and Constance Steinkuehler, Meet the Gamers [J], *Library Journal*, 2005 (4): 40.

[12] Erin Helmrich and Eli Neiberger, Video Games as A Service: Hosting Tournaments at your Library [J], *VOYA*, 2005 (2).

[13] Squire and Steinkuehler, 41.

[14] John Scalzo, The Video Game Librarian: GameFest and the Bloomington Public Library, Gaming Target [J], 2005 (4).

[15] Delneo, 34.

[16] John Scalzo, The Video Game Librarian: It's the End of the Year as We Know It (And I Feel Fine) [J], Gaming Target, 2006 (1).

[17] Beth Gallaway, What Libraries Can Do for Gamers (Other than Programming and Collections) [J], Gaming Learning and Libraries Symposium [J], 2005.

# 第14章　社会软件在图书馆是如何运作的

在了解不同类型的社会软件工具之后，如何在图书馆中将它们加以应用则成为现阶段需要考虑的问题。或许很多读者已经对某些技术特别感兴趣而跃跃欲试了。

任何新技术的成功实施均依赖于两个关键因素。首先，需要满足用户的需求（或许只有最精密高端的技术才不用考虑用户需求吧?）。当然，如果某款社会软件已针对用户需求加以实施，同时还需要提供使用户能够理解和接受该新工具的推广和培训；其次，需要图书馆工作人员愿意使用和推广该新技术。如果没有任何的交流和培训而仅仅给图书馆工作人员提供将要开始使用的社会软件的维基百科，其工作热情肯定不高。在项目的规划和实施过程中，注重馆员的参与程度，使馆员能够表达自己的问题和关注点，以及必要的馆员培训，都是成功的关键因素。

除上述重要因素之外，无论是小型的企业组织还是大学院校，在实施使用社会软件时还应遵守一些必要的指导方针。以下章节将会在重温社会软件相关内容的基础上，更加深入地讨论一些社会软件的用法，以便为社会软件在图书馆服务中的具体实施提供理论依据。同时，本章还介绍了图书馆员的专访。这些来自不同类型图书馆的馆员，结合自身的使用体验将其认为最具有价值的社会软件，与广大读者一同分享。

## 14.1 了解用户群

图书馆的任务在于满足读者的教育、信息和娱乐需求。但是图书馆员如何了解读者的需求呢？对于许多图书馆来说，往往最直接反映需求的读者可以得到最及时的服务，但是那些没有直接反映自身需求的读者以及那些完全没有使用过图书馆的读者，如何获得更好的图书馆服务呢？图书馆员不仅应考虑经常使用图书馆读者的需求，同时还应关注那些不经常使用图书馆甚至没有使用过图书馆的读者的需求。这样，有针对性的设计图书馆服务，那些不经常使用图书馆甚至没有使用过图书馆的读者则很有可能变成图书馆的常客。很多方式，譬如非正式观察、研究读者统计信息以及正式的读者调查等可以帮助图书馆员更好地了解读者和读者需求。总而言之，如果想了解图书馆所服务的用户，走出图书馆是至关重要的因素。

在实际的工作和娱乐生活中，近距离观察读者会进一步发现他们的兴趣和需求。如果您在高校图书馆就职，多和教师和学生接触，就自然会发现他们经常在哪里学习或者普遍采用哪种方式获取信息和开展研究。这些答案对于更好地了解读者需求是非常有帮助的；如果您就职于某公共图书馆，也应该多观察周围的环境，自然也会发现本馆的读者主要是哪些类型、读者主要关注哪些地方、学生放学后主要做什么等等情况。这些数据对于进一步了解和预测读者行为具有重要作用；如果您是某机构的图书管理员，也可以通过观察其他员工的方式获取信息，例如他们如何获取信息、使用何种技术、工作流程是什么以及图书馆采用怎样的方式给他们提供服务等。观察图书馆围墙之外的读者群对于深入挖掘读者需求具有重要意义。

可以通过读者调查的方式评估读者需求。许多图书馆采用对馆内读者发放纸质问卷的方式调查读者需求，但是这种方式不适用于不到图书馆的用户。同时，自愿填写问卷的用户往往是具有强烈的正面或者负面的意见，很难准确代表全部读者的意愿。对于调查而言，调查对象的选择对调查结果具有重大的影响。所以，采用在机构网站进行网络调查和前往其他相关机构发放问卷对于鼓励读者提供反馈意见是非常有帮助的。

**莎拉（Sarah Houghton-Jan）**
——加利福尼亚州圣马特奥市图书馆信息网络部主管

博客是一种发布图书馆所有资源和服务（如新闻、课程、开闭馆信息、新资源推介等信息）的非常有效的工具。现在所有的博客软件均采用一种所见即所得的界面设计，以便于所有用户使用。博客是目前即时发布图书馆最新信息的最为便捷的方式，与 RSS 结合使用，宣传能力非常强大。

人们大多喜欢被推送信息。许多成年人使用 RSS 订阅信息，但往往忘记是从何时开始。RSS 可以节省图书馆用户的时间，这已是共识。一旦用户通过 RSS 订阅了图书馆的信息，只要图书馆发布了新消息，用户即可以借助 RSS 浏览器接收到该信息。对很多人来讲，RSS 变得越来越不可或缺。的确如此，有时候，可能仅仅通过一封推送邮件，就可以引来一大批相关读者。

用户总是希望图书馆员 7×24 小时在线，并且随时出现在用户需要的时间和地点，远远超出应有的工作要求。这就可能意味着图书馆员在晚上 9 点还在为学生查找资源或者在半夜 2 点还在帮用户找寻如何开办小企业的相关信息。这种 7×24 小时的工作模式或许可能通过网络聊天工具或者即时通讯工具实现。我个人觉得这两种交流工具都非常重要，因为它们的用户群是有分别的，成年人更加喜欢使用网络聊天工具。

另一种非常有效了解用户的途径是采用小组讨论的形式，倾听来自不同人群的声音。评估过程可以与多个讨论小组相结合，每个小组人数最好控制在五到八人，这样比较方便管理。实践证明，与具有相似特征的人群进行小组讨论是非常有效果的。例如，不可能将老人和小孩放在同一个讨论小组中，因为他们中的任何一方都不可能在对方面前毫无阻碍地畅所欲言。因此，这个过程中，选择具有相近年龄和相似背景的人群组建小组是非常必要的。主持人应该保证对每个小组提问同样的问题，并且确保每名小组成员都参与意见反馈。小组讨论时，组织者可免费提供一些点心。这不仅可以吸引更多的人参与，而且可以营造轻松的谈话气氛，便于参与者和大家分享自己的感受和观点。

即使当前并没有新的技术上线，定期调查用户需求，评估现有服务也是必不可少的环节。在评估的过程中结合有效的技术手段，对于更加深入了解读者需求非常有帮助。在对本馆读者和读者需求进行深入了解之后，就可以很容易发现哪款社会软件更容易满足读者需求；同时也会更加容易发现读者对于该社会软件的直接反馈。这对于该社会软件的推广具有重要作用。

## 14.2　不同的图书馆读者需求也有所不同

"标准的图书馆模型"是不存在的。因为每家图书馆都有不同的定位，并服务于不同的读者群。服务对象是航天工程师的企业内部资料管理员与公共儿童图书馆的图书馆员的工作差别非常大，但是，却可以使用相同的社会软件来满足他们的需求。给各家图书馆推荐使用哪款社会软件，这并不现实。由于不同图书馆面临的问题和需求具有一定的共性，因此，本章将探讨不同类型图书馆或服务于特定人群的图书馆所面临的一些共性需求，依此给这些类型的图书馆推荐最为合适的社会软件。

### 凯利（Kelly Czarnecki）
——美国北卡罗来纳州夏洛特和梅克伦堡公共图书馆青少年馆员

游戏、播客以及网络即时聊天工具等手段是图书馆克服与青少年直接沟通差距，增进了解，完善服务的有效手段。图书馆提供多种帮助青少年自我创造和与他人交互的工具对于吸引青少年读者非常有帮助。我在伊利诺伊州布卢明顿公共图书馆进行了相关实验。实验中，我将向青少年介绍和提供服务看成一次由我组织的活动，也将它视为是在营造一种文化氛围。这意味着我们组织了一场让青少年利用图书馆这个平台进行创造和交流的活动，意义深远。

此外，图书馆参考咨询台的音视频馆员以即时通讯的方式为青少年提供最新的电影和音乐。网络管理员可以创建一个游戏向导，也可以在青少年玩游戏的时候给他们发送他们对图书馆服务质量评价的短信息。同时，网络开发人员也可以去当地的学校调研学生们对于最新游戏、书籍和电影的看法。这些手段便于和青少年进行沟通交流，建立良好的关系。

青少年读者在放学之后不仅仅可以利用图书馆的电脑学习区参与游戏和聊天，而且可以自己创建视频游戏。播客使得青少年读者不仅可以和同学，而且可以和自己的父母、朋友甚至世界上任何一个可以上网的人分享自己的故事。通过这些有效的工具进行交流和创造，青少年读者已不再是别人的故事、生活和世界的被动消费者，更是自己故事、生活和世界的创建者。

## 14.3 公共图书馆

公共图书馆的服务内容和服务对象均可谓种类繁多。其服务定位是满足每位读者一生中不断变化的需求。这就要求公共图书馆需要时刻根据用户需求，灵活调整自己的服务策略。一些针对多种年龄范围，集中发布信息和构建线上线下即时交流的社会软件对于公共图书馆来讲是非常有帮助的。

公共图书馆在儿童成长过程中扮演着很重要的角色，需要指导和鼓励其养成终身的阅读习惯。图书馆可以为儿童提供很多有趣的节目、故事和其他有声读物。这些服务同样也可通过网络为无法亲身来图书馆体验的儿童提供。同时，图书馆员可以通过创建播客、拍客、故事视频等让儿童读者随时从听、看故事中受益。在阅读的同时，儿童完全可以同时聆听书中的播客。

图书馆可以通过博客和维基百科为各个年龄层的读者提供咨询服务。博客已被应用于不同主题的读者荐书服务。由于每一条维基百科是按照主题而不是按照时间排列的，所以维基百科可能更为适用。图书馆员可以创建如"基于游戏的书籍"或者"破碎的童话"的分类来展示相应主题的推荐书籍，同时也可以列出一些畅销书的推荐理由，譬如"如果你喜欢哈利波特系列的书籍，则你可能也喜欢……"之类，同时也鼓励各个年龄层的读者添加自己对书籍的建议和评论。图书馆可以应用社会软件激发青少年读者的阅读兴趣，同时为成年读者提供阅读建议。

除了网上发布信息之外，公共图书馆还可以应用社会软件构建社区、建立支持和鼓励青少年阅读的图书馆空间，以鼓励青少年主动创造，提高他们的表达和创造能力。青少年可以在图书馆发布播客和视频博客，创建书评乃至他们自己制作的广播。公共图书馆还可以应用电脑、麦克风、摄像头以及一些免费的软件等资源建立类似于播客工作站或者视频制作区域；还可以和青少年读者一起构建一个协作型的博客，在这个博客中青少年可以创建书评或者提供如何创建博客的课程。游戏之夜和图书馆举办的其他活动都鼓励青少年将图书馆视为一个除学校和家庭之外的第三去处。

很多人认为社会软件是一种可以提升网络交互的工具，其实社会软件对于提升现实世界中的社会交互也非常有效。青少年在做家庭作业或者研究论文需要帮助的时候，会偶然想到使用图书馆的服务。但是，对大部分人来讲，当需要使用图书馆的时候可能就近并没有图书馆，但是对于几乎所有年龄层的读者而言，可以通过图书馆的远程同步参考咨询服务实现在家里或者工作环境中都能有效应用图书馆的资源，例如运用即时聊天工具获得图书馆提供的7×24的实时咨询服务。许多成年人、青少年几乎每天都使用即时聊天工具和朋友或者客户进行交流。因此，可以考虑将即时聊天工具作为一种很好的即时参考咨询工具。

## 14.4 高校图书馆

高校图书馆致力于为高素质的流动人群提供服务。15年前，图书馆是唯一可以做研究的地方，但是现在，学生们不仅可以使用商业搜索引擎做研究，而且可以在家里访问图书馆的数据库。在学生可以通过网络开展研究的情况下，图书馆可以考虑通过网络提供如参考和使用说明等其他类型的服务。此外，很多高校已经意识到远程学习的迅速发展。尽管很多时候在远程教育的规划阶段图书馆服务处于被遗忘的位置，但是图书馆服务却是高质量的远程教育必不可少的组成部分。许多图书馆都在拓展网络服务，期望将各种服务提供给网络读者。社会软件可以帮助馆员创建一个社区，为读者实现直接的网上教学。

高校图书馆的首要任务是通过收集、指导和参考咨询等方式支持科学研究。即时交流工具和商业虚拟参考咨询软件可以帮助图书馆为不在图书馆内的用户乃至在世界任何角落的读者提供远程教学服务。通过短信服务，学生可以在没有电脑的情况下获得咨询帮助。

由于目前数据库和电子书在图书馆馆藏中占据了较大比例，所以很多图书馆资源都可以在网上获取。但是，这些资源的更新速度要远远快于图书馆员对于资源的发布速度。这时，博客的功能就体现出来了。图书馆员可以利用博客及时发布最新资源，同时，博客也可以向远程的学习者定向地推送资源。

**史蒂芬（Stephen Francoeur）**
——美国纽约州柏鲁克学院图书馆信息服务馆员

在众多的社会软件中，RSS、即时聊天参考咨询和演客（screencasting）应该是高校图书馆最基本的三种应用。RSS可以使数据以多种方式向用户推送，图书馆设置的RSS，其订阅数量一定多于博客的订阅数量。RSS订阅可在图书馆的书目检索系统和数据库中进行设置。如RSS允许用户针对特定的检索式或者某一主题进行订阅，在有内容更新时主动推送给用户。用户不仅可以通过专门的阅读器浏览相关订阅，RSS订阅的内容也可以嵌套在课程管理系统或者高校图书馆相关网页之中。

聊天式的参考咨询，不仅可以使用商业网络聊天软件，也可以使用众多即时聊天工具。图书馆每年投入大量的资金用于维护图书馆网站上的虚拟图书馆服务，并如同给实体图书馆配置参考咨询馆员一样，也需要给虚拟图书馆配置一定数量的参考咨询馆员。

演客帮助图书馆员通过快速简单的方式创建图书馆资源与服务的迷你模型。就好像PowerPoint软件让普通人都可以制作演示幻灯片一样，演客降低了创建网络教程的难度，可以使增加和丰富网页的内容变得非常容易。

图书馆员往往采取创建导航等方法为不同专业学生提供资源导引，现在完全可以通过维基百科而不是传统的Web站点的方式建立。与传统Web站点相比，其优势在于维基百科是可检索的，图书馆员可以通过设置类目的方式提高资源的可检索性，不具备网页制作知识的人也可以轻松驾驭。另外一种创建导引的方式是制作社会书签。图书馆员可以为资源设置不同的主题标签，以方便读者通过主题进行检索。社会书签服务也支持RSS定制，便于集成到其他应用中。图书馆可以将社会标签在图书馆的网站上加以展现，以方便读者访问。

### 布莱恩（Brian Mathews）
——美国亚历山大市乔治亚理工大学远程学习服务与机械工程学科馆员

我相信RSS或者其他类似的服务是非常具有发展优势的。可以预见，一个综合的学校门户网站能够集成校园课程管理系统和其他形式的社会软件，如Facebook。很多馆员一直都在讨论图书馆处于什么定位是最合适的，这也是我一直在思考的问题。但是，仅仅简单地在Myspace上给图书馆创建账户是完全不够的。

当我们还没有涉足网络语音电话的时候，类似服务如Skype已经变得非常普及了。借助网络语音电话，图书馆可以向馆外用户提供远程服务。与网络即时通讯工具应用于图书馆服务类似，图书馆需要识别哪些用户希望通过网络语音电话接受图书馆的服务，并且获得这些用户的联系方式。因此，真正的挑战是这种服务的宣传推广。这个问题已存在一段时间了。

如果让我只选择三种技术，我会选择博客、RSS 和社会软件。对于很多学生来讲，距离确实使他们丧失了一些使用图书馆资源的权利。因此，我们的目标是创建一个社区。随着 RSS 与浏览器和电子邮件客户端的不断融合，对原始信息和预包装信息的远程推送也变得日益重要。

高校图书馆馆员可以提供多种途径的网络指导。包括：可以通过提供信息素养教育的播客对课程进行补充；还可以通过演客向学生实际演示各种信息资源的利用方法。演客由于其多样的风格被众多的学生所喜爱，但是大多数情况下其文件占用的存储空间非常大，学生若带宽不足，则往往难以下载。网络会议（Web conferencing）软件则是一种通过将聊天、网络电话和同步浏览方式相结合的图书馆员同步教学工具。但是此类软件目前价格十分昂贵，通常都超出学术机构的预算。今后，随着此类软件的不断普及，价格引发的应用制约或许会有所减弱。

## 14.5　中小学图书馆

过去的十年间，大多数公共图书馆都面临经费削减的问题，中小学图书馆也未能幸免。伴随着预算的削减，人员配置规模也有所下降。在某些情况下，一所中小学的图书馆馆员需要同时为多所学校提供服务。而且多数情况下，图书馆员需要少花钱多办事。比较幸运的是，社会软件通常是免费或者是价格低廉的。而且也可以帮助图书馆员拓展服务范围，便于为急需帮助的学生提供服务。

中小学图书馆员的重要责任之一是为年轻人提供适合的信息资源。这可以通过创建网络主题指南来实现，但是，并不是所有的馆员都具有网页设计的能力和时间。有些中小学图书馆员使用更易于操作的维基百科或者社会书签来创建主题指南。博客按时间排序的特点可能更加适用于实时发布最新资源，因此，使用博客来创建主题指南也是一种选择。

此外，中小学图书馆员也提供各种参考咨询服务。如果一位馆员并不是服务于单所学校，或者如果学生课业繁忙没有时间来图书馆，则可以选择远程服务的形式。图书馆员可以在学生放学后通过即时通讯的方式提供远程服务。越来越多的学生拥有手机。这为学校图书馆提供手机图书馆的相关服务创造了条件。很多中小学图书馆占地面积小，比较拥挤，图书馆员不方便进行实地指导。演客可以帮助图书馆员有效地将课程记录下来，当学生有需要的时候可以随时播放。当然了，亲身授课的方式是无可替代的，但是这种方式并不能在所有图书馆和所有课程中实现。因此，借助于演客和播客的远程教学模式对于扩大图书馆资源的受众面还是非常有帮助的。

### 克里斯托弗（Christopher Harris）
——美国贝尔电话公司中小学图书馆系统/媒体服务协调员

当中小学图书馆通过网络搜集电子资源时，通常会面临这样的挑战：尽管可选择过滤条件，但是还是需要对相关网站进行预览和复查以确保未有遗漏。这种问题的一个解决方法是在较大范围应用社会书签软件。借助社会书签软件在校内或地区范围内的应用，人们将会从课程标准或教学指标的角度，创建合适的标签来标记各类资源。

目前，围绕馆员通过电脑为中小学读者提供一对一的咨询这一问题，已成为部分人讨论的话题。但是，这些人却往往忽略了，已经有相当数量的中学生拥有自己的便携电脑——手机。当然，手机并不是唯一的平台。随着 iPod 手持游戏系统和其他移动计算设备的普及应用，图书馆也可以通过这些平台，来部署各种电子图书、数字有声读物或数学视频的应用。

专门为教师提供服务的图书馆员致力于各种数字资源的应用推广。与此同时，中小学图书馆有关数字资源利用的教学方式也在发生变化。一位四年级的学生访问一个数据库，并不一定需要到实体图书馆才能使用。为此，专门为教师提供服务的图书馆员可以借助新兴的演客技术，针对某种资源的某项使用技巧，对学生进行使用指导。

## 14.6 企业图书馆和法律图书馆

所有的企业图书馆和法律图书馆都具有一个共同的理念，那就是，机构内知识共享至关重要。领导们都希望可以最大化地挖掘员工们独有的知识为企业服务。维基百科是一种搜集个人和机构知识的比较好用的工具。理由包括：首先其不需要使用者具有标记语言的知识，其次它组织起来也非常简单，并且大部分维基百科都是可检索的，图书馆员可以按照不同的主题进行分类以便于读者浏览。维基百科使得公司职员，可以针对最佳实践流程、项目票据、内部业务流程以及其他公司希望搜集的信息进行合作整理和分类。

一些公司和法律事务所也试图将员工的社交网络利用好。在商业和法律领域，人脉有时候和知识一样宝贵。社会软件使得每一位员工都将自己视为更大网络的一部分。运用社交网络软件，经理层人员可以清楚地看到员工的人际关系网，便于发现对公司有利的关系线。因为人们真的可能永远都猜不到：你朋友的朋友会是你价值百万美元的大客户，或者你大学室友的表弟是你需要的专家组成员。社交网络犹如一张大型关系网一般强大。

对于企业来讲，高效快捷地获取相关信息是非常重要的，合理应用一些辅助工具也非常重要。首先是社会书签工具。当用户发现，某篇在线文章或者某个网站对工作非常有帮助，想进行特别标记以便于日后查找，此时，社会书签的作用就体现出来了。社会书签允许读者对每一个链接做标记。机构内的社会书签系统使得员工之间可以相互分享自己的书签，以便员工获取他们可能忽略掉的信息资源。

RSS 是另一种即时跟踪信息的非常好用的工具，专业研究人员可能忙得根本没有时间一一浏览自己感兴趣的杂志和网站信息，RSS 可以将数百个网址中的内容集中在一个页面之中推送给用户，方便用户从中提取最为相关的信息。用户也可以针对某些期刊的更新进行专门的 RSS 定制。这样可以极大程度节省查新的时间。

如果用户经常出差无法亲身到图书馆但又急需信息，图书馆还可以提供远程服务。绝大多数律师和企业员工都拥有手持移动设备，如黑莓手机或者 Treos 手机。这些工具可以帮助他们实现网上冲浪、收发邮件以及读取文件等。图书馆也可以向用户提供包括即时通讯或者短信服务等移动服务，便于用户即时访问图书馆资源。图书馆也可以考虑购买一些可被移动用户加载的参考咨询型的内容，便于用户通过手机直接获取答案。目前一些参考咨询数据库，如 LexisNexis 和 Ovid 数据库均已支持手持设备的访问。很多企业和法律图书馆的用户真正来馆的机会非常少，通过以上方式推送服务是非常必要的。

### 戴尔（Dave Hook）
——加拿大安大略宾顿市 MDA Space Missior
运营信息和配置管理经理

一般来说，我认为维基百科可以作为企业图书馆最重要的应用，完全可以看到其广泛的应用前景，它会像企业内网一样普及。维基百科可以解决目前企业面临的两大关键问题：快速、有效而又经济地进行知识管理和信息检索。维基百科通过建立一个大家可以共同参与协作、进行知识分享和保存的讨论区，实现知识管理。维基百科可以用来描述业务流程，介绍最佳范例，成为一个动态修订的文档，快迅及时地反映业务需求的最新变化。同时，维基百科可以作为公司内部信息"窗口"所关注的提供经济高效的检索信息的工具。

维基百科可以提供一个用于企业内部的信息窗口，RSS 定制则可以创建即时传送当前所关注的信息的链接。我知道 RSS 定制已经取代了很多使用 E-mail 解决的应用。我相信肯定还有很多我们所没有看到和预见到的 RSS 的其他应用。

掌上电脑也具有很广阔的发展空间，尤其是在需要即刻获取信息或者不便直接去图书馆的情况下。譬如，在医院或者其他研究环境中，笔记本电脑类的掌上设备，不仅可以即时检索信息，也可以即时记录最新信息。

## 14.7 医学图书馆

并不是所有的医学图书馆都具有相同的使命和目标。对于医学图书馆而言，其主要的任务就是提供有效的决策支持，即为医生、护士和患者提供有效实用的信息。对于学术性的医学图书馆而言，其主要任务是为医学领域的研究提供有效使用的信息作为研究保障。

医学图书馆最重要的功能是快速有效地提供基于事实的资料。尤其是当医生进行诊断和开处方的时候，提供即时的参考信息。掌上电脑是非常有用的参考工具。许多医生使用掌上电脑随时做笔记或者为病人建立病历。很多医学相关的参考资料都可以下载在手持设备中，便于医护人员随时查看。通过这种方式，医护人员可以不用去办公室查阅"医生参考平台"（Physician's

Desk Reference（PDR）)就可以即时查询相关信息。因此，对于医学图书馆而言，考虑到医疗人员的普遍使用，确保应用手持设备也能畅通访问图书馆资源非常必要。

医护人员均有即时跟踪本领域最新信息的需求，图书馆员可以应用 RSS 的方法为其定制其所关注的信息。图书馆员可以应用 RSS 进行专门的期刊定制。当期刊有更新时，最新内容会直接推送给医护人员，医护人员可以在这些整合好的信息中挑选对自己有用的内容。专业研究人员也可以通过 RSS 的方式定制某些数据库，如 MEDLINE 和 Ovid 中的特定检索式。图书馆员也可以同时使用博客，针对不同医学领域的重点文章进行重点推荐。这样的博客就犹如一个过滤器一般，将最为相关的信息过滤出来。应用 RSS，仅仅需要设定初始的定制条件，之后就可以坐等信息推送过来，非常便捷。RSS 和博客这两种工具都是帮助医学领域研究人员即时跟踪信息的有效工具。

### 米歇尔（Michelle Kraft）
——美国俄亥俄州沃伦斯维尔海茨·南玻尔特医院
医学图书馆馆长

医疗专业人员（如医生、护士等）在平时的医疗护理过程中应用手持设备已经有一段时间了。可用于手持设备的医学参考软件种类很多，并且很多软件已由机构采购。一些传统的医学数据库提供商如 MDConsult，StatREF 和 Ovid 等，也都提供了可适用于手持设备的产品，医学图书馆也正在购买这些适用于手持设备的应用，并且调试使其与手持设备同步兼容。伴随着电子病历卡（Electronic Medical Record）的推广使用，医院和医护人员都希望手持设备可以成为其集查看病人信息和检索资料于一体的一站式设备。

通过应用 RSS，医学图书馆在进一步满足用户需求方面又进了一步。图书馆员可以将图书馆信息和相关医学新闻直接定制在图书馆网站上，如库欣/惠特尼医学图书馆（Cushing/Whitney Medical Library）和耶鲁大学医学院图书馆；也可以在图书馆网站上直接展示医学类的新上架书目。文献检索服务系统也将 RSS 作为即时跟踪医学信息的工具介绍给用户，用户可以通过定制检索式的方式即时获取最新信息，速度比通过文献检索服务系统邮件推送要快。当然，也可以通过此方式对期刊进行定制。但是，很多用户并不知道 RSS 这个工具，因此，对医学图书馆来讲，加强用户对工具使用的培训是必不可少的。

### 玛丽（Mary Carmen Chimato）
——美国纽约州立石溪大学健康科学图书馆访问服务总监

即时通讯的参考咨询功能非常强大！我们也有几个远程学习的项目，其中有一些是完全在线实现的。通过即时通讯工具提供参考咨询服务对于学生和图书馆员来讲都非常有益。当我们开始将即时通讯工具应用到参考咨询服务之后，明显发现远程学生的电话咨询少了很多，他们很倾向于使用即时通讯工具。同时，我们也注意到一个奇怪的现象，那就是在图书馆内看书的很多读者，如果不愿意站起来到咨询台咨询，他们也可以使用网上即时通讯工具与图书馆员沟通。我认为这样一种方式或许可以让他们避免站起来对他们学习节奏的打扰。对于一线工作人员（医生）和可以通过自己的手持设备使用即时通讯服务的三、四年级的学生而言，通过即时通讯工具获取参考咨询服务是急其所需。可以说，这种参考咨询方式在卫生医学领域的学生、医生、教师以及其他工作人员之中是非常流行和实用的。

在卫生医学学科领域，了解本领域的前沿信息非常必要，同即时通讯一样，RSS 也是非常重要的工具。我们提供针对 RSS 使用方法的教学，并且设立了新闻广播账户，很受读者欢迎。很多卫生科学组织，如美国国立卫生研究院、世界卫生组织和美国联邦政府食品药品管理局，以及很多期刊杂志，目前均提供 RSS 定制服务，便于用户实时定制医学领域最新的新闻事件和相关研究信息。

由于医学图书馆也同样支持学术研究，可以和其他学术型图书馆一样受益于很多社会软件。演客和播客可以提供给读者在线收看或收听的教学内容；维基百科和社会书签软件可以用来制作不同医学专业领域的学科指南；播客可以被用来向读者发布新资源和新服务；同时，图书馆员也可以通过即时通讯软件、商业虚拟参考咨询工具以及短信服务等向比较热门的医学专业提供服务。

从本质上讲，医学图书馆需要兼具医院图书馆和学术型图书馆的功能。这并不是一项简单的工作。

### 14.8 其他专业图书馆

有很多特殊类型的图书馆无法归入前面提到的图书馆类型之中，如政府部门图书馆、非营利组织图书馆、文化团体图书馆以及博物馆系统的图书馆等等。一些高校图书馆和公共图书馆中负责特殊馆藏的图书馆员的工作职责也与同单位中其他图书馆员有所不同。这些特殊的图书馆和图书馆员面对的读者群和提供的服务都具有特殊性，适用的社会软件也会有所不同。但是，由于不同类型图书馆服务人群有很大的交叉性，这些专业图书馆完全可以应用很多已经在其他图书馆实施的社会软件。

专业图书馆主要服务于特定专业的人群，博客和 RSS 等工具对于专业图书馆宣传推广，并向用户提供新闻和其他信息都是非常适用的。图书馆可以使用博客发布图书馆新闻、特定主题领域的信息以及推广图书馆新资源等等；RSS 提醒服务可以向读者推送特定主题的信息，这些特定主题的信息可以被整合在聚合器中或者被整合在图书馆网页中。在某些情况下，社会书签对于搜集对读者有用的资源链接也是非常有用的，这些书签也可以被整合在图书馆网页中；和企业图书馆类似，其他类型的专业图书馆也可以应用维基百科搜集有益于本机构的知识和实践案例；当读者有同步虚拟参考咨询的需求时，应用即时通讯软件或者商业虚拟参考咨询软件都是非常好的选择；也可以应用播客或者演客提供网络教学。这些工具均可以满足不同类型图书馆的一些共同需求。

对于一些特殊的图书馆馆藏（如历史记录、手稿、照片、美术作品以及其他文物等）而言，网络展示的方法会使这些馆藏更容易为读者提供，这种服务可以通过照片共享软件来实现。图书馆员为这些特殊馆藏拍照之后，可以将照片拷贝在照片共享服务设备或者画廊软件上。通过这种方式，并未能亲身观赏这些馆藏的读者可以通过网络的方式浏览这些馆藏。同时，如果图书馆采用循环播放的方式，读者也可以看到一时漏看的馆藏。图书馆员还可以利用这一技术为这些网络展示的馆藏资源添加描述性标签，使这些馆藏更加形象化。对于一些本土化的历史收藏品，可以要求从事该收藏工作的人员为这些历史文物或文件类的资料拍照或扫描，将电子版本发布到网上。

## 伊莉斯（Elise C. Cole）
——加拿大安大略省奥克维尔公共图书馆当地历史馆员

在对特殊馆藏进行处理和为公众服务时，使用率最高的三种技术为：

博客：你会注意到，我有一个博客（网址为：canadianlibgenie.blogspot.com）。目前，我已经组织过两次关于安大略省的宗谱学会年度研讨会，研讨主题是：图书馆帮助家谱学家研究家谱（Helping Genealogists Climb Family Trees @ YourLibrary）。在这两次会议中，尤其是在温莎市举办、有来自美国的参会人员的那次，我们发现无论在付费和免费的情况下，有关加拿大家庭历史研究的在线资源和加拿大社会历史研究的在线资源，两者并不相同，而有着明显的差异。虽然这个博客的目标受众是图书馆和图书馆中提供该主题服务的图书馆员，但是我知道，很多专业的和业余的家谱学家也是博客的读者。

同步的在线参考咨询：虽然我还没有应用这个工具与我的服务人群进行沟通，但我认为这是对远距离的研究人员提供咨询服务的最好的交流手段。因为事实上，目前我的服务人群主要是成年人，通过电子邮件的方式回答这个年龄群体的疑问现阶段还是比较适用的。

照片共享应用程序：归功于各种各样的文化遗产图片数据库，很多信息得以保存并被人们所获取。由于我们是一个小规模的图书馆系统，不具有保存档案的功能，自然也不能很好地保存这些图片；除此之外，许多人，包括文化遗产合作组织并不希望将自己的照片集捐献出来。因此，我开发了供我馆使用的扫描软件——扫描蜜蜂（Scanning Bees）。我们和一个当地的组织——特拉法加镇历史协会（the Trafalgar Township Historical Society，简称TTHS）合作。在接下来的很长一段时间里，我们的工作人员和社会志愿者，架起了扫描设备，将拥有老照片的人们聚集到图书馆，然后我们对相关照片进行了扫描。社会志愿者针对照片及其内容，以及这些向社会捐赠电子版照片的人群进行了记录。作为回报，我们和 TTHS 达成了协议，在 OakvilleImages 上的图片，会同时保存在 Halton Images 网站和 Images Canada 网站上，用户可从以上任何一个入口找到图片。如果想获得照片副本，必须与 TTHS 联系，TTHS 可以利用此项图片复制服务来筹措经费。

### 14.9　向员工推广社会软件

许多图书馆可能都有新的激励措施、技术和服务应用失败的经历。在某些情况下，一项激励措施看起来可能对图书馆非常适用，但是实际应用起来却因为很多原因而没有收效。有时候失败是由于缺乏工作人员的参与。员工的热情程度是任何新服务取得成功的关键。通常情况下，员工都是负责实施的。有员工充分参与的计划，与由领导层策划然后直接向员工下达的计划相比，前者更容易取得成功。如果员工并不寄希望于某项新技术，他们也不会支持此项新技术的实施。如果一名图书馆的馆长考虑提供基于即时通讯技术的参考咨询服务，她可以简单地告诉员工图书馆将要提供这项服务，或者更好的方法是，在计划和实施的各个层次都鼓励员工参与。这样，参与这个过程的员工对此事肯定是支持的。

应该鼓励员工表达自己对于新事物或观点的想法。因为有时候员工可能认为该新事物只是当前比较热门的东西，但是并不会持久，所以并不情愿应用这些新技术；或者他们认为新技术学习起来比较困难也不愿意接受。如果想在这个过程中激发员工的兴趣，一个良好的使员工可以表达自己对新技术观点的氛围是非常关键的，否则，员工们会继续坚持自己对于新技术的消极理解，甚至将新技术视为"管理者的专属项目"。

一些图书馆设立了专门评估馆内新技术应用的委员会。迈克尔（Michael Casey）是格威内特县（Gwinnett County, GA）公共图书馆的技术部主任，他组织成立了一个探讨有益于图书馆读者和员工的新兴技术委员会[1]。委员会的成员包括不同层次、不同年龄和不同工作职责的馆员是非常必要的。首先，人员多样化可以提出更多有利于改善图书馆服务的观点；其次，参与人员多样化可以更深入讨论如何实施该项新技术，哪些是需要规避的问题；最后，任何获得图书馆员工广泛支持的新技术都是比较容易成功实施的。如果委员会仅仅由年轻的技术骨干或者部门主管组成，其他员工很容易觉得自己的观点没有价值。

图书馆不仅需要考虑员工对于新技术的接受程度，还需要考虑到很多新技术是由专业的技术人员操作实施的。因此，在计划阶段就邀请技术人员参与进来，可以提升整个技术体系的安全性，同时还能顾及到很多图书馆员工考虑不周全的技术问题，并且技术人员对于自己一开始就参与的项目也是非常有积极性的。加强图书馆各部门之间在信息技术方面的沟通和交流是非常重要的，充分的沟通交流对图书馆发展新技术具有巨大的推动作用。

确保员工接受某项新技术的最后一个环节就是培训。一旦决定在图书馆应用某项新技术，重要的一步就是对员工进行使用培训。如果员工对于新技术不适应，他们可能直接不使用该项新技术或者毫无积极性和主动性地去使用。培训的时候还应特别注意员工本身的技术水平。可能会有技术水平两极分化的现象。有效培训则会很好地均衡这些因素，可以采取将受培训人员分组的方法。每天的工作必须涉及此项新技术的员工，则可以采取强制培训的方式，其他员工可以选择性参与培训。例如，如果参考咨询部门的员工创建了一个博客，并且很好地应用了这个博客，这对于其他部门的员工理解博客的用途是非常有帮助的。除培训外，制作相关的培训学习材料发放给员工也是非常有效的手段。

## 14.10　向读者推广社会软件

当图书馆员已经掌握了某项新技术的使用方法，那下一步就是让读者也参与到新技术的使用之中。即使这项新技术是专门为读者服务设计的，但是很有可能存在读者对于新技术所带来的好处的关注度要远远高于对新技术使用方法的关注度的问题。宣传推广和培训对于增加新技术的应用非常有帮助。忽略向读者推广社会软件的重要性可能会否定了之前购买和调试软件的所有工作。

读者对于新技术的反应通常取决于新技术的呈现方式。直接告诉读者图书馆目前拥有博客或维基百科往往会打击到不喜欢使用新技术的读者的积极性，虽然博客或维基百科中的内容可能会是读者感兴趣的。博客或维基百科是一种工具，里面的内容才是其重要元素。如果利用维基百科创建了一个学科导航，则应该告诉读者如何在这个平台中添加自己的观点；如果创建了一个博客向读者提供咨询服务，则同时应该说明图书馆新提供的荐书服务；如果图书馆采用了社会书签工具，则应该同时向读者说明如何跟踪他们今后需要用到的网站和网上的文章。告诉读者利用这个工具可能获得的收益要比仅仅向读者推荐这个工具的功能要重要得多。如果一项应用可以自发生成 RSS 定制，就完全可以不用专门向读者指出。如 Feed2JS 之类的工具可以将博客直接嵌套在图书馆网站当中；如果某些信息已经在图书馆网站中进行了整合，那也不需要读者清楚如何利用社会书签来创建学科导航的方法。RSS 可以从其他网站获取内容然后放置在图书馆网站上。因此，可能很多读者每天都在从 My Yahoo! 或者其他比较常用的网站上获取 RSS 定制的内容，但是可能他们并不知道 RSS 这个工具。事实上读者对社会软件工具越熟悉，创建的困难程度就越小，其接受并使用的可能性就越大。

宣传推广是推进任何新服务的重要步骤之一。如果不在任何地方提及基于即时通讯技术的咨询服务，读者又怎么能知道这项服务呢？如果没有听说过演客教程的存在，读者要多久才能知道有它的存在呢？宣传推广（营销）可以有多种方式，图书馆主页是宣传新业务的好地方。在大学校园里，图书馆员可以通过广播或者在宣传栏张贴宣传材料的方式进行推广，发放宣传彩页也是比较流行的宣传方式。企业、政府机关以及其他机构内的图书馆员可以通过内网进行宣传。在微型的办公区域，口口相传是一种简单高效的信息传播方法。因为社会书签的方式可能让读者会慢慢习惯，所以图书馆员也可以利用这种方式来推广图书馆的新服务。公共图书馆员可以在更为广泛的区域，例如社区、商店以及教堂等不经常使用图书馆的人群经常出入的地方发放传单。这种广告方式不仅可以对社会软件进行了推广，对图书馆的技术跟进政策和服务现状也是一种很好的推广。

最后，依靠这些社交工具，为读者提供服务是非常有价值的。虽然很多图书馆提供基本的网络课程，但是基本课程之外的培训比较少。一些图书馆开始尝试提供关于如何使用社交工具的课程，如社会书签工具、图片共享工具以及博客使用的课程等。这些社交工具可以帮助读者和朋友分享照片和信息，并且及时跟踪信息，对于读者的日常生活非常有帮助。当图书馆在推广介绍某项新技术的时候，向读者提供新技术的使用培训课程是非常必要的。当佛罗里达州的木登县（OrangeCounty）公共图书馆开始使用播客时，也同时向读者提供如何查询、收听和创建播客的课程；当图书馆决定推行维基百科学科指南时，说明该指南是如何运作以及读者可以用它做什么的课程也是非常有必要的。对很多读者来说，从课堂上学习这些东西要比阅读说明文档的学习效果要好得多；在一个有教师带领的舒适的学习环境中，学习者会更容易克服对新技术的恐惧。

  社会软件并不仅仅是一种"热门的新事物"。事实是，任何一种单纯为了名声而实施的技术，其结果必将是以失败告终。新技术的实施必须是和图书馆的需求相适应的，而且应该使得图书馆员的工作更加便捷化，能够更好地为读者服务。这就需要图书馆员采用各种各样正式和非正式的评价方法去准确把握用户需求。任何新技术的呈现方式都要以图书馆员工和读者能够接受为出发点，使所有的利益相关者参与到新技术和新工具应用的计划和决策环节、确保新技术和新工具（如社会软件工具）的方便获取、对新的工具和服务进行营销推广以及对员工和读者进行培训都是任何新技术在图书馆成功实施的关键环节。当然，这些都需要认真计划，图书馆中社会软件的使用对于资源的网络交流、共享以及联盟建设都具有一定的推动作用。

## 参考文献

[1] Michael Casey, Your IT Department, Buy-In, and Team Work [J], LibraryCrunch, 2005 (11).

# 第15章 跟踪最新信息是非常必要且基本的

在图书馆行业中，变化无处不在。人员变化、团体变化、技术变化以及图书馆本身也在变化。当今图书馆服务的人群与上世纪九十年代具有明显的差异：人群变得更加多元化、更丰富，知识水平也有了提高；人们随着年龄的增长，他们的需求、期望以及对于图书馆的态度也都在改变，利用图书馆的方式与17年前有着明显的区别。图书馆员也发生了明显的变化：专业技术和优势也发生了变化，成长和变化的速度也是之前的水平所无法企及的。及时跟踪新的发展形势并非易事。但是，对于图书馆员来说，为确保向用户提供最好的服务必须及时跟踪最新信息。这就需要保持对新技术、图书馆的发展趋势、社会经济对于图书馆的影响、读者的需求以及所在单位的优劣势等信息的关注度，清楚地知道自己所处的环境和自己的需求对于准确把握自己未来定位非常有帮助。

当您读到本书的时候，可选择的社会软件种类可能要比书中提到的还要多。本书的写作初衷是对当前的社会化技术进行综述以帮助用户决定如何将其在图书馆中加以应用。通过本书的内容，读者可以看到所感兴趣的社会软件的应用现状。可以采用多种方式，如博客、维基百科、RSS和社会书签等进行信息跟踪，并且目前美国各地讨论社会软件的会议也非常多，读者可以不花一分钱就可以及时跟踪图书馆的技术信息。读者将会在本章中学习到，在有机构资金支持和无资金支持的情况下跟踪图书馆技术信息发展趋势的方法。人们可以利用网上免费的资源设计自己的职业发展规划，同时利用RSS和社会书签来尽量减少信息的下载量。与本书内容配套的网站——www.sociallibraries.com 提供了更多可以帮助图书馆员跟踪最新的、可应用于图书馆的社会软件的网络资源。

## 15.1 第一课：专业文献信息的跟踪

很多印刷本杂志和在线杂志会刊登关于图书馆新技术发展的文章，很多可以通过在线的数据库和专业数据集下载；如果有些资源无法下载，可以尝试在当地的公共图书馆或者就近的大学图书馆查找；很多杂志（包括全文或部分内容获取的专业杂志和各种开放获取期刊）在网上是免费获取的；很多网站也提供最新的科技新闻和当前的热点服务等信息。尽管下面的列表并不够详尽，但是可以提供一些比较好的内容供借鉴。

- 《Ariadne》（www.ariadne.ac.uk）：一份由英国发行的在线网络期刊，刊登影响数字图书馆的技术问题；
- 《Bulletin of the American Society for Information Science and Technology》（www.asis.org/Bulletin）：月刊，讨论影响图书馆员和信息学家的问题；
- 《Cites & Insights（citesandinsights.info）》：双月刊，网络杂志，主编是沃尔特（Walt Crawford），主要关注包含书目博客的技术和政策问题的文章；
- 《Collegeand Research Libraries》（www.ala.org/alaacrlacrlpubs/crljournal/collegeresearch.htm）：美国大学与研究型图书馆协会创办的学术期刊，主要关注高校图书馆的相关问题。当年期刊只对会员开放，但过期刊物公众可免费获取；
- 《Crossroads》（webjunction.org/do/Navigation? category = 551）：月刊，每期主题不同，涵盖公共图书馆可利用的各种技术的相关问题；
- 《Current Cites》（lists.webjunction.org/currentcites）：该网站提供有关信息技术的月度最新佳作的目录，且附有注解。其中有些是从纸质期刊中摘录的，大部分都是网上的免费资源；
- 《D-Lib Magazine》（www.dlib.org）：在线学术期刊，月刊，包含数字图书馆相关文章；
- 《EDUCAUSE Quarterly》（www.educause.edu/eq）：同行评审期刊，主要关注面向学术界和IT管理员的教育技术问题；
- 《EDUCAUSE Review》（www.educause.edu/er）：双月刊，是主要关注教育技术应用问题的重要期刊；
- 《First Monday》（www.firstmonday.org）：开放获取的同行评审期刊，

介绍互联网的发展、政策和趋势问题；

● 《First Monday》（www.firstmonday.org）：由澳大利亚图书馆和信息协会主办，涵盖影响图书馆的问题，以及技术在图书馆中应用的文章；

● 《Library Journal》（www.libraryjournal.com）：涵盖图书馆员关注的各种话题，双月刊，主要刊登图书馆新兴技术及技术应用的文章；

● 《netConnect》（www.libraryjournal.com/index.asp？layout＝netConnect）：《图书馆杂志》的增刊，季刊，重点关注图书馆应用互联网的问题；

● 《New York Times：Technology》（www.nytimes.com/pages/technology）：是《纽约时报》的技术版，报道未来影响图书馆的技术发展趋势；

● 《SLJ.com》（www.schoollibraryjournal.com）：《高校图书馆杂志》的在线版，主要发表图书馆对青年人提供服务的文章，很多文章涵盖该领域的新兴技术。

图书馆也可以通过不断增长的图书馆学情报学知识库搜索关于图书馆技术的高质量的学术期刊。知识库是人们的一个网络存储空间，可以在上面储存撰写的各类文章，包括自己拥有版权的文章，或出版商允许其进行存档的已发表的各类文章。目前，在知识库中存储资源的大部分人都来自美国之外的国家，但是随着开放获取知识库的不断推广，这种现象可能会很快改变。比较有名的图书馆学情报学知识库有 DLIST（dlist.sir.arizona.edu）、E-LIS（eprints.rclis.org）和 SDL（drtc.isibang.ac.in/sdl）。这些知识库都是可以搜索到的，并且可以对新增资源进行 RSS 定制。

## 15.2 第二课：博客的跟踪

关于图书馆问题和图书馆应用技术的问题的博客数量众多。这些博客犹如过滤器一般，及时跟踪当前的最新技术，并以主题形式对这些最新技术进行集中揭示，且篇幅短小精悍。这样可以节省读者的时间，而且很多博客文章都提供了相关的资源链接。很多博客内容对尖端技术讨论的同时，也会对这些技术作出评论。如果读者对于博客提到的某一问题存在疑问，可以在博文下面向博主提问或者直接给博主发邮件，大部分博主都是很乐意参与讨论的。

由于博客种类多样，很难找到与自身最为贴切的博客。馆员可以先选择浏览比较受欢迎和比较容易检索到的博客，同时查看一下该博客相关的链接。

如果一个你经常浏览的博客链接到一个关于播客的博客，也可以点击进去看一下里面是否有自己感兴趣的内容。如果需要浏览多个博客，可以将这些博客进行 RSS 订阅，这样不用检查更新，RSS 都会自动将更新及时推送给你。

由于博客更新很快，在本书出版之后，肯定会有很多新的博客出现，读者通过本书的配套网站 www.sociallibraries.com，可以发现很多介绍图书馆可利用的各种最新社会软件的优秀博客。本网站也提供这些博客的 OPML 文档，用户可以将之整合到自身的 RSS 聚合器上。OPML 是一种大纲式的 XML 文档，内含 RSS 信息源列表，如果将这些列表整合到自己的聚合器上，用户就可以自动地获得这些 RSS 信息源指向的最新信息。

## 15.3 第三课：在线社区中跟踪其他图书馆员的最新动态

在线社区是即时跟踪图书馆动态、与应用社会软件的其他图书馆员沟通的有效方式。在线社区可以为图书馆员提供从网站、论坛到电子邮件列表等多种形式的服务，致力于此项服务的电子邮件列表就有上百个，馆员可以分别用几周的时间尝试不同的电子邮件列表，如找不到感兴趣的列表，可以选择注销账户；要清楚自己需要选择哪些电子邮件列表，否则很可能会被淹没在大量的电子邮件之中。如果不想收到太多的邮件，可以选择订阅邮件文摘。这样所有邮件的信息会集中在一起，便于查看。下面介绍一些可以增进大家对图书馆社会软件了解的在线社区。

• Blended Librarian（blendedlibrarian.org）：该论坛面向对象为高校图书馆员，涉及图书馆服务使用导引、信息技术等议题，提供讨论区，即时聊天和网络广播的功能；

• DIG_REF（www.vrd.org/Dig_Ref/dig_ref.shtml）：该论坛主要提供讨论虚拟参考咨询服务的电子邮件列表；

• LibGaming（groups.google.com/group/LibGaming）：该论坛主要讨论图书馆游戏；

• Library Instruction Wiki（instructionwiki.org）：这是一个供馆员之间共享和交流讲义、教程和其他有关图书馆教学想法的空间；

• Library Success：A Best Practices Wiki（www.libsuccess.org）：这是一个图书馆员可以分享读者服务成功案例的空间；

• LITA - L（www.lita.org/ala/lita/litamembership/litaldisclists/litalotherdiscussion. htm）：图书馆与信息技术协会成员组织会员讨论图书馆信息技术问题的电子邮件列表；

● OFFCAMP（listserv. utk. edu/archives/offcamp. html）：高校图书馆员可以利用该电子邮件列表服务为校外用户提供服务；

● Web4Lib（lists. webjunction. org/web4lib）：主要是讨论图书馆网络应用程序的电子邮件列表；

● WebJunction（webjunction. org）：包含各种主题的期刊论文、在线课程、论坛等。在小型公共图书馆应用该虚拟社区时，馆内各部门图书馆员均经常使用该社区。

## 15.4 第四课：网络广播和各种播客信息的跟踪

近年来，非常流行在线学习的方式，很多组织如美国研究型图书馆协会（ACRL）（www. ala. org/ala/acrl/acrlproftools/elearning. htm）和美国大学信息技术协会（EDUCAUSE）（www. educause. edu/eli）等均提供越来越多的在线培训机会。有些培训机会学费过高，超出了许多图书馆的预算，但是也有一些组织提供通过自学、网络广播和播客等形式的免费在线课程。一些组织提供演讲者和用户实时交流的课程，也有一些组织免费提供早期存档的网络广播课程，还有一些组织将与关键主题相关的播客录制下来，然后放在网络上供读者免费获取、学习。尽管免费网络学习机会并不像付费课程那样系统化和结构化，但却以物美价廉的方式给所有人提供了学习机会。

● Blended Librarian（blendedlibrarian. org/events. html）：该虚拟社区提供有关网络与教学设计的免费网络广播；

● Engadget（podcasts. engadget. com）：与流行博客配套使用，是一个介绍游戏、音乐、视频、摄影以及通讯等最新工具的播客；

● Infopeople（infopeople. org/training/webcasts/index. php）：该网站提供加利福尼亚州图书馆用于提高图书馆使用技能的资源。通过该网站，信息技术相关人员向加利福尼亚州的居民免费提供直播的网络课程，并且向所有人开放该网络课程的视频；

● IT Conversations（www. itconversations. com/index. html）：该网站提供科技爱好者制作的免费播客资源，涉及的技术主题非常广泛，从会议谈判到书籍阅读评论等；

- OCLC（www.oclc.org/education/conferences/presentations/default.htm）：提供有关图书馆及其相关技术的座谈会和会议谈判资料，这些资源大多以录音的形式呈现，供未到现场参加的人士参考；
- OPAL（Online Programming for All Libraries）（www.opalonline.org）：该组织主要提供在线免费的图书馆相关的程序设计。程序设计内容范围较广，不仅包含为公共图书馆读者设计的在线活动，还包含为馆员设计的专业网络广播。这些广播是完全免费的，并且副本保存在播客中，可以随时观看；
- SirsiDynix Institute（www.sirsidynixinstitute.com）：图书馆自动化系统供应商 SirsiDynix 的一个支撑部门。该机构提供两周一次免费直播的关于本领域关注热点的网络广播。广播内容大多集中在信息管理、信息技术和图书馆发展趋势等方面，并以多种形式存档，包括播客形式；
- Talking with Talis（talk.talis.com）：图书馆自动化系统供应商提供的，主要包括 Web 2.0、社会软件、语义网和图书馆发展趋势等主题相关的免费的播客资源。

所有的这些播客资源都可以订制。当有播客资源更新的时候，用户可以及时收到提醒。如 Juice（juicereceiver.sourceforge.net）或者 iTunes（www.apple.com/itunes）之类的软件会自动下载相关播客到电脑中，很多机构也提供可定制的邮件提醒服务或者提醒新闻的邮件等。随着在线学习的普及程度越来越高，我们会看到更多的免费播客和网络广播甚至完全在线的会议资源。

## 15.5 第五课：会议和继续教育信息的跟踪

会议和继续教育课程对于提高本领域业务技能和扩展研究视野的帮助非常明显。可以在高校网站、当地机构的网站和州立机构的网站上获取一些继续教育的相关课程，获得课程提供机构资助的人员会更容易获取这类课程。由于高额路费的限制以及网络的易用性，在线的继续教育方式变得越来越流行。尽管在线课程包含很多与面授课程相似的元素，但是缺乏一些面授课程和现场会议所具有的社会因素。比如，许多参会人员认为现场会议的精华内容往往在会场休息间隙，酒吧聊天甚至是用餐过程中产生。在这些时候，具有共同研究兴趣的人们会一起讨论他们所在图书馆目前的业务现状，分享他们今后工作的一些想法；同时，也可以通过会议同本领域的领军人物取得很好的联系。

尽管目前有很多与图书馆技术相关的全国性会议,如"计算机在图书馆的应用"、"因特网环境下的图书馆员"、"美国图书馆及情报技术协会论坛"等等,但是全世界也有特别多的与此类主题相关的本省市的地方性会议。地方性会议的差旅费用和注册费用往往都比较低,而且这类由本地机构提供的继续教育面授课程的费用甚至比很多在线课程都要低。当地会议为当地不同机构成员之间提供了交流的机会,这种交流模式对于寻找本地合作伙伴非常有帮助。

许多图书馆员仅能够承担参加当地会议的费用,但是可以通过其他形式获取未能亲身参加的会议的信息。很多博客中的信息记录了重大会议的每一个环节,甚至将发言者的讨论问题和观点都描述得非常清楚。这种方式不仅对未能参会的人非常有帮助,对于有参会时间冲突的人也非常实用。博主们通常会将会议的相关信息都标记清楚,便于读者在博客列表中查找。很多会议的发言人和组织者也会将会议过程中的相关材料如演讲课件等资源上传到网上,便于会后下载演讲幻灯片和会议宣传材料;也有些会议会将发言人的演讲内容或其他材料记录下来,在会后有偿销售;通常情况下,会议相关论文会在专业期刊上发表。如果对某项发言非常感兴趣,可以直接和发言者联系。图书馆的同行都是非常愿意针对图书馆的相关工作进行分享和讨论的。因此,即使没有漂洋过海地去参加某项会议,也可以足不出户地获取大量会议的相关信息。

## 15.6 第六课:相关技术信息的跟踪

我们可以通过阅读社交新技术和图书馆员如何应用这些技术的材料去学到很多东西,但是,学习一项新技术的最好方法就是亲身使用它。通过亲身操作某项新技术可以亲身发现该项技术的优劣势。正如只有亲身制作拍客才会发现其是否真正对图书馆有价值;亲身使用即时通讯软件和朋友或同事聊天,才会发现其是否真正适合应用在自己所在的图书馆。当图书馆员考虑在所工作的图书馆使用某项新的社会软件或者对某项社会软件的功能比较感兴趣时,亲身操作一下对于更好地了解该项技术非常有帮助。

本书中提到的大多数工具都是免费的,或者至少可以获取免费的版本,注册和下载相关软件都是非常容易的。可以在几分钟内就建立一个博客或维基百科,然后在其中填充内容;也可以注册下载一个社会书签或图片分享工具对网站或图片进行标记和归类；也有一些比较好的自动录音软件是免费的或开源的；同样，一些拍客软件也是免费的；对于一些价格比较昂贵和功能完善的软件而言，往往也会提供30天免费的试用期。这段时间用来测试其是否适用于本馆也足够了。当安装好某款软件之后，就可以开始使用了。可以为某个网页添加书签，也可以写博客文章，或者制作相关的维基，创建演客、拍客、播客，以及应用即时通讯功能同朋友聊天等等。通过亲身使用，是一件非常有趣的体验，会比仅仅通过文章来了解某款软件更加全面。

## 15.7 第七课：保持头脑清醒

及时跟踪图书馆技术发展是非常有难度的，认清自己仅仅是对图书馆相关技术进行跟踪而不是对所有事情进行跟踪这点是非常重要的。需要分清楚轻重缓急，应重点关注"哪些主题是你目前最感兴趣的"和"那些主题是与目前您所在的图书馆最相关的"这两个问题，适当地关注其他主题是非常好的，但是图书馆员不可能成为了解所有主题的专家。如果所在的图书馆对编目系统不是特别满意，那么就应该重点关注图书馆自动化系统提供商的发展情况；如果正在找寻创建课程导引的方法，那么就应该关注课程导引制作的相关社会软件；如果对未来的掌上电脑服务感兴趣，那就应该只关注掌上电脑的相关主题。应该随着兴趣点和环境的变化，灵活调整自己的关注点，制定一个跟踪图书馆相关技术的计划，同时也应该按照自己可支配的时间灵活地进行调整。

即使缩小了关注点，你会发现，仍旧没有足够的时间和精力，仍然会有遗漏很多重要信息的可能或者没有时间去关注某一事件的最新发展，或者当你所在的单位正在考虑实施某一类似项目的时候你错过阅读一篇最新的文章。运用RSS和社会标签工具管理信息的能力直接关系到你即时跟踪某一感兴趣领域发展态势的能力。

本章中提到的很多网站都提供RSS订阅或其他类似服务，所有的博客和播客也可以进行最新动态提醒的RSS定制，期刊的RSS定制内容包含最新刊出的内容目录，并提供每篇新刊文章的链接。通过RSS订阅，可以不用一一点击查看相关网站就可以获取由专用聚合器发来的最新资源推送。如果习惯利用邮箱收取提醒的方式，也可以将RSS订阅转换成邮件提醒的方式。当特别忙碌的时候也可以采用社会书签的方法，比如，当发现一篇自己非常感兴趣的期刊文章但是没有时间马上阅读的时候，可以用社会书签进行标记，然后等有时间时再去阅读；如果正在针对某一特定的软件产品进行研究，也可以应用社会书签的方法组织在线研究。将社会书签作为一个在线归类系统来使用，确保在需要的时候可以迅速将资源定位。

  并没有一种完全正确的跟踪图书馆技术的方式，应该根据个人不同的情况，结合各种工具和策略制定适合自己的信息跟踪方式。这就需要一定的灵活性，并且需要对自己的兴趣、资金情况以及可支配的时间有一定的把握。阅读学术期刊或者博客信息对于满足个人普通的兴趣已经足够了，但是如果需要深入研究某一主题，可能需要借助专业的电子邮件列表工具或者其他软件，或者参加专门的课程学习；也可以尝试走出去，看看其他领域的专业人员如何应用此项技术的。无论采取何种策略，清楚自己不可能即时跟踪到所有的信息，稍稍抽离下自己对某一问题的关注度也是有好处的。即时跟踪图书馆技术领域的相关信息会帮助图书馆员更好地预测发展趋势和更好地为读者服务。

# 第 16 章 社会软件的未来发展趋势

在未来几年里，我们的信息格局将继续改变。我们将看到新的工具出现，并有可能利用新出现的社会软件为读者提供服务。本书着重为你介绍你所需要的工具以及如何把这些社会软件成功地应用在图书馆。在未来几年，无论出现什么新型的社会软件，成功地把这些社会软件应用在图书馆的基本原则始终不变。

以下章节主要介绍未来技术如何影响图书馆系统的发展趋势和各种新创意。随着社会软件变得更加主流，我们将看到各类人群和机构使用这些工具的方式以及它们是如何被融入人们的日常生活中。在线内容的增加将继续加剧所有权和数字化保存的问题，这些问题必须引起图书馆的关注。技术和图书馆领域的变化都是不可避免的，但关键是要定期评估读者的需求，并保持与读者所使用的技术的一致。

## 16.1 除了炒作：我们如何将社会软件融入我们的日常生活

目前，很多社会软件仍处于早期阶段，大多数人还没有掌握这方面的技术。最终，有些技术将成为主流，正如博客和即时通讯，有些技术则不会。每年进入市场的社会软件如此之多，不可能所有社会软件都能吸引足够多的用户。因为社交网站对大多数人来说是有用的，但也会有 50 个不同的社会书签网站或者照片共享网站都不可能有市场的情况。人们可能会尝试许多不同的应用软件，但最终，他们将选择最流行的，或者他们的朋友都在使用的应用软件。另一个问题，"酷元素"最终会逐渐消失；应用软件对消费者来说必须有实际价值。维基是一个伟大的工具，但若不存在对人们的日常生活有实际价值，人们将会不再使用这种软件。目前市场上的应用程序很有趣也很智能，但并不能真正满足人们的需求。只有人们把技术看作是日常生活的一种有益补充，技术才能真正成为主流。

人们在使用许多不同的社会软件，包括博客、维基、RSS 聚合、照片共享软件、社会书签软件,以及那些能存活下来并最终有可能与其他社会软件协同应用的社会软件。例如,照片共享软件和社会书签软件将使你轻松地发送照片或链接到你的博客。你可以创建一个聚集器,只需要点击一下鼠标就能把你感兴趣的博文发布到社会书签应用程序。所有内容都应有一个 RSS 信息源与它相关联,所以你可以在其他地方收集内容并汇聚在一起。以后,利用这些工具我们将能够从一个汇集地查看和创建内容而不需要查询无数不同的 Web 网站。对内容支持不足的应用、不能与其他社会软件良好兼容的应用,最终将会在社会软件的竞争中没有市场。

社会软件应用成为主流将支持我们在现实生活中的活动开展和交流沟通。例如,人们在会议上使用博客、维基和即时通讯软件以增强面对面沟通和交流的效果。人们在维基上制定会议计划并分享选择会议地点的技巧。人们通过博客发布会议通知。最后,人们使用即时通讯或 IRC 频道实时与其他与会者以及未出席会议者进行会议讨论。从本质上讲,这将形成会议记录,并使会议记录变得不再只是会谈的简单集合,而是把人们的参会印象和幕后细节都记录下来了。使用会议名称进行标注的各种博客和照片,将使人们非常方便地查看到有关该会议被记录下来的所有信息。会议组织者还可以添加社交网络软件,使人们可以与志同道合的参会者联系;用于创建与演讲者会前和会后讨论的空间;为那些未出席者录制会议音频和视频;记录所有会谈内容。只有当社会软件能对我们的个人生活和工作提供支持,这些社会软件才不会成为人们一时兴起的兴趣点。时间会告诉我们哪些应用将成为主流,哪些将永远只是一种炒作的产物。

## 16.2 社会软件的本地化

人们在 90 年代中期开始使用网络,其中最令人兴奋的是可以通过网络与世界各地志同道合的朋友联系。在图书馆界,网络有利于世界上数以万计的馆员之间分享理念。虽然这种国际化的交流是非常重要的,但我们最关心的应该是我们的当地环境。我们的生活、饮食、睡眠以及休闲都是在当地。真正有用的社会软件必须支持我们每天的活动,这些活动最终都离不开当地。我们开始看到社会软件向地方性应用转移。人们最终想要知道的是当地最好的餐馆、发廊、瑜伽课程或汽车修理厂。人们希望找到那些与他们有相似兴趣的朋友。

虽然大多数社会软件，包括博客、维基、播客可以在全球或本地使用，但有些社会软件只能在本地内应用。虽然 Facebook 的用户可以遍布世界各地，但每个学术机构或组织都有自己的 Facebook，用户只能自由地查询他们机构或组织内发布的信息。你可以点击查看在机构内部与你有类似兴趣的人，也可以查看谁与你学习同样的课程。从本质上讲，Facebook 更鼓励本地区内的联系。

面向不同区域的 Craigslist（www.craigslist.org）的设计也大致相同，可以被应用在很多领域，如在线交易、求职与当地人联系。Meetup（www.meetup.com）也被设计成为方便志同道合的人开展联系的网站。judysbook（www.judysbook.com）是一个对当地的餐馆、服务或其他任何东西进行点评的网站。人们可以对当地的情况进行提问，由了解的用户进行回答。诸如此类的评价网站，可以方便人们找到当地民众评价最高的各种物品或服务。

当然，维基和推荐网站只对使用他们的人才有用。在大城市，当地网站往往有大量的使用者，而在农村地区，相关建议可能只反映了一部分人的观点。时间会告诉我们哪些支持本地使用的社会软件是可持续的，以及这些软件在大城市之外是否可以继续使用。报纸也逐渐进入社会软件领域，让读者可以评价餐厅和其他本地机构；与人们较为喜欢的网络相比，报纸在本地信息提供方面有着独特优势。当市场被各种支持本地化使用的社会软件所覆盖时，地方媒体通过调整其业务模式，或许能成为最可持续发展的社会软件应用。

## 16.3　高等院校里的社会软件

大学生是使用社会软件最多的人群，包括博客、维基、社交网站和即时通讯，都是其经常使用的社交工具。大学有足够理由来开发和创建他们自己的社会软件。首先，校园社会软件使它更容易成为一个及时关注学生最新议题的机构。其次，这是一种良好的公关方式；学校用自己的博客或社会书签软件，这样使得学校看起来好像能紧跟最新技术并关注那些潜在的学生。最后，学校创建的社会软件可以帮助学生找到校园里其他志同道合的人。向向青年用户的博客有很多不同的服务，包括 Xanga（www.xanga.com）、MySpace（www.myspace.com）以及 LiveJournal（www.livejournal.com）。托管在学校网站上的博客更容易让同班级的学生发现，有利于形成当地的学生交流网络。

239

许多高校已经实施全校范围内的博客启动计划。很多只是提供博客托管和所有博客用户目录。英国考文垂的华威大学却采用一种不同的方法创建博客 Warwick Blogs（blogs. warwick. ac. uk）。Warwick Blogs 是可定制的，在设计上类似于社交网站。每位学生和教职工都有自己的博客，并能通过自身从事的学术领域或本人姓名在目录里找到。用户可以自定义博客的外观并能轻松地上传图像。通过使用这种结构化的博客，学生和教职工可以发布有关电影、书籍、音乐、电视节目的评论，并可以根据类别从一个总评论窗口检索到这些评论。从 Warwick Blogs 的主页可以体验到良好的大学时代精神感：人们所记录的、所拍摄的、所标注的都是什么内容。

大学也开始为自己的学生和教职工提供其他具有本校标识或特色的社会软件。正如第 8 章所讨论的，宾夕法尼亚大学（the University of Pennsylvania）推行 PennTags 作为一个为学校会员服务的学术社会书签来跟踪研究和建立书目。许多高校有自己的 iTunes，学生可以从那里下载讲座以及其他学术音频。大学也开始开发官方维基，社区成员可以把它作为机构和区域、项目空间、个人空间等在线交流平台的导引说明。位于俄亥俄州的凯斯西储大学和卡尔加里大学都有维基，社区学术成员可以自由添加和编辑内容。这让学生、学术部门、班级和项目组都可以在维基上开发自己的空间。随着社会软件日益普及和更加实用，许多高校在未来都将加入到应用社会软件的行列。

## 16.4　面向服务的架构和 Web 服务

软件开发人员工作了几十年终于找到一种介于简单性和复杂性之间的折衷方法。在软件开发的早期，开发人员发现自己创建复杂的带有功能部件的应用程序很难被重复使用。他们最初解决这个问题是通过剪切和粘贴代码，从一个应用程序复制到另一个应用程序来实现相同的功能。但是，这种方法往往事与愿违。程序员意识到，如果 bug 后来才被发现，他们将不得不修改代码的每个实例。软件架构师认为，具体的代码不是重点，关键是应具有可重新利用具体代码的功能。因此，不使用相同的代码建立大型的、复杂的个人程序，而是创建可以以不同的方式连接在一起的简单程序，这种方法更被广泛称为面向服务的架构（SOA）[1]。

何浩（Hao He）认为，"SOA 是一种架构风格，其目标是实现交互的软件代理之间的松散耦合[2]。"软件代理可以是服务提供者和/或服务消费者。

所有的服务都是独立的，可互操作的软件提供具体的功能。服务消费者是需要其他软件来提供特定功能的软件，并能够通过目录服务确定哪些软件提供了该项特定功能的服务。然后消费者使用提供者可执行的语言（通常是XML）将请求发送给提供者，再由提供者提供相应的服务。通常情况下，许多应用程序都包含有能够被其他应用程序，加以重用的某项服务，而且绝大多数应用程序在服务上都会包含满足该应用程序的特定提供者的硬编码。不过，即便如此，也可以对应用程序涉及到的功能进行编程，使之可以在目录服务中搜索能够提供该项功能的提供者。这减少了消费者对特定提供者的依赖。

让我们举一个计算机以外的例子来解释服务消费者和提供者之间的关系。假设一个生活在古希腊的女人寻求圣人回答一个问题。女人是服务消费者，圣人就是服务提供者。在希腊也许不止一个圣人能回答她的具体问题，所以她可能获得一份圣人（目录服务）的列表。女人会选择一个合适的圣人并提出她的问题。但是，询问圣人问题涉及特定的协议，就是提问题的方式必须是圣人能理解的。如果圣人回答了问题，女人所需的服务就得到了满足。她不需要关注圣人是如何占卜到她问题的答案，正如消费者不需要了解服务提供者的基础功能一样。只要她得到了问题的答案，她就成功地完成了问询。

Web服务只是面向服务架构的其中一种方法，但他们是目前最流行的，因为他们使用的是常用的平台独立协议[3]。通常情况下，一个单独的应用程序包含许多不同的功能。如果编写代码时把所有功能集中到一个应用程序，日后如果有人想把不同的功能结合起来，那么把不同的功能分开将变得很困难。随着Web服务的发展，程序员一般会为每个功能创建一个独立的应用程序，而不是建立一个单一的包含所有功能的应用程序。这些独立的应用程序可以根据开发者的需要集成到一起。如果多个Web服务提供了具有相同功能的应用程序，开发者可以从中选择一个最能满足他们需求的，而不必从同一个提供者那里拼装这些程序。因为提供者是在Web服务平台上开发的，每个Web服务与任何其他Web服务都是可以兼容的，它们是完全可互操作的。

目前，互操作性是应用开发领域最关心的问题之一。消费者往往被锁定到一个特定的软件供应商，因为他们所需软件必须能相互兼容。例如，图书馆可能希望从其他供应商那里购买馆际互借（ILL）系统，但这将与他们目前的集成图书馆系统（ILS）不兼容。因此，他们可能被迫从能与他们目前的

ILS 系统兼容的供应商那里购买馆际互借系统，但该供应商提供的馆际互借系统却不是满足图书馆需求的最佳软件。这种情况在图书馆和其他领域都很常见。Web 服务的所有应用程序都使用同一种语言，以避免供应商垄断，同时创造一个更具竞争力的市场，用户可以自由选择适合自己需求的最佳软件。Web 服务的另一个好处是，开发者在设计新软件时的才干和想象不会受到限制。由于每项 Web 服务都是独立的、可互操作的、可重用的，开发人员可以借鉴别人的成果、也许使用这些服务的方式，即便是初始的开发者也还没有想到。

Web 服务的出现就是为了共享现有程序的各种功能，或在其基础之上进行二次开发。这一点对那些希望自身所开发的程序因二次开发而功能大增的公司很有吸引力。许多公司为他们的产品编写一个应用程序编程接口（API），然后他们把这个 API 提供给开发人员。一个 API 包含很多功能，并且可以在开发其他应用程序时使用。这使得开发人员在开发自己的应用程序时能够嵌入另一个应用程序的功能，从而使他们并不需要从头开始来开发全部功能。

有些公司的 API 只对其认证的开发人员开放，而对于其他人则要收取费用。有人把自己的 API 供别人免费使用，这样用户就可以把产品的功能延伸到远远超出他们所能设想的情形。谷歌地图就发生过这样的情况（maps.google.com）。谷歌允许开发者用 JavaScript 把谷歌地图嵌入到他们自己的应用程序。许多开发人员可以看到添加位置信息到他们应用程序的好处，同时，谷歌地图 API（www.google.com/apis/maps）提供了一种不必推倒重来就能做到这一点的方法。使用谷歌地图 API 的第一个应用程序是 Housing Maps（www.housingmaps.com），它可以从网站上获取有关出租公寓的相关信息，并让用户看到这些公寓在地图上的具体位置。搬迁到一个新的城市时，人们往往不熟悉当地的情况，但可以从地图上看到公寓的具体位置。这类应用程序最终以"混搭"（mashup）而出名，因为它涉及组合（或混搭）两个单独的应用程序，或者是调用已有的一个应用程序和数据，以开发出一个全新的程序。谷歌地图以混搭的形式被应用于罪案举报（www.chicagocrime.org）、小范围的信息普查（65.39.85.13/google/default.htm）、地区自行车路线查找（www.andreischeinkman.com/bikemap）等等。任何内容通过加入位置信息都将得到加强，包括餐厅点评、加油站油价、招聘广告以及旅游信息都可以与谷歌地图进行集成。

假设你所在的图书馆需要在网页中显示社区相关机构的信息，如警察局、消防局、图书馆、当地的公园的位置信息，以及购买停车证的地点信息。通过地图，读者就可以确定距离有多远，可以知道从所在位置到目的地的方向，并自己查找路线而不需要打电话到图书馆询问。图书馆还可以提供犯罪信息的地图或其他人口统计数据，如平均房价和普查数据。

通常情况下，图书馆并不可能收藏读者需要的所有图书，而读者也往往没有时间等待某本书通过馆际互借而获得。如果读者提出借阅请求的某家图书馆是图书馆联盟成员，其他拥有这本书的图书馆的信息就会被看到。这样读者就可以很容易地选择就近的一家图书馆来借阅。图书馆可以联合当地其他图书馆，甚至书店来绘制一份地图，以显示每本图书的存放地点。

尽管如此，目前不同的馆际互借系统和信息资源，并不能实现全面的互连互通。被嵌入馆际互借系统的信息资源只是各馆收藏的一部分，大部分馆藏资源并设有被纳入到这种系统中，而依然是孤立地存在于各馆之中。因此，我们的馆藏并未实现真正的整合：可供馆际互借的资源因不同的馆际互借系统而不容易被查找得到。图书馆供应商都各自推进自己的程序，提供缺乏合作或互操作性的包罗万象的馆际互借的解决方案。Web 服务鼓励分享功能，以减少编程负担和增加互操作性。Web 服务更加模块化，所以独立的功能块可以被组合并允许其他供应商重新使用。Web 服务提供从应用中分离数据的方法，使得它更容易与其他不同供应商提供的软件兼容。供应商在软件开发方面的思路必须进行改革。这也将推动可应用于图书馆的中间件取得革命性的进步。

## 16.5 网民的力量：P2P 与分布式计算

大多数人听到 P2P 这个术语的时候，他们想到的是非法的音乐文件共享。虽然 P2P 可用于非法的文件分享，但这种技术本身没有任何非法性。P2P 出现之前，共享文件需要访问文件的客户端和存储文件的服务器。P2P 出现之后，就不需要中央服务器了；每个人的计算机可同时作为客户端和服务器。当你用 P2P 下载电影，你是从已经下载了该部电影的电脑进行下载，同时，别人也可以从你的电脑下载。所以 P2P 网络依赖于所有参与下载的电脑的带宽、存储空间和 CPU 处理时间。网络上参与同一文件下载的用户越多，下载的速度就越快，因为任务被分配到更多电脑上。P2P 技术通常被用来分享超大文件，尤其是视频和音频，以及 VoIP 网络，如 Skype，P2P 系统在使用该系统的每个人的计算机上运行。

分布式计算是另一种把复杂的计算工作分散到多台电脑上的方法。中央服务器或服务器群使用多台计算机来完成特定的任务，如复杂的数学问题。服务器把大任务进行分割，并将之分配给各台计算机来完成。分布式计算的一个著名例子是 Screensaver Lifesaver（www.chem.ox.ac.uk/curecancer.html）。作为世界最大型的计算项目，该项目通过利用参与者的计算机处于屏保状态时的富余计算资源，对35亿个潜在的抗癌分子进行筛查，以求找到癌症治疗物[4]。SETI@home（setiathome.ssl.berkeley.edu）利用许多个人电脑的力量来帮助分析来自太空的智能生命的迹象。这样就不必利用超级计算机了。因为程序是在电脑资源闲置时悄悄运行在每个参与者的计算机中，因此它的存在并不会影响用户对电脑的正常使用。

P2P 和分布式计算有许多合法的应用程序正逐步被应用到学术界。其共同点是所有这些项目都是由许多愿意分享他们的宽带和 CPU 资源的人们的电脑控制。他们利用网络效应：越多人使用，效率越高。P2P 文件共享者可以获得一些网络使用便利，如下载和访问文件的速度提高。分布式计算项目的参与者，通常都对该项目有兴趣，但不能通过参与该项目直接获得网络使用便利。很多 P2P 和分布式计算项目已在学术机构中应用，所以，未来我们可能会看到更多合法的此类应用程序。

## 16.6 网络提速：宽带的普及和第二代互联网

缺乏宽带连接是目前制作视频最大的障碍之一。这种情况将随着宽带的普及变得更便宜也更容易使用，即使是在农村地区。

据皮尤互联网和美国生活项目（Pew Internet and American Life Project）调查显示，2005年至2006年，美国宽带普及率增长了40%，比2004年至2005年增长快了一倍。2006年3月，有84万美国人接入了家庭宽带。宽带普及率在农村地区增长了30%，在城市老年人中增长了63%，在非裔美国人中增长了121%。这表明，宽带逐渐更为普遍，其发展速度持续增长。尽管一些农村地区仍然通过电缆或 DSL 连接网络，但与其他接入方式相比，通过卫星连接网络正日益经济实惠。

另一个能改变人们使用网络方式的有趣项目是 Internet 2（www.internet2.edu）。它是由来自高等院校、政府部门和科技企业的200多家成员单位所组成的非营利性共同体。该组织的目标是开发和测试影响未来的、更快的新网络技术。他们已经建立了一个供组织成员进行研究的实验性超高速（每秒千兆，截至 2006 年）互联网骨干网。Internet 2 正在开发前沿应用程序和网络基础设施。最终，该组织正在开展的研究将为用户带来新的网络技术和更快的连接速度。

## 16.7 在线协作成为主流

在线共享并不总是理所当然的。大多数人的计算机上都有自己的文件，并把他们的知识封锁在他们自己头脑中。然而，共享是任何合作工作成功的关键，如研究项目、网站重新设计或合著论文。资源、观点和写作都必须以共享的方式才能最有效。虽然你可以通过电子邮件发送文件和链接给你的同事，但有一个网络集中空间会更有意义，合作也会更顺利。维基就可以达到这一目的。但最近，其他受维基启发的合作应用程序已经被开发出来了，这些应用程序可以提供更人性化的界面和更多与合作性项目相关的工具。

许多公司提供类似维基的在线协作项目空间，并把日历和社会书签内置其中。许多基于 Web 的日历合作程序不仅可以让每个项目成员都有自己的日历，也可以让每个项目成员查看带有任务细节的群组日历。人们可以在群组日历上为每个项目组成员安排会议，因为每个人都可以看到其他人什么时间是方便的。更多的社会标签网站允许群组成员在群组链接集中对文档进行标注。这对于项目团队非常有用，因为项目组成员更加关注其他成员已作出标注的内容。基于 Web 的办公组件允许用户在工作文档和电子表格上工作，然后与朋友分享。比如，Zoho Writer（zoho.com）可以在基于 Web 的文字处理程序上让人们合作开发一个文档，类似于大多数商业软件提供的功能。与维基百科不同的是，没有特殊的语法需要用户学习。这些产品具有维基的最佳功能并与简单易用的文字处理程序相匹配，其最大的特点是提供了一个组织和开展项目的全面解决方案，包括合作书签、文字处理、文件共享、日历和其他社交功能。

## 16.8 在线内容的问题

各种社会软件的一个副作用是人们把大量内容存放到第三方服务器。这就引发了内容的所有权和保存的安全问题。无论你使用托管的博客，维基或你建立在MySpace上的文件，你可能对这些内容都没有绝对的掌控权。服务条款可能会有所不同，具体取决于提供该服务的公司。有些公司把很多权限都给了自己，却给内容作者很少的权限。比如，很多人发布原创音乐、视频和文本并把照片上传到MySpace，而没有考虑是否授权MySpace对其作品进行修改，或允许由MySpace代其授权第三方使用。以下内容摘录自2006年6月MySpace的使用协议（请注意，MySpace已经改变使用条款，从而使其受到更少的约束）：

> 在使用MySpace服务的过程中，通过展示或发布（张贴）的任何内容、信息、文本、图像、照片、视频、音频、文件、作品的署名权，或任何其他材料（统称为"内容"），您将特此授予MySpace.com在此过程中、非独家、免版权费的、世界范围内（通过授权的再许可权）使用、复印、修改、改编、翻译、公开表演、公开展示、存储、复制、传送以及分发该内容[5]。

许多社会软件并不宣称其拥有会员所发布的内容的所有权，有些则声称拥有发布到他们平台上的任何内容的所有权。社会软件提供商在作者没有完全知情同意下，就使用其发布在自身平台上的内容，将引发一系列的法律争议。

RSS信息源是专为内容再发布和再组合而设计的，但如果其涉及的内容受版权保护呢？如果某一内容仅限于非商业用途，但汇集该内容的RSS信息源却被发布在商业性网站上，这种情况该如何处理？随着RSS信息源的获取、组合和集成日益方便，相关法律争议地将发生。当内容的在线传输和复制变得如此简单之时，谁拥有这些内容的所有权和他人拥有使用这些内容的哪些权利等问题也将随之而来。

最后，悬而未决的问题依然存在。很多人把他们的著作、照片、音乐、视频和其他内容放到服务器上，但这些内容或许从现在开始能保存一年或少于一年。如果公司破产，这些内容怎么办？如何保存Web内容，尤其放在第三方服务器上的内容？我们放到网络上的内容是当今文化的一个缩影，可帮助我们记录历史。Internet Archive是一款永久存储网页和文档的伟大工具，但它不存档受密码保护或受robots.txt文档（这类文档可以阻止网络爬虫程序对网站建立索引）保护的网页。学术机构如何保护职员的博文？电子邮件如何保存？这些内容是如此的短暂并且那么容易被删除，但对保持我们历史的完整性将非常重要。

## 16.9 教训

本书重点介绍了图书馆通过使用社会软件改善了服务并吸引了更多读者的许多成功案例。使用合适的社会软件把内容放到网络上变得简单便利。但其中一些工具的后端很复杂，如人们经常会听到 PHP、JavaScript 和 XML 这样的一些术语，但人们通常不需要了解这些技术是怎么工作的，而只需要知道如何使用它们。大多数技术伴随在我们的日常生活中，包括电脑、汽车、微波炉。你并不需要知道如何从头开始构建它们，也不需要了解它们的内部机制。与这些技术相处的最好方式就是使用它们。本书中提到的大部分工具都可以免费使用，或者至少提供免费的试用，可以看看你所在的图书馆是否需要使用。本书包含了大量的信息，只有通过使用这些工具，你才能真正了解这些应用程序。所以不要浅尝辄止。尝试使用这些社会软件吧！

关于社会软件的未来，有一件事是可以肯定的：事物总是在变化的。有些公司可能会不复存在，也有可能有些目前还不存在的工具会突然走红。警惕你选择的任何技术和公司。虽然 MySpace 和 Facebook 可能是目前最流行的青少年社交网站，但是，几年后可能就不是这样。这并不是说图书馆不应该使用目前流行的网站为读者提供服务，但使用任何社会软件的方法都应该是灵活的。如果你正在使用博客，请确保你所有的博文都备份了，以防万一你需要导出这些内容，或者该公司倒闭了，你不会受到影响。仔细阅读你所使用的专属服务的服务条款，确保自己拥有内容的完整所有权，并可以根据读者的需要主动进行调整。

最重要的是尽量与读者保持同步并愿意改变。社会软件为图书馆与读者进行交流、合作以及建立社区提供了前所未有的可能性，但是这些技术只是工具。你最需要关注的仍旧是读者，以及如何尽可能地为他们提供最佳的服务。

## 参考文献

[1] SayedHashimi, "Service-Oriented Architecture Explained," ONDotNet.com, August 18,

2003, ondotnet. com/lpt/a/4108 (accessed 18November 18, 2005).

[2] Hao He, "What is Service-Oriented Architecture?" XML. com, September30, 2003, webservices. xml. com/lpt/a/ws/2003/09/30/soa. html (accessed November 18, 2005).

[3] Hashimi.

[4] Screensaver Lifesaver, University of Oxford, May 15, 2006, www. chem. ox. ac. uk/cure-cancer. html.

[5] "MySpace. com Terms of Use Agreement," MySpace. com, May 1, 2006, collect. myspace. com/misc/terms. html? z=1 (accessed June 1, 2006).

# 译后记

《社会软件与图书馆：构建网络合作、交流与社区》是一本迄今为止最为系统介绍多网络多终端环境下图书馆员如何借助社会软件提升图书馆服务能力的教科书。作者梅雷迪思·G·法卡斯（Meredith G. Farkas），有着丰富的社会软件应用经历与引以为傲的业绩，创建了四个非常有名的维基，被称为"维基女王"。作为一部专注于信息技术在图书馆领域应用的力作，本书内容涉及如何利用博客、RSS 推送技术、维基、网络社群、大众标注与合作过滤、在线同步咨询工具、播客、屏幕录像与音频抽取、网络数字游戏等，既有基础理论的介绍，也有应用方法的说明。之所以适合各类型图书馆馆员，科研院校图书馆学情报学专业的教学、科研人员阅读，源于本书具有以下四个特点：

（1）系统性强。经过查阅美国国会图书馆、大英图书馆、OCLC worldcat、Google Book Search 和 Amazon 等在线检索系统，可发现本书是迄今为止最为系统且深入浅出（实例较多）介绍社会软件在图书馆应用的专著。本书共分 16 章，包括：1）什么是社会软件；2）博客；3）博客在图书馆的实际应用；4）RSS；5）维基；6）在线社区；7）社交网络；8）社会书签和协同过滤；9）实时参考咨询工具；10）移动革命；11）播客；12）演客和拍客；13）游戏；14）社会软件在图书馆是如何运作的；15）跟踪最新信息是非常必要且基本的；16）社会软件的未来发展趋势。相当全面地介绍了 3G 融合、多网络多终端环境下，图书馆员如何借助社会软件提升图书馆服务能力的举措。内容涵盖社会软件的理念、基础理论与操作方法。

（2）实用性好。本书讲授的软件工具，不仅有理论依据，还有清晰的实例介绍，更有手把手的教程。作者梅雷迪思·G·法卡斯专门创建了一门为期五周的网络课程（链接：http://www.sociallibraries.com/course/），向图书馆员传授在图书馆实践中如何应用各类社会软件。这是一门完全免费、面向草根的实用课程，其授课内容涉及 Blogs、RSS、Wikis、Social Networking Software and SecondLife、Flickr、Social Bookmarking Software 和 Selling Social Software @ Your Library 等软件工具的使用技巧。这些内容均可以更进一步丰富本书的内容，方便对此方面特别感兴趣的读者开展深度阅读。

（3）可读性高。本书图文并茂，有图有真相。纵观全文，作者的行文非常符合中国读者的习惯，有定义描述、特点分析、类型归纳等模块，结构严谨，条理清晰。不仅适合对社会软件感兴趣的普通读者阅读，更适合各类型图书馆的馆员使用。通过阅读本书，可以帮助图书馆馆员进一步意识到将社会软件应用于图书馆的资源建设和信息服务的必要性与可行性。

（4）影响力大。梅雷迪思·G·法卡斯曾创建四个非常有名的维基，被称为"维基女王"；2006 年 3 月曾获得 SSCI 来源期刊《Library Journal》的贡献奖。该杂志专门为本书作者作了题为"玩转信息技术"（Playing with Technology）的专门报道，详细介绍了梅雷迪思·G·法卡斯在推动社会软件应用于图书馆业务和管理方面的杰出事例。鉴于本书对图书馆未来业务拓展的价值，包括北卡罗来纳州夏洛特县和梅克伦堡县的公共图书馆技术主任 Helene Blowers、librarian. net 网站编辑 Jessamyn West、Davidleeking. com 网站创建人 David Lee King 等在内的诸多社会软件应用名人，都非常推荐这本书。

本书的英文版相当精彩，译者也期望在中文版中能保持这种精彩。但，翻译是一项艰辛的工作，从确定选题，提交出版社审核，再到翻译、校对、出版，历时数年。这个过程有着诸多困难，加上中美表达风格的差异，虽然我们作了最大的努力，至少进行了七八次的修改、校对，但因水平所限，难免还有部分表述不一定准确，敬请专家、读者不吝批评指正。

本书中文版的出版，首先要非常感谢海洋出版社积极引进版权并支持、鼓励我完成这项富有价值的任务，更要感谢《图书情报工作》社长初景利教授、海洋出版社高显刚主任的精心策划和组织！感谢海洋出版社杨海萍编辑、张欣编辑的审阅与帮助！我的硕士研究生郑琳、王凤暄、邱弘阳、屈亚杰、王舒协助完成本书的部分校对工作并提出了宝贵的意见。在此，向诸位的热心帮助和支持表示感谢！

本书的翻译分工如下：第一章、第二章、第三章、第六章、第七章、第八章、第九章、第十章、第十六章由黄国彬主译，洪凌子协助翻译第七章、第八章，屈亚杰、王舒、田硕协助翻译第九章，邱弘阳、田硕协助翻译第十章；第四章由国家图书馆姜晓曦翻译；第五章由首都医科大学图书馆王婷翻译；第十一章、第十二章由北京师范大学图书馆刘兰翻译；第十三章、第十四章、第十五章由对外经济贸易大学图书馆姜颖翻译。全书由黄国彬统筹协调、统稿，郑奕负责全面校对。

黄国彬

2017 年 5 月 11 日

（2018 年 1 月 2 日修改）